当 代 中 国 社 会 变 迁 研 究 文 库

城乡融合进程中的
乡村产业

历史、实践与思考

付 伟◎著

Rural Industry in the Integrated Urban-Rural
Development Process
History, Practice and Reflection

社会科学文献出版社
SOCIAL SCIENCES ACADEMIC PRESS (CHINA)

总　序
推进中国社会学的新成长

中国社会学正处于快速发展和更新换代的阶段。改革开放后第一批上大学的社会学人，已经陆续到了花甲之年。中国空前巨大的社会变迁所赋予社会学研究的使命，迫切需要推动社会学界新一代学人快速成长。

"文化大革命"结束后，百废待兴，各行各业都面临拨乱反正。1979 年 3 月 30 日，邓小平同志在党的理论工作务虚会上，以紧迫的语气提出，"实现四个现代化是一项多方面的复杂繁重的任务，思想理论工作者的任务当然不能限于讨论它的一些基本原则。……政治学、法学、社会学以及世界政治的研究，我们过去多年忽视了，现在也需要赶快补课。……我们已经承认自然科学比外国落后了，现在也应该承认社会科学的研究工作（就可比的方面说）比外国落后了"。所以必须奋起直追，深入实际，调查研究，力戒空谈，"四个现代化靠空谈是化不出来的"。此后，中国社会学进入了一个通过恢复、重建而走向蓬勃发展和逐步规范、成熟的全新时期。

社会学在其恢复和重建的初期，老一辈社会学家发挥了"传帮带"的作用，并继承了社会学擅长的社会调查的优良传统。费孝通先生是我所在的中国社会科学院社会学研究所第一任所长，他带领的课题组，对实行家庭联产承包责任制后的农村进行了深入的调查，发现小城镇的发展对乡村社区的繁荣具有十分重要的意义。费孝通先生在 20 世纪 80 年代初期发表的《小城镇·大问题》和提出的乡镇企业发展的苏南模式、温州模式等议题，产生了广泛的影响，并受到当时中央领导的高度重视，发展小城镇和乡镇企业也随之成为中央的一个"战略性"的"大政策"。社会学研究所第三任所长陆学艺主持的"中国百县市经济社会调查"，形成了100多卷本调查著作，已建立了60多个县（市）的基础问卷调查资料数据库，现正在组织进行"百村调查"。中国社会科学院社会学研究所的研究人员在20世纪90年代初期集体撰写了第一本《中国社会发展报告》，提出中国社会变迁的一个重要特征，就是在从计划经济走向社会主义市场经济的体制转轨的同时，也处于从农业社会向工业社会、从乡村社会向城市社会、从礼俗社会向法理社会的社会结构转型时期。在社会学研究所的主持下，从1992年开始出版的《中国社会形势分析与预测》年度"社会蓝皮书"，至今已出版20本，在社会上产生了较大影响，并受到有关决策部门的关注和重视。我主持的从2006年开始的全国大规模社会综合状况调查，也已经进行了三次，建立起庞大的社会变迁数据库。

2004年党的十六届四中全会提出的构建社会主义和谐社会的新理念，标志着一个新的发展时期的开始，也意味着中国社会学发展的重大机遇。2005年2月21日，我和我的前任景天魁研究员为中央政治局第二十次集体学习做"努力构建社会主义和谐社会"的讲解后，胡锦涛总书记对我们说："社会学过去我们重视不够，现在提出建设和谐社会，是社会学发展的一个很好的时机，也可以说是社会学的春天吧！你们应当更加深入地进行对社会结构和利益关系的调查研究，加强对社会建设和社会管理思想的研究。"2008年，一些专家学者给中央领导写信，建议加大对社会学建设发展的扶持力度，受到中央领导的高度重视。胡锦涛总书记批示："专家们来信提出的问题，须深入研究。要从人才培养入手，逐步扩大社会学研究队伍，推动社会学发展，为构建社会主义和谐社会服务。"

目前，在恢复和重建30多年后，中国社会学已进入了蓬勃发展和日渐成熟的时期。中国社会学的一些重要研究成果，不仅受到国内其他学科的广泛重视，也引起国际学术界的关注。现在，对中国社会发展中的一些重大经济社会问题的跨学科研究，都有社会学家的参与。中国社会学已基本建立起有自身特色的研究体系。

回顾和反思30多年来走过的研究历程，社会学的研究中还存在不少不利于学术发展的问题。

一是缺乏创新意识，造成低水平重复。现在社会学的"研究成果"不可谓不多，但有一部分"成果"，研究之前缺乏基本的理论准备，不对已有的研究成果进行综述，不找准自己在学科知识系统中的位置，没有必要的问题意识，也不确定明确的研究假设，缺少必需的方法论证，自认为只要相关的问题缺乏研究就是"开创性的""填补空白的"，因此研究的成果既没有学术积累的意义，也没有社会实践和社会政策的意义。造成的结果是，低水平重复的现象比较普遍，这是学术研究的大忌，也是目前很多研究的通病。

二是缺乏长远眼光，研究工作急功近利。由于科研资金总体上短缺，很多人的研究被经费牵着鼻子走。为了评职称，急于求成，原来几年才能完成的研究计划，粗制滥造几个月就可以出"成果"。在市场经济大潮的冲击下，有的人产生浮躁情绪，跟潮流、赶时髦，满足于个人上电视、见报纸、打社会知名度。在这种情况下，一些人不顾个人的知识背景和学科训练，不尊重他人的研究成果，不愿做艰苦细致的调查研究工作，也不考虑基本的理论和方法要求，对于课题也是以"圈"到钱为主旨，偏好于短期的见效快的课题，缺乏对中长期重大问题的深入研究。

三是背离学术发展方向，缺乏研究的专家和大家。有些学者没有自己的专门研究方向和专业学术领域，却经常对所有的问题都发表"专家"意见，"研究"跟着媒体跑，打一枪换一个地方。在这种情况下，发表的政策意见，往往离现实很远，不具有可操作性或参考性；而发表的学术意见，往往连学术的边也没沾上，仅仅是用学术语言重复了一些常识而已。这些都背离了科学研究出成果、出人才的方向，没能产生出一大批专家，更遑论大家了。

这次由中国社会科学院社会学研究所学术委员会组织的"当代中国社会变迁研究文库"，主要是由社会学研究所研究人员的成果构成，但其主旨是反映、揭示、解释我国快速而巨大的社会变迁，推动社会学研究的创新，特别是推进新一代社会学人的成长。

李培林

2011 年 10 月 20 日于北京

序

　　这本书的主体是一个生动而出色的案例。作者以生动的笔触描摹了浙北一个生产窗帘布的乡镇产业发展的过程，并以社会学的视角加以细致地考察。这虽然是中国千千万万个乡镇、千千万万个制造业行业中的一个，但是这案例具有"这一个"的典型意义。我们透过这一个乡镇、这一个行业，可以看到中国经济发展中的诸多重要的特征和面相，它给我们以丰富的想象和启示。

　　该书以一个被叫作"混融"的概念作为切入点，它含有丰富的社会学意味。我们通常所说的"融合"是假设了两个独立的个体相互作用乃至相互交融、彼此难以分离的过程，而"混融"则是用来说明这个案例——浙北潮镇的家纺产业与地方社会的复杂关系。"混"字所强调的是家纺产业本来就是此地经济社会生活的一种演化方式，看上去像改革开放后的一种新生事物，但其内在的脉络和气质却不是外来的，而是当地社会生活实践的一部分。从书中的细致描绘中我们可以体会到这种混合难分的状态。在潮镇，所谓的家纺产业虽然可以叫作"产业"，但是它却是"无形"的，总量过百亿元的产业分散在千家万户的住宅里。产业彻底"混融"在农民的生产生活中，用当地的话说就是工业、家庭、村庄"三不分离"。在20世纪80年代乡镇企业兴盛之时，社会学前辈学者费孝通先生总结了一句话，叫作"离土不离乡、进厂不进城"，说明乡镇企业的乡土性质以及中国工业化、城镇化道路所展现出的独特性。这句话随着90年代中期乡镇企业转制、农民大规模跨地区流动的现象而"过时"，现在已经很少有人提及了。但是二三十年之后，作为全国较发达、先进地区的浙江经济在基层仍然保留，并展现出其与农村社区的生产生活的"混融"状态，不禁让人惊讶。在中国东部地区变成"世界工厂"的过程中，这些"工厂"的形态仍然保留了与乡土社会紧密结合、混融一体的状态，说明这其中蕴含着两者更为深刻和坚实的联系有待我们去深挖，这也正是该书最大的努力之所在。

潮镇家纺产业在几十年的发展历程中，经历了多种形式的变化。地方政府通过"三改一拆"等政策努力使产业与家庭甚至村庄相脱离，也通过建立家纺城、工业园等办法使产业进城进园，但这些努力和办法并没有达到政府预想的效果，家纺城和工业园有效提高了产业的商业化程度，却没有能够使产业与农村社区"脱嵌"，那些进了园区的厂家反而变成新的"包买商"，成了连接市场与村庄内家庭工业的桥梁。在这个曲折的发展过程中，潮镇的家纺产业规模一直在增长，也为适应市场需求的变化而不断做出竞争性极强的调整，始终保持着旺盛的生命力。这种生命力的表现就是其日益增长的规模。在我们想象中，一个在中国乃至世界产业体系中占据重要位置的产业应该是一个巨无霸式的生产形态，但潮镇的规模却是靠千家万户的极小规模累积起来的，而家庭工业、小型工厂等之间的关系也是复杂而灵活多变的，这展示出中国特色的乡村产业之独有的一些特征。支撑这些特征的，或者说这些特征所扎根并不断从中吸取营养的水土就是该书作者所说的"社会基础"，这也是该书的核心概念。

"社会基础"是一个相当模糊的概念，体现了中国社会学家们寻找中国社会结构基础的不懈努力。从研究乡镇企业与村庄社区的关系，到"超级村庄"、关系产权、群体信访乃至城市中的社区治理，社会学不断发现这样一种隐藏在基层社会生产生活中的"力量"，这种力量很神奇，它能够使产权模糊的企业在一定程度上解决委托代理问题，能够保证口头合约实现"自我实施"，能够使"无理"的上访达到目的，能够使大量的政策"变通"而出现各种非预期后果，等等。有些学者将这种力量称为"社会底蕴"，与这本书所说的"社会基础"相呼应，实际上指向的都是同一种东西。这本书相当细致而深入地呈现了这种"社会基础"及其所显示出来的巨大能量。不断加深对这种"社会基础"的认识，是中国社会学任重道远的使命。

　　正如这本书所展示出来的，这种"社会基础"并非一些利益和权力结构，而是一种抽象的与文化、心理有关的结构。正如作者在书中谈到潮镇人"亲兄弟算不清账"时所说的，"潮镇人并不是不算账，而是跟不同人有不同的算账方式。在这个意义上，潮镇人恰恰是算了一笔更精细的账"。用费先生的话来说，这是那些社区中人人都能感受到、不言而喻但是外人却难以知晓和领会的东西。费先生借用他早年的人类学老师史禄国的词语，将其称为"心态"（psycho-mental complex），不断强调社会学研究应该实现从社会的"生态"研究到"心态"研究的转变，以此作为他晚年所提倡的"文化自觉"的核心内容。费先生只是提出了这种转向的必要性和重要性，却没有能够用经验研究来展示这种转向的具体形态，不免令人遗憾，但是这也给我们后辈学者以各种探索和尝试的机会。付伟的这本书正是在这个方向上的一个很好的努力，应该算作"文化自觉"理论指引下的一个经验研究。

　　是为序。

周飞舟

2021 年 4 月

目　录

第一章 绪论

一 从潮镇家纺说起

潮镇是浙北的一个普通乡镇,位于浙江省庸市最西部,靠近杭州市余杭区。据县志记载,宋一位著名丞相死后赐葬此地,许氏家族居此,遂成村落。清乾隆年间成为集市,民国三十六年(1947年)被列为乙级镇,1949年6月建政为区辖镇。1956年撤区并乡,建为潮镇和福乡。1958年潮镇成为潮公社,当时人口有2000人以上。2003年,行政区划调整,潮镇、巷乡、沈乡三个乡镇合并成为目前的潮镇。2020年,潮镇镇域总面积91.1平方公里,下辖27个行政村434个村民小组、3个社区33个居民小组,全镇划分为93个网格。户籍人口约11.71万人,新居民约15.97万人。

潮镇虽然在表面上还维持着农村的面貌,在行政管理模式上也保持着类似农村的管理体制,但实际上这个镇已经完全非农化了。它的经济活动主要围绕着工业生产展开,其运作机理已经完全不同于传统的农业型乡镇。20世纪80年代,潮镇人利用既有资源兴办了乡村工业。经过几十年的快速发展,潮镇形成了发达的乡村块状产业集群,并且依托于就地工业化快速实现了城乡一体化的融合形态。

潮镇是全国乃至全球范围内最重要的家纺装饰布生产集群地,主要生产窗帘布、沙发布等室内装饰布。潮镇的家纺产业起步于20世纪70年代末至80年代初,目前已构筑起了以织造为主,后道整理相配套的家纺装饰布生产协作体系。2015年,据时任潮镇党委书记估算,当时潮镇家纺产业的总产值已达到250亿元。2019年,据时任潮镇党委副书记估算,潮镇家纺产业总产值已经超过 300 亿元。其中，规模以上（产值 2000 万元以上）家纺产业企业的总产值已经达到 171.91 亿元。

潮镇人的全部经济和社会生活就是围绕着家纺装饰布的生产展开的。2012 年，潮镇拥有家纺产业市场主体 9200 余家（含个体工商户），此后，潮镇注册的市场经营主体一直维持在八九千家的规模。根据 2012 年的统计数据，潮镇家纺产业的从业人员总计达到 6.3 万人。而根据 2014 年庸市统计年鉴中的数据，到 2013 年末潮镇的户籍人口也才 110785 人，仅拥有劳动力 61562 人。显然，潮镇家纺产业吸纳就业的能力足以覆盖本地劳动力。

潮镇产业集群具有鲜明的就地工业化特征，潮镇几乎家家户户都参与到了家纺产业中，他们围绕家纺产品生产的各个环节，组成了一个高度分工又紧密合作的产业协作系统。这个系统由家庭工业、小微企业、规模以上企业和商户组成。2012 年潮镇有规模以上家纺企业（含后整理）153 家，但是除了规模以上企业，更多的市场主体则是数目庞大的小微企业和家庭工业。

表 1-1　庸市和潮镇部分年份产业发展情况统计

单位：亿元

	潮镇 GDP	庸市 DGP	家纺产业规模以上企业总产值	全市规模以上工业总产值
1999 年	11.66	—	—	—
2000 年	13.78	—	—	—
2001 年	20.64	—	—	—
2002 年	24.48	—	—	—
2003 年	31.87	—	—	—
2004 年	34.61	—	—	—
2005 年	38.27	218.82	—	—
2006 年	38.57	255.66	—	513.40
2007 年	49.83	304.25	45.32	646.75
2008 年	56.45	348.95	51.53	722.02
2009 年	59.43	371.77	49.76	741.82

	潮镇 GDP	庸市 DGP	家纺产业规模以上企业总产值	全市规模以上工业总产值
2010 年	69.79	455.09	59.30	998.91
2011 年	75.52	531.27	48.86	1083.77
2012 年	76.16	—	—	—
2013 年	84.55	633.65	91.92	1307.53
2014 年	86.51	668.48	96.11	1385.61
2015 年	88.89	700.23	124.30	1424.00
2016 年	95.60	744.09	149.83	1455.98
2017 年	103.32	866.07	145.38	1632.53
2018 年	110.61	948.73	152.55	1810.69
2019 年	152.14	1026.57	171.91	2026.35

数据来源：根据庸市历年的国民经济和社会发展统计公报整理。

经过改革开放以来的快速发展，我国已经成为世界知名的制造业大国，而"中国"这个巨大的工业生产体系则是由很多类似于潮镇的"工业细胞"组成的。我国存在着大量的"一镇一品""一村一品"产业集群，它们构成了我国制造业的微观细胞。浙江省的很多乡镇都有自己主导的产业，比如诸暨市就有大唐镇的袜业、枫桥镇的衬衫、店口镇的小五金、织里镇的童装等产业集群。另据统计，在温州 128 个建制镇中，2004 年产业集群产值超 10 亿元的有 30 多个，产业集群规模产值在 1 亿元以上的区块数为 80 多个（盛世豪，2004）。除了浙江省，河北省也有大量从事传统制造业、以中小企业为主体的民营企业群（河北省社科规划项目课题组，2006）。据 2004 年对河北省民营经济的统计，当时河北省年营业收入超过 10 亿元的县域特色产业有 90 个，年营业收入超过 20 亿元的有 64 个，年营业收入超过 100 亿元的有 7 个（黎继子等，2005）。2019 年河北衡水全市县域特色产业集群完成营业收入 1379 亿元，同比增长 23.7%，上缴税金 26.8 亿元，同比增长 20.4%。①

---

① 《河北衡水前三季度县域特色产业集群营业收入 1151 亿元》，http://www.chinanews.com/cj/2020/11 - 12/9337026.shtml。

这种县域内的块状产业集群现象也一直备受学术界关注，许多学者做了大量的实地研究。刘玉照（2009a）通过社会学的实地调研详细研究了白洋淀村如何生长出一个全村普遍参与的塑料加工产业。李国武（2008）也深入研究了清河县的羊绒加工业，2002 年该县从事羊绒产业的专业村达到 260 个，从业人员有 10 万余人。笔者实地调研了河北省文安县，该县不同乡镇围绕特定的胶合板、钢铁压延、塑料化工和电线电缆等产业形成了数量众多的县域产业集群，2015 年这些产业集群的增加值占全县的72% 左右。

特定产业的企业群在特定空间上的集合是经济地理学重点关注的现象。这种在某一特定领域内互相联系的、在地理位置上集中的公司和机构的产业集合被称为“产业集群”现象（波特，2002）。产业集群理论从产业集群的机理、技术创新、组织创新、社会资本以及经济增长与产业集群的关系等角度展开了相关的产业政策和实证研究（陈剑锋、唐振鹏，2002；魏守华等，2002）。产业集群有利于加强企业之间的相互联系。当然，这种相互联系有的是基于贸易的物质交换，有的是基于非贸易的知识交流。20 世纪80 年代以后，人们拓展了对企业联系的认识，更强调非实体的信息和知识联系，不再用单一的经济因素解释产业的地理临近，而是综合考虑经济、社会等多方面的因素（王缉慈等，2019：22）。

但是，产业集群理论把产业集聚现象看作企业为了获得更高的效益而自动向特定区域集中的过程，是企业家基于成本－收益考量以后自主选择企业集聚地的结果。而在中国语境下，这种基于经济学的产业集群理论在一定程度上高估了企业家“选择区域的能力”（李国武，2008：13）。更重要的是，潮镇这样的乡村产业集群有很强的“内生性”（陆学艺，2001：8～9），是县域乡村社会充分利用内部和外部的各种资源不断适应性发展的结果。虽然，产业集群理论也认识到了这种产业现象背后的社会性因素，开始进一步关注“嵌入性”和社会资本对产业在特定区域集聚的影响（王缉慈等，2019：30），但是潮镇家纺这种产业形态背后的中国本土化特征尚待进一步挖掘。

二 草根工业与产业混融

潮镇的工业化过程带有典型的"草根工业"的特征（费孝通，1985a/ 2009），是改革开放初期农民克服了资金、技术等各方面的困难而自主发展起来的产业形态。在潮镇工业的起步阶段，农村人在一穷二白的情况下，为了兴办乡村工业，只能充分利用乡村中一切可以利用的资源。1978年潮镇桥村兴办了一个集体纺织厂，以四台从城市工厂买来的二手织布机作为生产设备，以大队的仓库、农户的住宅作为厂房，"1980年代，把人住的房子腾出来一些放机器，人几乎跟机器睡在一起"，"挡车工、机修工是从杭州请过来的，本村人都是学徒工"。

在改革开放初期创业的那代潮镇人，几乎没有人在正规学校学习过设计、生产、销售等方面的专业知识。他们也普遍认为自己"文化程度不高"，说自己"要学历没学历"。春建是潮镇最为成功的企业家之一，他创办的MY布艺已经发展成为一个很有竞争力的企业，进入了多家超五星级酒店的室内软装供应链，其产品一直销往美国和欧洲的高端市场，年产值达到了3亿元。即便如此成功，春建在回顾自己的创业历程时也表示，"MY是从家庭作坊起步的……我们整个潮镇（家纺）的（从业者）文化程度不高"。不过，在某种意义上，潮镇产业的发展正是依靠这些"农民"的摸爬滚打。

但是经历了改革开放以来的发展历程，潮镇的家纺产业已经形成了世界上最重要的家纺产业集群，潮镇家纺产业在研发、设计、销售等方面都已经达到了所谓"时尚产业"的市场要求。由此，我们看到一个从乡土社会中生长出来的"草根工业"爆发出了极强的生命力，在激烈的市场竞争中，这个"草根工业"始终具有很强的活力和创新力。

费孝通（1999/2009）在评价"草根工业"的时候说："因为它的根深深地扎在千千万万的农民中间，有着强大的生命力，经得起风浪。"这种产业形态的生命力与它所扎根的社会基础密切相关，在农村工业化的进程中，农民用了一套自己的办法去解决资金积累的问题，去解决技术落后的问题。

但是，这也反过来导致了"草根工业"在取得适应性发展的同时，始终难以脱离与乡村的血肉联系，这就是笔者所谓的"混融"于农村的工业生产。

所谓的"混融"，我们可以从"混"和"融"两个角度来理解。"混"是指潮镇产业与村庄保持紧密的关系，潮镇的工业化是从村庄中生长出来的。农民虽然从事工业生产，但是依然与村庄、与土地保持了长期的"粘连"状态（刘守英、王一鸽，2018）。不仅如此，在"混"的基础之上，潮镇的产业还进一步呈现出与乡土"融合"的形态，潮镇家纺产业最为重要的特征是"三不分离"——工业与家庭、村庄三者的高度融合。在一定意义上，潮镇的经济生活本身也是社会生活的一部分，都是根源于同一个地方世界的生活实践，或者说经济生活也只是地方社会生活世界的一个面向而已，它在总体上服从于地方世界的生活逻辑。

（一）工业与村庄的混融

从空间布局上看，潮镇的工业生产长期与村庄融合，这是潮镇工业"混融"状态最为直观的表现。当然，从全国的总体情况来看，乡村工业与村庄的混融状态有着区域性的差异。在乡镇企业兴起的过程中，苏南地区的农村也出现了大量的工业企业，但是随着乡镇企业转型，苏南地区基本上实现了工业生产从村庄向园区的集中。与之相对地，潮镇的乡村工业却长期保持了与村庄"混融"的特征——村庄既是潮镇家纺产业的起源地，也一直是工业生产的重要场所。

工业混融于村庄的一个重要特征是这种产业大量地使用农村集体建设用地[①]。家庭工业主要使用经营者自家的宅基地作为生产用地，在"房前屋后"搭建了大量的生产用房，用作存放原料或者成品的仓库。随后，大量的配套工厂（比如复合、烫金、拉毛等小型工厂）也开办在村庄中。

---

① 土地政策和土地治理对浙江的家庭工业产生了很大的影响。当然，土地政策也在不断调整和完善，尤其是2013年以来的"三改一拆"严格规范了农户的宅基地使用，拆除了大量违规的厂房。这里对家庭工业的描述和结论主要是根据2018年以前的观察和结论。也就是说，潮镇家庭产业的组织形态和家庭工业的实践仍处于一个动态变化的过程中，需要进一步的研究。

　　不仅如此，产业的混融也导致了生产空间与生活空间的混融，进而形成了一种"生产生活不分离"的产业形态。如果我们参观家庭工业的内部，我们会发现这些家庭往往在一楼放置机器设备，在二楼居住。这样的空间配置可以使从业者一边从事家庭工业的生产活动，一边带孩子、做家务、照顾老人。虽然有少数家庭工业的经营者雇用了一些外地人做纺织工，但是这些打工者一般也住在雇主家里，和雇主一家同吃同住，如此既能省下房租钱，又能方便工作。

　　当然，在潮镇工业发展的过程中，也出现了空间上的分化。潮镇家纺业从20世纪80年代到现在已经获得了很大发展，逐步从农村分化出了商业区和工业园区。但是，潮镇空间的分化并没有改变产业混融的总体状态。

　　首先从村庄中分化出来的是商业区，其标志是家纺城的兴起。在家庭织布业兴起的初期，许多人就开始在320国道旁边摆摊位卖丝绸被面。随着潮镇成为远近闻名的被面织造中心，它也逐渐吸引了许多外地客户到此收购产品。

　　1987年，潮镇自发形成了五处露天的简易被面交易市场。1992年，庸市工商局、庸市供销总社、潮镇工业公司三家联合投资1300万元，在320国道七号桥的堆料场兴建了潮镇专业被面市场。后来这个市场先后在1996年、1999年完成了两次扩建，到1999年时营业用房的数量达到748间。2001年4月28日，该市场被正式命名为"中国家纺装饰城"，并启动了第四期扩建工程，其建筑面积达到8万平方米，新建商铺共有2000余间，联托运中心1万平方米。2007年，家纺城纺织原料交易中心建成，投资7500万元，建成建筑面积4.1万平方米。2007年，耗资1.3亿元的中国家纺精品布艺一条街建成，建筑总面积5.5万平方米。2010年，家纺装饰城新投入7500万元在320国道七号楼北建成1.4万平方米、12层、50米高的"家纺国际商务大楼"。家纺国际商务大楼与家纺城、潮镇布艺一条街连成一片，共同构成了潮镇家纺专业市场。

　　据庸市工商局潮镇分局、潮镇统计中心2012年统计，到2011年，潮镇家纺专业市场的销售窗口发展到2105个，其中有1060个分布在三个交易市场，除此之外，镇区的临街店面也用来作为销售布艺的窗口。2013年，家纺城主要经营装饰布、窗帘、沙发布、布艺沙发、纺织原料、家纺成品和布艺配件，共有经营摊位 2500 余个，商户 1800 余户。根据对家纺城董事长的访谈，到 2020 年潮镇共有 2400 家经营活跃的商户。

其次从村庄中分化出来的是工业区，其标志是工业园区的兴建。潮镇从 1998 年开始兴建工业园区，工业园区最初占地 250 亩。2000 年，沈镇、巷乡也创办了各自的工业园区，后来随着潮镇、沈镇和巷乡三个乡镇合并，形成了庸市中国装饰布科技园，这个产业园区随后被评为省级家纺特色产业专业园区。2012 年底，工业园区家纺和印染企业占地总面积达 4885.03 亩，落户企业 265 家。

此外，一些家纺产业发展较好、经济基础较强的村，比如福村、益村，还建立了自己的村级工业园区，潮镇由此形成了镇级、村级工业园区并存的两级园区体系。村级工业园区是家纺产业园区化的有效补充，也是村集体收入的主要来源，仅福村的工业园区已有入驻企业 26 家。2014 年底，潮镇的镇、村两级园区总计占地面积达 7475 亩，落户企业 275 家，其中 90% 以上是家纺和印染企业。

由此，潮镇在空间上分化成为三个区域——村庄、工业区和商业区。工业用地将近 7500 亩①（其中镇级园区用地将近 6000 亩，其余都是村级园区），农民住宅和生产附属性用房将近 8000 亩，另有 2400 多个商户构成的商业区域。

然而，工业园区和商业区的出现并没有改变潮镇工业的"混融"状态，实际上商业区、工业区和村庄依然是一个有着密切合作关系的"混融"体系。首先，虽然出现了工业园区，但是家纺产业依然很难完全脱离村庄。潮镇进入工业园区的企业只占很小的比例。2015 年，潮镇有 9800 多个市场经营主体，其中 8000 多家是个体工商户，另有近 1000 家公司，而这一时期位于工业园区的企业只有 275 家。2015 年，潮镇湾村有 1056 户，该村注册的个体工商户和企业有 560 多家，但是只有 30 多家企业进入了村级园区。

---

① 2014 年以来潮镇工业园区面积的增幅很小，7500 亩这个数据来自家纺协会耀强会长的粗略估计。

2015 年以后，潮镇几乎没有新增的工业用地指标，也就是说工业园区的容量已经无法再继续增加。即使有企业愿意进入工业园区，也没有可以容纳这些企业的空间。

潮镇家纺产业的大部分生产环节，尤其是织布环节，依然主要分布在村庄中。家庭工厂不进工业园区，一方面是因为工业园区的容量有限，另一方面也是由于混融于村庄可以降低门槛、节约成本。一则，从农村生长起来的家庭工业可以免费使用宅基地而节约大量的土地成本；二则，家庭工厂以家庭自有的劳动力为主，生活生产不分离，既照顾了家庭又兼顾了生产，进一步节约了大量成本。

我们更应该看到，潮镇村庄中的家庭工业、工业园区中的企业和家纺城的商户形成了一个密切合作的关系网络，这是产业混融更为重要的内涵。首先，商业区的商户并没有生产能力，他们接到订单后，都需要外发给村庄中的家庭工厂生产。其次，许多进入工业园区的企业也很少自己购买织机，而是以外发加工的形式把一部分生产环节分包给村庄中的家庭工业。这些园区企业只要做设计、做研发、做贸易平台型，而不用购买设备、不用扩建厂房和管理工人，笔者因此将之称为"无中生有"的企业。

由此，我们看到了乡村工业从农村兴起，并在发展过程中保持了与村庄长期"混融"的状态——乡村工业很难完全与村庄分离。

（二）生产与生活的混融

潮镇人用一套乡土的办法解决了产业发展过程中遇到的资金积累、技术传播和信息扩散等问题。这个产业的发展离不开背后依托的社会机制，在这个意义上，潮镇工业发展的历程也是一个社会演化的过程。

通过产业的社会机制，乡村工业能够克服农村资金短缺、技术水平落后和市场信息闭塞的困境，以低成本、低风险和低门槛的"三低"逻辑迅速发展起来。由此，费孝通（1985a/2009）看到"扎在农民中间"的这种工业模式有着强大的生命力，指出中国发展的最终动力在于千万农民的自觉行动。

第一，极高的参与度。潮镇家纺产业的参与度极高，这有两层具体意涵。首先是指潮镇人几乎全部都参与到了家纺产业中，可以毫不夸张地说，潮镇人的生活就是围绕着家纺装饰布料的生产、销售展开的。几乎家家户户都参与了家纺产业的不同环节，成为产业链条中大大小小的从业者。从规模上看，这些从业者涵盖了从家庭工业、小微企业到规模以上企业的不同形态；从生产环节上看，涵盖了从原料供应、布料织造、后道整理到产品销售等环节，形成了复杂的分工网络。

参与度极高还有第二层含义——参与主体的自主决策能力很强。虽然很多参与主体都是家庭工业、小微企业，但是他们都是独立经营的主体，能够自主地做出经营决策。这些主体的自主性说明潮镇的工业体系既不是建立在"无产化"和"雇用–被雇用"关系基础上的产业形态，也不是产业链条中上下游"纵向一体化"的模式。

第二，复杂的合作网络。2020年，潮镇家纺产业协会会长耀强无比动情地对笔者说，"在世界上，没有一个地方像这里，人人都在经营，而且老板之间有复杂的关系"。上述这些独立、多元的经营主体正是依靠着复杂的关系编织成了一个紧密的合作网络。

潮镇家纺产业离不开一个撒向全国的销售网络（项飙，2018）。家纺协会秘书长仲民说，"我们潮镇现在有两万多人在全国各地，自己生产出来的产品在世界各地。这样的话，他就联动得非常快"（JZM，20160616）。依靠这个庞大的销售网络，潮镇将触手伸到了全国各地，从而能够掌握丰富的市场信息。"他可能在我这个市场有个门面，但是在上海啊、北京啊、广州、成都啊，其他地方都有自己的亲戚朋友帮他。"（JZM，20160616）

这张撒出去的销售网络（门店网络）与本地生产网络保持了紧密的联系，虽然潮镇人在外地开门店，但是这些人在潮镇也能快速地组织和协调生产。"（本地的）小企业，一般都有人在外面帮它销售。我们家纺城的门市部，背后一般都有一个企业在帮它生产。"（JZM，20160616）

一般情况下，将门店和家庭工业、生产企业联系起来的大多是原初的社会关系，比如家庭成员、亲戚、朋友等。当然，随着销售网络在全国范围内展开，社会关系的网络也在空间上得到进一步拓展。

销售网络与家庭工业"联动"的模式，也经历了分化与发展。家纺工业兴起初期的模式是，"家庭工厂做好了布，然后由开门市的潮镇人把它卖掉"。在这个基础上，门市与家庭工厂的关系慢慢演变成为一种订购/加工关系，这意味着家庭工业与门市之间的关系发生了质的转变，也培育出了一批专门外发加工的"无中生有"的企业。家庭工业逐步演变成为纯粹的加工户，它的订单来源有两部分：家族中经营门店销售的人和有研发设计能力的"无中生有"的企业。

随着市场需求和产品的演化，潮镇出现了许多配套的厂商，形成了复杂的本地生产网络。潮镇家纺产业的配套厂商种类丰富，有砂洗厂、刺绣厂、烫金厂等。这些配套工厂的出现，使得潮镇能够生产更复杂的产品。毫不夸张地说，市场上需要什么产品，潮镇就能够制造出什么产品。

第三，长期的分化和演化。20世纪80年代，潮镇的家庭工业开始兴起，此后为了适应市场的需求，潮镇的家庭工业经历了不断的分化和演化。20世纪80年代，潮镇家庭纷纷开始创业，但是在发展过程中出现了不同的分工。家纺协会会长耀强总结这个过程时说，"就是在基础一样的前提下，从业者随着产品结构的裂变、细化，逐步寻求到最适合自己的盈利点"（CYQ，20200606）。

耀强会长所谓"基础一样的前提"，是指从业者都是基于同样的起点、同样的社会背景，投入到处于同一起跑线的创业过程中。每个人都利用自己的优势、遇到的机遇发展出一个专门的生产链条，最后这些链条的不同环节又编织成潮镇工业的大网络。在这个过程中，产品不断丰富，参与主体不断增多，产业链条不断延长，组织形式也不断复杂化，最终促使潮镇将自己的生产链条扩展到了长江三角洲乃至更广泛的区域。

这个过程类似于生命体的进化过程，就像生命体通过细胞的不断分裂、特化逐步生长出各种器官，从而应对外部环境的挑战。在微观机制上，潮镇家纺产业的从业者就是一个个细胞，细胞的生长和死亡，就是不同代际的年轻人不断地投入到产业生产，然后老去的人不断退出这个行业的过程。潮镇的产业集群就像一个巨大的吸铁石，将潮镇的人、财、物不断融入一个产业生态系统中去。这个过程使得潮镇产业能够在不同时期克服资金、技术等方面的劣势，实现了飞速的发展，也实现了产业的创新和升级，使得农民办的产业能够以"低成本、低风险和低门槛"逻辑获得极强的韧性与适应能力。

三 理论关怀与问题意识

潮镇的工业化历程折射出了重要的理论问题，也呈现出了我国社会特别的转型模式。在这个意义上，如何看待现代工业所必需的组织形式，将直接决定现代社会理论的品格（甘阳，1994）。

（一）乡村工业与社会转型

西方的社会转型理论建立在"社会化大生产"（马克思，2004）、"资本主义理性化"（韦伯，2006：190～197）的工业化组织形式之上，并在这个工业化和城市化路径的基础上建构了一套社会理论。在工业化进程中，工业生产与农村逐步脱离，以机器生产和集中生产为特征的现代工厂制取代了乡村工业生产（马克思，2004：797）。列宁也认为机器大生产是小农消亡的结果，农村分化出一个"无产阶级"，为城市工业提供了工人来源，工业化会使"把产品制成真正消费品的各个操作都成为专门工业部门，同农业分离"（列宁，1959：17、59）。

这样的工业理论体系中并没有家庭、村庄这些传统社会组织的位置，这些传统的社会组织注定要被工业化的滚滚浪潮所摧毁。由于工厂制度的发展，劳动力、土地和货币必须转变为商品，以便保证生产的持续。这就意味着市场体系的发展必将伴随着社会组织本身的变化，从而"不得不出的结论是，人类社会必然成为经济体系的附属品"（波兰尼，2007：65）。

但是，在我国的工业化过程中，却始终有一股源于乡村的"自下而上"的工业化动力。近代以来，我国乡村社会发展出了一个复杂多元的产业体系，"包括了农、工、商、运输、服务等部门，自为一个完整的体系"（吴承明，2001：52）。费孝通（1947/2009）也看到，中国的传统经济结构并不是一种纯粹的农业经济，而是一种"农工混合的乡土经济"。而他所谓"乡土重建"的根本就是要去适应这个传统经济格局。

如果说在《乡土重建》中费孝通认为乡土工业存在的价值是基于农村土地不足、劳动力过剩而城市工业吸纳劳动力有限的一种"不得已而为之",那么他在晚年则赋予乡村工业更为积极的意义。乡镇企业的异军突起让费孝通(1995a/2009)看到,我国在乡村工业的基础之上走出了一条适合中国的转型道路,"我们不能想象上亿甚至数亿的农民涌入城市来发展工业,中国的工业化只能走适合自己特点的路子",而这个转型的道路"不是从理论上推论出来的成果,而是中国农民在改革实践中的新创造"。费孝通(1995a/2009)进一步说,"蓬勃发展的乡镇企业是中国农民在人类20世纪进步历史上的一个伟大创造,是中国农村工业化的具体表现形式。这也是中国从几千年农耕传统为主的传统经济向现代化工业经济转变的一条希望之路,这是一条与西方工业化迥然不同的道路,也是适合中国国情、具有中国特色的农村工业化道路"。

费孝通晚年对"农工混合的乡土经济"的内涵做了扩展,将中西部地区落后的"庭院经济",以及建立在这个基础上的多元乡村产业体系纳入乡土经济格局,这也就是费孝通所谓的"从农业到现代工业还有一个中间形态"。费孝通(1994/2009)所谓的"庭院经济",就是以农户为单位发展农林牧副渔的任何一业而形成专业村。庭院经济在家户经济的基础之上,依托"公司+农户"等组织形式,形成了城乡融合的乡村产业形态。这个产业系统既有农产品种植、养殖的特色农业,又有农副产品加工业和乡村旅游业。乡村产业的转型过程是一个从农业到工业渐进发展的连续体,这个体系与城镇化体系相互配合。市镇是"伴随商品经济的兴起演化而来的产物",各级城市都拥有它的腹地,形成了城乡相互依存、具有不同层次的经济区域(费孝通,1995b/2009)。在这个基础上,费孝通(1995a/2009)看到"我们这个小农经济延续几千年的国家城乡一体现代工业化的前景"。为了深入理解这个体系,本书第九章将以石家庄地区为例,介绍这个多元产业体系与城镇化的关系,第十章介绍传统农业地区如何在家庭经营基础上发展出茶叶产业体系。

在这个体系中,我国的东、中、西部地区都以不同的形式参与工业化进程,构成了所谓的"全国一盘棋"。我国中西部的村庄主要是依靠劳动力外流务工，通过"离土离乡"的形式参与我国东部地区的工业化。与此不同，潮镇则是依托于村庄的"就地工业化"，在这个过程中，潮镇传统的村庄形态以及村庄的社会生活方式并没有完全解体，而是在一定程度上被带入了工业时代。在这个过程中，潮镇的工业生产高度嵌入农民的家庭生活以及乡村社会生活，工业生产也进一步成为乡村社会生活的一部分。虽然工业生产是一种经济行为，但是具体的行动者并没有时刻地区分自己是在从事经济活动还是社会活动。

（二）乡村产业的社会基础

潮镇的工业化进程是充分调动中国独特的社会基础的结果，也与中国的社会结构和悠久的历史传统有着密切的关联。对此，费孝通（1995c/2009）提出，"是不是意味着在我国不同地区、不同生产力水平上的不同工作项目，都存在着从农业里长出工业的元素、要求和契机呢？这样转化的一般基础，既来自当前农村工业化的现实要求，又扎根于我国的经济传统。我们今天的现代化事业是前无古人的，但我们还是要在古人留下的底子上起步，不可能凭空做起"。

我国乡村社会普遍存在的多元产业体系，正是充分利用乡土社会提供的经济资源和社会基础的结果。经济资源是指乡村社会的劳动力、集体土地、宅基地、村民自筹资金等；社会基础则是指家庭、家族（焦长权等，2015），"生于斯，长于斯"的熟人社会和社区共同体（折晓叶，1997），以及天经地义的文化伦理或者"社会底蕴"（杨善华、孙飞宇，2015）。

当然，社会基础在不同地区又有着不同的呈现方式，使得乡村工业呈现出极为鲜明的区域性特征，出现了费孝通所谓的温州模式、苏南模式、珠江模式、晋江模式等发展路径。虽然各个地区的条件不同、历史传统不同，形成的发展模式不同，但是正如费孝通（1995a/2009）所指出的，"各种模式之所以能互相比较，是因为他们从一个共同的基础出发，又向同一目标发展。共同基础是我们传统的小农经济，同一目标是脱贫致富，振兴民族经济"。

家庭是乡村产业的重要参与者，也是乡村产业发展的重要的社会基础。

家庭是潮镇家纺产业重要的参与者，也是城乡融合的产业体系的重要参与者。

在这个意义上，家庭经营对于理解乡村产业发展有重要意义。费孝通（1995c/2009）说："我们是站在什么地方？脚下是乡土性的小农经济。我们摸的石头是什么？我想应该是家庭。十几年前我们就是从农村家庭联产承包责任制开始的。"因此，他认为富民工程成功的关键在于激活家庭细胞。

由于家庭、家庭伦理在中国社会结构中的"弥漫性"作用，家庭这个社会组织细胞的影响也是弥漫性的。"如果个体的意思是指个人，温州街上的作坊也并不真是个人所有的，而是家庭所有的。家庭里有不少成员，而且通常并不限于直系亲属组成。许多是已婚的兄弟甚至亲亲戚戚组成的家庭作坊。"（费孝通，1989/2009）这里主要说的是"家庭企业"，它既是指家庭工业，也包括家庭之间"联合"兴办的产业组织形态。值得注意的是，费孝通特别区分了"联合"和"合作"，"联合"是亲戚和街坊关系组成的作坊，是家庭所有制顺理成章的发展。"苏南模式中的社区所有制在一定意义上也是家庭所有制的发展。社队企业的发生，它的经营方式、招工和分配原则，无处不能从传统的大家庭模式里找到对应物。社队企业是社队的副业。我并不想贬低新生事物新的一面，只是想指出新生事物似乎都不能和传统模式相脱节，而常常是脱胎于传统模式的。"（费孝通，1989/2009）

从组织形式上看，乡村工业普遍缺乏正式的契约和明晰的产权界定，是依托于本土化的产业组织形式。关于中国组织和政府行为的研究发现，中国组织运作过程中具有各种非正式运作的特征，这也是潮镇家纺产业组织形态的重要特征。无论是中西部农村的副业，还是东部地区的乡村工业，这种从乡土社会生长出来的非农产业都具有"非正式运作"的特征。但是除此之外，"那些由亲戚、朋友、圈子、派系等组成的关系网络并不只是个人化的利益网络，同时也受到一些行动伦理的影响，即连接人际关系的精神纽带的影响"（周飞舟，2013）。正如后文将要讨论的潮镇人"结账""算账"的过程。潮镇人并不是因为缺乏理性化思维而无法建立资本主义式的会计制度，恰恰相反，他们之所以采用不同的工资结算模式，是因为潮镇人在算一笔更加细致的账，这笔账既融合了资本主义式的理性，又照顾了千百年来的乡土人情。

如果将潮镇的经营主体和组织形式视为舞台上的演员和表演形式，我们要想深入地理解他们故事的情境和表达的情感还需要理解其剧本背后的乡土社会的悠久历史和社会基础。研究区域经济发展，除了关注区域发展的外在条件和物质基础，社会学界更要关注其社会性的一面。社会性不仅指"看得见摸得着"的制度、法律、规章等，还包括人际关系中"只可意会"的部分（费孝通，2003/2009）。关系的形式——家族、宗族、熟人社会和社区共同体等——仍然还只是社会科学通过实证的方法能够把握的"外在部分"。

费孝通（2003/2009）晚年对自己"只见社会不见人"的研究进行了深入的反思，"人们之间的很多意念，不能用逻辑和语言说清楚，总是表现为一种言外之意，这些意会的领域，是人与人关系中一个十分微妙、十分关键的部分，典型的表现就是知心朋友之间、熟人之间、同一个亚文化群体的成员之间，很多事情不用说出来，就自然理解、领悟，感觉上甚至比说出来还清楚"。

正如费孝通（1995g/2009）指出的，"任何经济制度都是特定文化中的一部分，都有它天、地、人的具体条件，都有它的组织结构和伦理思想，待具体条件成熟时，经济发展出一定的制度，也必然会从它所在的文化里产生与它相配合的伦理思想来作为支柱"。探讨社会基础，更要去发现不同社会的日常生活中那些自然而然、"只可意会不可言传"的交往方式，即所谓"日常的、细微的人际关系、交往方式、交往心态以及与之有关的风俗习惯和价值观念"。费孝通（2003/2009）甚至认为这是文化最核心的部分，是构成经济和社会发展差异的真正原因，社会主要建立在"意会"的社会关系基础之上，而非外显的制度，更不是空洞的关系形式。

（三）工业时代的传统心态

潮镇人虽然已经跨入了工业时代，但是依然保留了传统的心态，这种心态表现在潮镇人的日常交往中。从业者的这种精神气质也赋予了潮镇工业特殊的精神风貌。

林国目前经营着一家纺织厂，名为"林国布业"，这是一家拥有 22 台圆织机、雇用十几个工人的小型纺织厂。扣除开支，"林国布业"每个月的净利润约 30 万元。按照林国的经营情况，我们完全可以认为林国是一个典型的民营企业老板，但是他经常挂在嘴边的口头禅是"我们农民嘛""我们乡下嘛"。令人奇怪的就在此，林国从来不种地，而是从事工业生产，但是为何还认为自己是农民？

林国出生于 1972 年。到 20 世纪 90 年代，林国家已经有了 2 台织布机，当时主要由他父母经营。父母织好了丝绸被面，就拿到七号桥市场（七号桥市场是在 320 国道旁边自发形成的一个路边市场）去出售。1993 年，林国年满 18 岁，他到湖南湘潭开了一间门市部。在湖南卖了 10 年布以后，林国在 2003 年从湖南湘潭回到了潮镇，在家纺城租了一间门市做沙发布生意。2007 年，他投资修建了厂房、购买了设备，兴办了"林国布业"，开始生产复合底布。

林国并没有从事农业生产的经历，现在也完全是一个工商业企业家的形象，但是他对自己的身份定位似乎并没有从"农民"变成"商人"或者"企业家"。

虽然潮镇在短短 40 年时间里就彻底实现了从农业到工业的转型，但是当地农民的思想观念却似乎"慢了半拍"。对于潮镇人来说，从农业转型到工业的过程，并非一个"惊天动地"的突变，而是生活世界自然而然演化的过程，是一个"顺势而为"的过程。

发展乡村工业只是农民从自身的实际出发而追求"脱贫致富"的过程，是改革开放后农民获得了经营自主权继而自然而然发生的行为。虽然在这40 年时间中，潮镇的产业形式发生了翻天覆地的变化，但是在潮镇人看来，乡村社会的生活世界并未出现外人想象中的剧变。

那么，这种"我是农民"的心态会不会阻碍工业化生产呢？或者会对工业生产产生什么样的影响呢？韦伯（2006：102~111）认为西方资本主义工业依赖一个"合理的劳动组织"，在这个合理的劳动组织形成的过程中，作坊的业主变成工人的雇主，变成为市场而生产的企业家；契约劳动替代了不自由的劳动，使得以技术效率为基础的合理的劳动分工成为可能，从而实现了"有纪律的劳动"和控制产品的质量和产量；最终，精确计算成为可能。

不仅如此，韦伯（2010a：134、147）还认为中国没有资本主义经营的法律形式和社会基础——中国虽然有以家族共同体为基础的继承人所组成的营利集团，但是家族的这种营利共同体与理性的经济经营共同体是背道而驰的，因此无法实现"基于技术效率的计算"。韦伯（2006：222）强调"生活的合理化和合理的经济道德"是产生资本主义的必要的辅助因素。天命观念的发展给了企业主和工人一个完全问心无愧的感觉，"好像劳动就是一种绝对自在的目的或者一项天职"，这种思想不能单凭薪酬水平直接刺激出来，相反它是长年累月的教育与社会化的结果（韦伯，2010b：35）。

但是在潮镇，不论是家庭工厂主、商人还是企业家，都呈现出一种极为认真的工作态度，这种工作态度赋予的劳动强度与欧洲新教伦理赋予的资本主义精神相比，也是有过之而无不及的。

潮镇人的这种勤勉并不是"过密化"导致的"自我剥削"。传统时期中国农村的人地矛盾导致了家庭包括土地在内的生存资源十分有限，从而处于"齐脖的水中"一样随时可能遭遇覆灭的生存危机中。在斯科特（2013：5）看来，这种"生存危机"会让农户遵循"生存逻辑"，而并非新古典经济学式的"收益最大化"思维模式，因为他们几乎没有理性计算的机会。在这种情况下，农民是不会为未知事物而冒险的，也就呈现出极为保守的形象。虽然农民有着勤劳和节俭的品德，但是在生存危机和"安全第一"的行动逻辑下，农民的勤勉投入始终是一种免于饥饿的"自我剥削"。在这种观念下，农民的经济活动并不是追求资本增值，当然也无法实现积累和扩大生产（斯科特，2013：30），很容易陷入所谓的"高水平陷阱"（Elvin，1973）。但是很显然，潮镇的乡村工业并不是一种过密化的形态，反而呈现出了极强的创新能力和适应能力。

尽管在中国人的思想世界中没有人与上帝的冲突，无法产生西方资本主义精神中的天职观念（李猛，2010；韦伯，2006：230），但是中国人仍然在工业生产中勤勉地劳动，"中国老百姓不舍昼夜地拼命干活，其经济动力就在'世代之间'"（王春光，2019）。基于此，乡村能够克服资金、技术和区位条件等各方面的劣势，在短时间内实现了县域工业化和城乡一体化。潮镇人在工业生产过程中呈现的精神气质与欧洲资本主义发展早期的新教伦理相比，是截然不同的精神源泉。

潮镇人的特殊心态还表现在日常交往中，尤其是对待不同人的不同态度。以潮镇人的结账方式为例，加工户与外发老板之间是"年底结账"，而企业内部工人则是工资月结。"月结"和"年结"涉及潮镇人对人与人关系的不同定位，也意味着对人与人的权力、义务的不同要求，进而决定了人与人合作的不同模式。

在此，仍是以"林国布艺"为例，"林国布艺"是林国和他的姐夫、表弟一起合伙创办的企业。但是这个企业却没有"现代企业的股权结构"，他们三人只是"大致有一个账"，年底也不会分红。平时各家需要用钱都去公共账本记账"拿钱"。当然，这绝对有可能只是表面现象，即只是不"明算账"，其实背地里每个人都算得很清楚。可是即便如此，我们依然要追问——为何他们要避讳亲戚之间"算清楚"这个事情？

亲戚之间的账不算清楚，并不能说明潮镇人不懂现代的股权结构。林国和另外两个生意伙伴投资了一个拉毛厂，他们就把账算得很清楚。也就是说，潮镇人并不是不算账，而是跟不同的人有不同的算账方式。在这个意义上，潮镇人恰恰是算了一笔更精细的账。

从产业的组织形式上看，潮镇的经济活动依靠三张强韧性的网络。在合作网络中，人与人之间的关系不仅是基于利益的竞争与合作，还是周飞舟（2013）所说的依赖于传统与现代融合出的时代气质和制度精神的有效竞争与合作。在这个过程中，浙江人走出了一条既符合中国农民的传统意识又有所创新突破的联合之路，费孝通（1995f/2009）将之称为"富有东方色彩的经济结义"。当然，这个组织网络能够真正地发挥作用，与潮镇人的社会生活有密切的关系。

因此，潮镇的工业组织形式也是一个现代理性与传统心态的"混融"模式。他们用自己的传统逻辑处理经济活动中的合作与冲突。与标准化的企业管理过程相比，潮镇的工业生产过程是一个更为细致、复杂的过程，因为这套经济活动与乡村的人际关系和行动伦理紧密关联。潮镇的工业是由众多生产主体组成的产业网络，很多生产环节都是依靠村庄内部的社会关系，进而实现高度配合的分工网络，潮镇工业生产与农村的"混融"，使得工业生产具有浓厚的"乡土性"。总之，"产业混融"不仅仅是指空间分布上的交融混杂，更重要的是产业逻辑混融于乡土逻辑，或者说产业逻辑依托于既有的乡土社会的逻辑。

四　本书章节安排

本书的主体内容是以潮镇工业的发展历程呈现我国从"小农经济向城乡一体现代工业化社会"转型的复杂过程。潮镇工业只是乡村产业转型的一种具体形态，为了深入认识城乡产业的复杂形态，本书进一步纳入了可与之形成呼应的三个典型案例——浙江省偏远山区的来料加工、河北省石家庄的乡村产业体系以及安徽省金寨县的特色农业，从而丰富我们对从乡土社会中生长出来的产业的不同表现形态的认识。

本书各章节的安排和主要内容如下。

第一章通过文献研究论述乡村工业化的历史延续和发展过程，回顾乡村工业演化的诸多历史形态，以及影响乡村工业化的历史轨迹的诸多因素，并在这个基础上总结乡村工业的历史演变规律与影响因素。

第二章、第三章以潮镇的产业发展历程为例，呈现发达地区乡村工业的发展历程。20 世纪 80 年代，潮镇继承了传统手工业、社队企业的发展传统，兴办了乡村工业。"四个轮子一起转"以后，以家庭工业为基础的乡村私营工业蓬勃发展，并成为乡村工业的主导形态。20 世纪 90 年代以后，潮镇家纺产业在家庭工业的基础上形成了"小生产、大网络"的生产组织形式。

第四章重点介绍潮镇的柔性产业网络。在潮镇产业的演化过程中，产品门类不断丰富，产业链条不断延长，组织形式也不断复杂化。但是这个生产网络的演变过程并不是走向一体化的制度演化逻辑，而是形成了一个柔性化的生产网络。第一，从纵向维度来看，产业链并没有走向生产链条的"纵向一体化",反而朝着生产链条的细碎化、专业化方向发展。第二,从横向的维度来看,形成了潮镇产业集群的"狼群战术",在潮镇经营某种产品的不是一个垄断企业,而是一大批同质化的企业。基于柔性合作网络,潮镇家纺产业通过"低门槛、低风险、低成本"逻辑,让农民办的工业能够在资本、技术和区位条件都不占比较优势的状况下取得了快速的发展。

第五章将潮镇的产业演化历程还原为立足于乡村的社会过程。潮镇产业演化的创新历程是一个基于特定生活区域、特定社会基础的社会过程。改革开放以来,潮镇的产业集群就像一个巨大的磁场,不断地将潮镇的人、财、物融入一个生产生活的系统中。本章将从"带"和"滚"两个过程具体呈现这个演化的社会过程。

第六章具体描绘乡村工业化的微观经营过程——家庭工业。家户经营是潮镇家纺产业发展的基础,家庭工业塑造了潮镇独特的经济生产形式和城镇化模式。潮镇在家庭工业的基础上衍生出了独特的生产链条和产业体系。家庭织布的核心特征是"生活生产不分离",它使得家庭工业乃至整个家纺产业的生产组织过程有着极为特殊的逻辑。本章将进一步讨论工业化时代的家庭生产所具有的社会学意涵。

第七章以潮镇的产业治理过程为例,讨论政府行为与乡村产业发展的关系。潮镇家庭工业的兴起、发展与地方政府行为有很大的关系。这集中表现在土地的利用方面,由于地方政府默许、鼓励农户利用宅基地发展乡村工业,从而形成了普遍的土地违法的局面。政府行为从"放水养鱼"转变为产业治理,这既反映了国家与农民关系的重大转折,也深刻影响了产业转型的路径。

第八章描写来料加工的生产形式如何成为"工业下乡"的结果。发达地区的工业向偏远乡村扩展,由此形成了来料加工这种生产形式,带动了偏远地区乡村的产业发展,它也成为乡村工业的一种特殊形态。本章以浙江省 L 市的一种特殊的乡村工业形式——来料加工为例,讨论乡村工业的组织过程及其赖以存在的社会基础。一方面,来料加工是全球生产体系中的一环;另一方面,来料加工的生产过程也紧紧地"嵌入"乡土社会。乡土社会的人际关系与社会伦理确保了来料加工的生产管理得以可能,成为乡村产业发展的社会基础。浙江省 L 市的案例将帮助我们进一步认识我国乡村产业的丰富形态和乡土社会的韧性。

第九章讨论河北省石家庄城乡一体化的乡村产业体系。在城乡融合过程中，该地区形成了新型的"农工互补"的乡村经济生态体系，形成了丰富多元的乡村产业体系，为"就地城镇化"奠定了基础。"半工半耕"的家庭生计模式是这一体系的微观经营机制，家庭在兼顾农业生产的同时，在本地非农就业与外出务工之间灵活选择，形成了一个基于家庭生命周期的"外出－回流"机制。

第十章介绍我国农业转型过程中在各地兴起的特色农产品种植、养殖业。特色农业往往依靠一套独具特色的组织形态，这个组织形态依托于我国乡村的社会基础，也是乡村产业系统的重要组成部分。这部分看似是一个农业经营问题，但亦与本书的主旨关怀有着紧密的关联。在农业转型过程中兴起了大量的特色农产品种植、养殖业，比如茶叶种植。这是乡村多元产业体系的重要组成部分，是费孝通所谓的"庭院经济"的重要组织形式，也是从农业到工业的中间产业形态。对这种产业形态的深入理解，一方面有助于深化我们对从庭院经济到乡村工业的发展序列的认识，另一方面也能够帮助我们深入理解社会基础与产业发展之间的关系。

第十一章则对本研究进行总结与反思。潮镇的工业化带有很强的"自下而上"的色彩，这种工业化从乡村社会兴起，经历了复杂演化与适应性发展。当然，从我国城乡转型的总体历程来看，潮镇工业是我国城乡融合的产业形态的一个典型案例。在我国城乡融合进程中，之所以能够此起彼伏地出现各种城乡融合的、一二三产融合的乡村产业，原因在于我国乡村社会为这些产业的发展提供了深厚的社会基础。本章还对社会基础的具体内涵做最后的总结。

第二章　乡村工业的历史延续与内生发展

在西方工业化的早期阶段，乡村工业化只是其工业化历程中的一个过渡现象。在欧洲工业革命以后，工业生产很快从农村地区集中到城市地区。伴随这一过程的是现代企业的组织形式取代了传统的工业形态。而我国的乡村工业具有极强的生命力，并在不同的历史阶段呈现出不同的发展模式，乡村工业在中国乡村的长期延续塑造了中国特殊的工业化道路。本章从乡村工业的历史延续与发展的角度，梳理乡村工业在不同历史时期的表现形式，以及影响乡村工业延续与发展的因素。

一　乡村工业的历史延续性

乡村工业的历史延续性呈现了中国不同于西方的工业化道路。学者将西欧工业革命之前在农村存在的工业化称为"原初工业化"（proto-industrialization），这种工业生产主要分布在农村地区，以家庭生产为单位、以包买制为组织形式（Kriedte，1981）。原初工业化为后来的近代工业化积累了资本、培养了熟练工人。伴随着工业革命的发生，一些地区的原初工业化转为以机器生产、集中生产为特征的城市工厂制（Franklin，1972）。

西欧的农村工业化只存在于少数地区，并且只持续了数十年。工业革命以后的工业化生产很快从农村地区集中到了城市地区，伴随这一过程的是现代工厂制的集中生产逐渐成为主要的生产形式。但是近代以来，中国的乡村工业并没有像西欧工业化早期阶段那样迅速地消失，反而以各种形式普遍存在于乡村地区。

在中国的传统经济时期，家庭手工业作为自给自足的家庭副业而存在，是一种家内生产的乡村工业模式。明清以后，家庭工业迅速与商品化结合起来，成为面向市场的家庭手工业。许多学者认为当时中国农村的工业化已经具备了西欧早期工业化的特征。然而与欧洲的"原初工业化"相比，中国的乡村工业有着不同的历史命运。在农村经济商品化、农村劳动力大量过剩以及国内国际市场十分繁荣的背景下，乡村工业化在城市工业的冲击下并没有完全消亡，反而与城市工业相互配合、共同发展。

中国在秦汉时期就演化出了以家庭经营为基础的小型化精细农业。由于人地矛盾、现金支付的压力和农业经营的季节性分布不均，中国乡村形成了以家庭经营为单位的商业化非农副业，许倬云（2012：132）称之为"Z经济"。家庭非农副业有两种属性，既可以满足家庭自用，又可以到市场上出售。家庭副业也因此具有伸缩性——农户可以在生产自给消费品和生产市场商品之间进行转换。在社会稳定的条件下，农民会积极参与到市场体系中，形成高度商业化的非农工副业。而在动乱时期，农民逐渐从市场中回撤，副业又变成了专供自己消费的活动。

许倬云描述的这种经济模式，构成了我国农村社会几千年来的底色，"家庭农业与商品化工副业密切结合，是中国长江三角洲受西方资本主义国家冲击前，在很长的历史时期中形成的传统农业的基本形式，在明清时期达于最盛"（林刚，2000）。我们可以进一步总结，这种经济模式有以下几个要素。第一，家庭经营的基础性地位，"在东方国家的本源型传统中，不同于俄国和印度的村社制，中国是家户制，并在此基础上形成了独特的中国农村的发展道路"（徐勇，2013）。第二，家庭始终是独立的经营主体，土地为家户所有或者家户经营，这使得单个家户可独立完成生产的全过程（徐勇，2013）。第三，以家庭经营为基础的"农工结合"是乡村产业的重要形态，家庭手工业对家庭经营发挥了极为重要的作用。第四，家庭内部的多种经营在很多时候是与市场化网络相结合的，"农业和手工业、自给性和商品性的生产，在农民的生产活动中紧密联系，继而结合为一个整体"，"既有利于实现农民家庭生产与消费的平衡，又有利于小农经济的稳定和发展"（方行，1993）。

二 农工混合的乡土经济

近代以来，中国的人口迅速增长，耕地资源却已经开发到了极限，由此带来了极大的人地矛盾和农村劳动力过剩的问题。加上分家制度的影响，中国的华北平原形成了"小块家庭农场经济"（黄宗智，2000a：108），而长江三角洲则发展出了江南的租佃制小农（黄宗智，2000b：63~68）。中国农村的经济发生了很大变化，主要表现为农村经济的进一步商品化——以市场为导向的土地利用和劳动力配置，具体表现为商品作物的种植和农村劳动力的非农就业。由于城市工商业的发展有限，所以城市吸纳的人口也是有限的，在这种情形下，农村中的非农就业就显得十分重要（方显廷，2009：321；马若孟，2013：224~250）。

即使受到了城市工业和外国资本的双重冲击，乡村工业依然在国民经济体系中占据极大的比重。在20世纪二三十年代，手工业在全国工业总产值中占比超过2/3（王翔，2012：535）。当时的手工业主要是作为农村家庭的副业而存在，手工生产、工序外包和家庭生产是其主要特征。"乡村制造工业在中国也占一个极其重要的地位"，"中国工业大部分集中在乡村，乡村的制造工业是农村家庭在农闲时期的主要副业"，"中国工业化之未来，系于乡村工业之复兴者至巨"（方显廷，2009：321）。

近代以来，中国通过引入西方技术发展了一定的城市工业（彭南生，2003）。乡村工业利用了这个优势，通过适应性的调整，取得了很大发展，20世纪初期的棉纺织业可视为典型。现代工业对中国传统棉纺织业最重要的冲击是以机纱取代了家庭纺纱，手工纺纱从家庭经营中脱离。中国从1860年开始引进极具价格优势的印度、日本棉纱（森时彦，2010：8~10），与此同时，一些城市也纷纷兴办了机器棉纱厂。由于机纱效率高、价格低廉，在20世纪初，机纱就彻底取代了手工纺纱。家庭手工纺纱业在外国资本主义和机器工业的冲击下逐渐衰败，但是乡村家庭织布业却取得了新的发展。

乡村织布业的适应性发展与乡村工业的制度变迁有着重要关联，在城市工业和外国资本主义的冲击下，包买制成为华北手工织布业的一种重要的生产组织形式。在一定程度上，正是这种组织制度的变迁导致了清末民初华北平原土布业的兴盛（周飞舟，2006a）。棉纺织业一直是农村手工业的主要产业，其生产的组织过程也经历了一个长期的演进过程。明清时期，棉纺织业的各个环节与家庭经济紧密结合，从植棉、纺纱到织布的各个环节主要以农户家庭为单位进行，并在这个基础上满足了巨大的棉布出口和内销两个渠道的市场需求（赵冈，1977：55~70）。从明朝至清初，棉纺织业都呈现出高度的区域分化的特征，华北的棉花被运至江南地区完成纺织然后销往各地（赵冈，1977：59）。商人对家户经济基础上的棉纺织品的外销发挥了巨大作用，而江南市镇的发达也与棉纺织品的集散有关。在这一时期，江南棉纺织业中已经产生了包买制的萌芽，但是相比于丝织业，棉纺织业的包买制并不普遍（樊树志，2005；赵冈，1977：71~79）。

商人包买制在乡村手工棉织业中取得的发展，与机纱取代家庭纺纱有关，而这恰恰是受城市和机器工业影响的结果。机纱替代家庭纺纱以后，家庭手工织布需要购进机纱，同时也需要更新设备，因此需要大量的资金，然而对于"站在齐脖水中"的农村小农来说，资金恰恰是其严重缺乏的。不仅如此，高度市场化导向的织布业需要与市场建立广泛的联系，而这也是农户难以做到的。进入20世纪以后，手工织布业的技术迅速进步，手工织布业需要以繁多的花样和复杂的工艺去适应市场的要求。在这种情形下，包买制成为华北平原重要的生产组织形态，同时也广泛存在于南通这样的江南织布区（吴承明，2001：88；吴知，2009：317；赵冈，2006：411~428）。周飞舟（2006a）用定量的方式证明了正是包买制使得20世纪初期的中国农村手工棉纺织业，能够在外国机器工业和农村商品化的双重冲击下依然保持良好的发展态势。

在这样的情况下，乡村产业取得了适应性的发展。第一，实现了从手工生产到机器生产的转变，例如华北织布区使用的铁轮机，这构成了与传统时期的家庭乡村织布业的重要区别。第二，商品化生产区域的扩大，使得农村出现了许多新的织布区，例如山东的潍县、河北的宝坻、高阳，贵州的黄草坝等。这些在19世纪末20世纪初出现的新织布区都不是产棉的地区，但是都处于重要的交通线上，能够从城市和通商口岸购置机纱进行生产（赵冈，1977：215）。第三，由于包买制的引入，在民国时期，华北平原的高阳等地区已经出现了"荒田织布"的现象，由此摆脱了"过密化"的家庭工业形态，实现了"斯密式"增长（周飞舟，2006），形成了以家庭工业为基础的专业生产区域。

当然，在取得适应性发展的同时，乡村工业也保留了传统的因素。虽然华北织布业形成了高度市场化的生产体系，在技术和产品类型上也取得了改良和进步，但是"中国的家庭生产制依然保留了全部特征"（赵冈，1977：202）。在乡村织布业兴盛的地区，家庭织布业仍然保留了与农业紧密结合的传统形态，农户根据家庭占有土地的多少灵活地安排劳动力从事农业和手工业，占有田亩越少的家庭往往织布越多，而占有土地达到了一定程度的家庭则不再从事织布业（赵冈，1977：202）。

在西方机器工业的冲击下，乡村工业发展的前途与命运也引发了理论界的争论——能否通过乡村工业实现现代化？

其中有一种观点认为，在人地矛盾日益尖锐的背景下，家庭手工业成了"过密化"家庭生产的组成部分，在人多地少的困境下，农户只能用超常的劳动获得收入（黄宗智，2000a：301）。在这种过密化的场景下，农户基于免于饥饿而死的"生存逻辑"，采用难以想象的劳动强度（斯科特，2013：16）。而农民家庭的经济活动量和劳动的自我开发程度极大地取决于劳动者承受的来自家庭消费需求的压力（恰亚诺夫，1996：49）。在这种经济模式下，农民的经济生活无法实现积累和生产扩大（斯科特，2013：30），因而很容易陷入所谓的"高水平陷阱"（Elvin，1973）。

这种认为乡村工业是一种落后形式的看法，影响了一部分早期的社会学者对工业化道路的选择。吴景超（2010：65）坚持"发展都市工业救济农村"的观点，认为都市在现代社会中有着重要作用，力主在都市发展集中的、大规模的机器工业，通过发展都市工业吸纳农村的过剩人口。

但是费孝通（1947/2009）在这个问题上选择坚持乡村工业化的道路。一方面，"制造工业分散在家庭里"是中国传统经济的重要事实，正是中国分散的、与家庭生产紧密结合的乡土工业，才使得人地矛盾如此紧张的中国，能够实现黎民不饥不寒。另一方面，当时城市工业发展十分有限，完全依靠城市工业解决人口过剩问题在短期内难以实现。总之，从现实层面考虑，完全依靠城市工业吸纳农村过剩人口的想法不太现实。除此之外，费孝通的乡村工业化思想，也与他对西方工业文明的认识和反思有关系，他认为乡村工业的发展可以使广大农民普遍受益，从而避免发达资本主义国家的阶级矛盾（付伟，2010）。

费孝通（1947/2009）与主张发展都市工业的学者最根本的区别在于，他并不认为乡土工业必然"是落后的，是手工的，是封建的，是小商品生产的"。相反，他认为乡土工业在动力、技术、社会关系、经济组织方面都是可以改进的，从而在机器时代实现将工业分散到乡村乃至农户家中的可能，也可以实现乡土工业的复兴。当然，费孝通的"乡土重建"并不是简单地延续传统手工业，而是希望引进现代的机器和动力来完成对传统手工业的现代化改造。他也并非要坚持家庭工业，而是试图通过"现代工业技术下乡"，在乡村实现手工业与机器相结合、集中生产和分散生产相结合，从而通过复兴乡村工业进一步复兴乡村经济。

实际上，费孝通的设想并非不切实际的空想，周飞舟（2006a）发现在包买制的帮助下，家庭工业实现了从手工生产到机器生产的转变，也适应了市场化的要求。因此，我们可以认为，乡村工业其实有很强的适应性，能够充分地吸纳先进的技术和要素。

当然，费孝通也清醒地认识到乡土重建面临着一系列需要克服的现实问题。第一，如何认识家庭的生产地位，如何在新技术应用的背景下发展以农村家庭为单位的分散的工业生产。第二，如何改进技术，尤其是如何使用机器生产。第三，乡村工业的复兴和改造面临的最大问题是，农业生产的特性使得农村难以积累改造乡村手工业所需要的资本，由此引发了如何筹措资本的问题。

由此，费孝通提出了乡土重建的系统性方案。首先是土地改革的思路，目的是防止农村资本外流从而解决乡村资本积累的问题；其次是合作化的思路，具体是指在乡村中发展各类合作组织，为乡村工业复兴提供资金、技术和设备。但是费孝通也认识到乡土重建背后需要一整套乡村社会秩序的重建，新的经济生活和组织形态必须由一套全新的社会结构和文化观念提供支撑。

三　从乡土经济到社队企业

社队企业是指在农业合作化和集体化过程中由农业生产合作社、农村人民公社、生产大队和生产队办起来的集体所有制企业。1984 年取消了人民公社以后，这些企业又被统称为乡镇企业。社队企业虽然涉及农、林、牧、副、渔、工、商等各个行业，但还是以工业为主。

社队企业是特定的历史背景与制度的产物。1949 年以后，我国农村的社会经济制度发生了巨大的变化，随着人民公社制度的建立和调整，公社和生产队相继成为生产和核算的单位。1949 年以后，在赶超战略的主导下，我国采取了重工业优先的发展策略，为了尽快积累工业资本，国家在农村逐步实行了统购统销和人民公社制度。自此，我国在一段时间内形成了城乡二元的分割体制，进而加剧了农村的人地矛盾，也导致了农业经营的低效率（林毅夫，2008：67~74）。由于城市采取重工业优先的发展策略，重点发展资本密集型工业，因而城市不但无法吸纳农村的剩余劳动力，反而在城市工业"精简"的过程中大大增加了农村的劳动力。这一时期农业生产继续依靠过密化投入，只不过农业过密化的投入单位不再是家庭而是集体——人民公社作为一个生产单位并不能解雇过剩的劳动力（黄宗智，2000b：210）。在人民公社化的背景下，乡村工业发展也走向了新的逻辑，主要表现是家庭工业被限制和社队企业的出现。

社队企业取代家庭工业成为乡村工业的主导成分，社队企业主要有三个来源：第一，在中国农村工业化早期普遍存在的副业和手工业，1949 年以后这些副业和手工业成了手工业合作社，在人民公社化运动中又被划归了公社管理，成为最早的社队企业；第二，人民公社化运动中兴办的各种小型社队企业；第三，公社化运动时期下放给公社管理的一些原属国家管理的集体工业和国营工商企事业单位（颜公平，2007）。

社队企业的发展经历了曲折的波动。在人民公社化时期，全国兴起了大办社队企业的浪潮，用"共产风"的形式从农民手中强制集中资金和生产设备，在极端时期内兴办了大量的社队企业。"大跃进"对农村经济造成了极大冲击，国家在 20 世纪 60 年代初对这种做法进行了调整，提出"一般公社不办企业"，"大跃进"时期一哄而起创办的社队企业被整顿。

1970 年，国务院召开北方农业工作会议，提出建立县 - 社 - 队三级农机修理网，决定大力发展"五小工业"，促进农业机械化。在这一背景下，许多公社兴办农机修理修配站，许多大队办起农机修理点，随后在此基础上发展了一批机械加工业，从而使社队企业得到迅猛发展。1976 年，全国社队企业的数量达到 111.5 万个，总收入 272.3 亿元，占人民公社三级总收入的 22.3%（颜公平，2007）。在社队企业里务工的劳动力达到了农业劳动力总数的 6%，这在社队企业发达的无锡甚至达到了 15.6%（汪海波，1986：291）。到 1978 年，社队企业吸纳的劳动力已经占到农村总劳动力的 10%（斯蒂格利茨，2003）。

与此同时，农村中的家庭副业在合作化运动以后受到了抑制。1949 年至 1953 年，国家采取了鼓励发展农村家庭副业的政策，使得一些传统的乡村工业取得了快速的恢复与发展。1953 年，河北高阳的乡村织布业恢复到了 1933 年的水平（赵志龙，2006）。农业合作化以后，传统家庭手工业和手工作坊组成了手工业合作社。到 1958 年，合作化运动中的许多手工业合作社收归公社管理，成为社队企业的一部分。虽然农业在合作化运动以后取得了巨大的成就，但是由于家庭副业被取消，农民的生活水平不但没有提升反而下降了。

到了 20 世纪 70 年代中后期，一些地区对家庭工副业的限制有一定程度的放松。20 世纪 70 年代，浙北农村家庭的经济收入中只有 26% 来自集体劳动，而大部分都来自家庭副业（曹锦清、张乐天，2001：426）。温州的家庭手工业也在集体经济时期顽强地生存下来，成为改革开放以后温州民营经济的基础（史晋川、金祥荣，2002：405 ~ 410；土晓毅、朱成堡，1996：12）。

以社队企业为主的乡村工业，给农村工业的发展带来了极大的变化。

这在一定程度上改变了乡村工业的性质、产业类型、技术水平和机器设备的水平，也为乡镇企业后来的发展奠定了基础。

以河北省文安县为例，社队企业的产品类型经历了从手工业产品到铁木产品，再到民用轻工业产品的演变，为乡镇企业后来的兴起奠定了基础。20 世纪 70 年代，社队企业的主要产品是各类农机具；70 年代中后期，社队企业在各种农机修理厂的基础上逐步兴办了各种农机具厂，进一步向工业机械产品转化。1979 年，在国家提出关于"向轻工产品发展"的指示以后，一些社队企业逐步淘汰了重工业产品，开始向轻工业产品和日用消费品转型（编撰委员会，1994：221 ~ 262）。

通过集体经营的形式，乡村工业解决了资本积累的问题，实现了技术升级。人民公社时期的社队企业基本上是在"一无资金，二无设备，三无技术，四无人员"的基础上，靠"一平二调"的共产风办起来的（罗平汉，2006：358）。在 20 世纪六七十年代社队企业的发展过程中，资本投入的主体由家户转变为集体，这在一定程度上解决了费孝通所说的"乡土重建的资本积累问题"。此外，由于"支持五小工业发展"等政策，地方政府在金融、技术和设备上给予了社队企业不同程度的支持（白苏珊，2009：39）。

在社队企业的兴盛期，许多地区的乡村直接利用城市工业的技术和市场，发展"委托加工"（黄宗智，2000b：256）。而城市精简的技术工人和下乡知青则为城市工业的生产设备和技术向乡村扩散提供了重要的契机。许多疏散到农村的工人，依靠自身技术和与城市工厂的关系，在社队企业的发展中发挥了重要作用（陈中亚、曹锦清、张乐天，2014：206；陈锡文、赵阳，2003：201）。

总之，在 1949 年以后，尤其是 1954 年开始农业合作化后，随着国家政权加强对乡村社会的干预，乡村工业走向了新的轨道。社队企业取代了家户手工业，集体工业成为乡村工业中主导的经营形式。当然，乡村社队企业的发展在地域上表现出极强的区域性差异，许多地区的家庭工副业在裂缝中顽强生长，到改革开放以后形成了不同的乡镇企业模式。

四　乡镇企业的异军突起

改革开放以后，乡镇企业在社队企业的基础上兴起。1984 年国家出台《关于开创社队企业新局面的报告》，正式提出将社队企业改名为乡镇企业，明确乡镇企业由原来的两个轮子（社办、队办）改变为四轮（乡办、村办、联户办、个体办）驱动，实行"多轮驱动，多轨运行"；并让乡镇企业脱离了"三就地"（就地取材、就地生产和就地销售）的限制，扩大了乡镇企业的市场（农业部乡镇企业局，2010：5）。改革开放以后，乡镇企业迅速兴起并在国民经济的整体格局中发挥重要作用，有学者将这一现象形容为"乡镇企业的异军突起"（张毅、刘力进，1994）。

乡镇企业本身就是一个含义和表现形式相当丰富的概念。乡镇企业在社会习惯的意义上是指在农村社区，由农民创办的、以农民为投资主体，或者招聘对象以农民为主的非农企业，包括第二、第三产业（不包括金融服务业）。进入 20 世纪 80 年代后期，大量的户办企业和联户企业兴起，甚至出现了中外合资的股份制企业。除此之外，乡镇企业的经营范围也突破了农村的边界，甚至扩展到了海外。这些由"农民办或者主要以农民为劳动力"的企业统统被称为乡镇企业（陈锡文、赵阳，2003：204）。

换句话说，乡镇企业这一概念包含了各种经营主体——以家庭为单位的个体企业、联户企业、村办企业、乡镇办企业。不同地区之所以选择了不同的产区模式和经营制度，也与具体的历史条件和民情密切相关。"苏南模式"和"温州模式"是乡镇企业的典型代表，此外还有广东地区的"珠江模式"——利用外资发展"三来一补"的乡村工业（费孝通，1989/2009）。

苏南地区基于计划经济时代奠定的集体经济基础，走上了依托集体发展乡镇企业的道路。集体的乡镇企业在全国范围内普遍存在，但是尤其以苏南地区最为典型，被总结为"苏南模式"。苏南模式有着独特的产权和经营结构。20 世纪 80 年代为了激励企业的生产积极性，乡镇企业普遍采取了承包经营的方式。1997 年逐渐开始集体经济改制，政府不再直接干预经济生产。"十五"期间，在全国原有的159万家集体企业中，已经有69.8%改制成为私营企业，私营经济成为主体（陈锡文、赵阳，2003：208）。在全面改制的浪潮中，苏南地区集体的乡镇企业也逐步走向了私营化公司制的道路。

温州模式则是以家庭副业和家庭作坊为基础的工业模式。在集体经济时期，温州的集体经济并不强大，但当地一直延续着从事家庭副业的传统。在改革开放以后，家庭兼业逐步发展为家庭工业，工业生产彻底取代了农业生产，成为家庭的主要经济来源。家庭工业的经营者开始雇用工人、扩大生产规模，进一步走向家族工业的阶段。浙江省各地的经济发展普遍采取了温州的发展模式——以大型市场带动成千上万的专业化分工的小企业和家庭作坊，这种生产模式被称为"浙江模式"（刘吉瑞，1996）。在地域分布上，生产同一类产品的小企业和家庭作坊通常都大规模地集中在某个县或县城地域单元，因而发展出"块状经济"（金祥荣、朱希伟，2002）。这种经济模式的成功得益于在生产领域发展了家庭工业，在流通领域发展了专业市场。在"块状经济"模式下，城市和农村紧密结合，发达地区与落后地区紧密结合，广大农村的手工业生产者、小企业和家庭作坊与城市经济紧密结合，并通过沿海城市的专业市场与全球市场紧密相连。

乡镇企业进一步呈现了乡村工业的弹性和柔性。在改革开放以后，政策对农民的"放活"给予了农民极大的自主权，从而将乡村的活力和自主发展的动力释放了出来。正如邓小平所说，"在农村改革中，我们完全没有预料到的最大的收获，就是乡镇企业发展起来了……这不是我们中央的功绩"，"这是我个人没有预料到的，许多同志也没有预料到，是突然冒出这样一个效果"，"如果说在这个问题上中央有点功绩的话，就是中央制度的搞活政策是对头的"，"党的十一届三中全会决定进行农村改革，给农民自主权，给基层自主权，这样一下子就把农民的积极性调动起来了，把基层的积极性调动起来了，面貌就改变了"（邓小平，1993：238）。

"放活"的是什么？实际上是农民创办工业的热情，就是农村自我发展的内生动力。江泽民也说，"乡镇企业异军突起，是中国农民的又一个伟大创造"①。在放活的基础上，农民充分利用了既有的资源，取得了乡镇企业异军突起的成绩。

五 城乡融合时代的县域经济

在20世纪90年代中期以后，财税关系的变化导致地方政府投资乡镇企业的热情降低（周飞舟，2012）。进入21世纪以后，乡镇企业纷纷转制，逐渐成为一个历史名词，也淡出了学术界的视野。

"苏南模式"经历了巨大的变革，形成了所谓的"新苏南模式"。经历了1997年和2005年两轮产权改革以后，苏南的村办、镇办集体经济全部转化为公司制或者股份制企业。从苏南模式到新苏南模式，苏南地区的经济社会发生了巨大变化。第一，从所有制上看，集体企业改制以后，乡村工业的经营形式从社队企业转到乡镇企业再到股份制企业，目前以公司制企业和私营企业为经营主体，形成了国资、民资和外资三足鼎立的局面，尤其依赖外资。第二，从产业的空间分布看，随着工业园区的发展，乡村工业逐步形成了集聚的产业形态——分散的乡村工业集聚到工业园区。第三，从产业升级看，苏南经济起步于纺织、电子、化工行业，在新模式下又进一步发展了现代制造业和服务业，并将此作为下一步的发展目标。第四，从政府行为看，县域政府的作用逐渐加强，乡镇政府退出了历史舞台。这在村庄治理层面直接推动了所谓"公司村庄"模式的形成（董晓宇，2008；洪银兴，2001、2007）。

当然，也有学者指出在"后苏南模式"时期，集体经济依然在苏南经济社会中发挥重要的作用，只是发挥作用的方式更加间接（陈家建，2011）。当然，产权的界定本身就是一个与许多社会纽带发生关系的过程（折晓叶，2004；折晓叶、陈婴婴，2004）。在苏南集体经济的转制过程中，许多企业依然保留了集体股份进而留住集体资产，实行了"公司型村

---

① 《加快改革开放和现代化建设步伐，夺取有中国特色社会主义事业的更大胜利——江泽民在中国共产党第十四次全国代表大会上的报告》，http：//www.gov.cn/test/2007 – 08/29/content_ 730511. htm。

庄"式的村企合一模式（郑风田等，2012）。虽然集体企业在股份制改造后脱离了与村庄的直接关系，但是这些企业依然保留着与村庄之间的千丝万缕的联系（毛丹等，2002）。折晓叶（2000）讲述的超级村庄的故事，其实就是在描述一个从社区成长起来的企业，要想真正脱离村庄是多么的困难。

虽然"乡镇企业"这个学术概念逐渐淡出了人们的视野，但是"乡镇企业"的精神实质并没有消失。更重要的是，乡镇企业事实上的从业主体也没有消失。根据1997年1月1日颁布的《中华人民共和国乡镇企业法》对乡镇企业的定义，"乡镇企业是指农村集体经济组织或者以农民投资为主，在乡镇（包括所辖村）举办的承担支援农业义务的以及外地人（包括城里人）在农村、乡镇兴办的以吸收农村剩余劳动力就业为主和具有发展农村经济本质特征的各类企业"。

从表2-1可以看到，21世纪以来，乡镇企业的实际内涵已经发生了极大变化，这一时期乡镇企业的概念主要强调"在乡镇（包括所辖村）"，即强调其地理空间的属性。由此可知，只要在农村、乡镇兴办的企业都可以算作乡镇企业。

表 2-1　2013 年我国乡镇企业的情况统计

	企业个数（万）	年末人数（万）	总产值（亿元）	营业收入（亿元）
总计	3204.4	16642.5	666047.1	642021.4
内资企业小计	3194.1	15705.7	606496.3	583506.1
集体企业	14.1	391.2	18283.1	18642
私营企业	548.3	6475.4	313947.8	298790.5
个体工商户	2505	6347.7	143671.4	124186.9
港澳台商投资企业	5.3	525	29253	27963.1
外商投资企业	5	411.8	30297.8	30552.2

数据来源：《中国农产品加工业年鉴（2014）》。

同时，这一时期的乡镇企业已经完成了产权改革。截止到2006年，在全国159万家乡村集体企业中，已经有超过95%的企业实行了各种形式的产权制度改革，其中有 20 万家转为股份制或股份合作制企业，有 130 万家转成个体私营企业，从此，混合型和个体私营企业成了乡镇企业的主体①。2013 年，在乡镇企业中，无论是就企业数量、年末人数、总产值还是营业收入而言，私营企业和个体工商户都占了绝大多数。尤其是从企业数量上看，个体工商户数量达到了 2505 万个，占乡镇企业总数量的 78.17%。

在浙江省的许多地区，乡村工业本身就是在家庭经济、私人网络基础上成长起来的，即使在乡镇企业最为兴盛的时期，集体经济也只占较少的比重。在"后乡镇企业时期"，以家庭工业为基础的浙江模式不但延续了下来，更进一步取得了新的发展。

浙江这种以乡、镇或县、市为单位发展起来的特色加工产业区，被称为"块状经济"，也就是围绕服装、鞋袜、低压电器、纽扣等产品的加工、生产和销售环节形成的专业化生产区域。家庭工业是块状经济的主要生产力量。家庭工业与专业市场相互配合着发展，形成了"一乡一品"的产业集聚，建立专业市场能够更好地解决销售问题，形成专业市场与家庭工业相互配合发展的格局（刘世锦，2003；王缉慈，2001）。

在浙江经济发达的地区经历乡村工业化的同时，浙江的乡村工业也在进一步向落后地区扩散，最为典型的就是来料加工。浙江省经济发达地区将订单发往浙江省内一些经济欠发达地区，使用广泛分布在城乡的闲散劳动力——老人、妇女进行生产。主要生产模式有两种：一种是在劳动者家内的分散生产；另一种是集中在城乡之间的小作坊生产（田志鹏，2014；傅春晖，2013；王田一，2013；徐宗阳，2013）。来料加工的生产组织形式与 20 世纪初期的包买制有很大相似性，主要采取工序分包的形式，商人在生产组织过程中发挥组织协调作用。浙江省的来料加工依然以家户为生产单元，依然与农村社区保持着极强的联系，因而具备了传统与现代的双重特征。

---

① 《我国已有95%乡镇企业完成各种形式产权制度改革》，http://www.gov.cn/jrzg/2006 - 09/22/content_396204.htm。

六 小结与讨论

(一) 乡村工业的历史演化

由此，我们看到中国的乡村工业始终保持着一个变动发展的形态，其不断演化与发展的历程使其能够不断适应国际和时代发展的双重要求，不断融合外部的、现代的要素，表现出极大的包容性和开放性。现阶段的乡村工业已经与 20 世纪初的乡村工业有着本质的不同，正如何梦笔（1996）所言，"从技术、产业类型上看，乡村工业已经实现了现代化"。

但是乡村工业在不断适应变化的同时，仍然保留了其核心的内涵。乡村工业的长期延续，是指乡村工业在坚持底色的基础之上，能够在不同历史条件下灵活地表现与变化，进而消化、适应每个阶段面临的冲击与挑战。正是在这个意义上，我们可以说"中国的社会变迁不是简单的制度移植的过程，而是融合着各种制度上路径依赖的因素和本土的传统资源的微妙转换，所谓具有理论意义的'中国经验'恰恰是由此孕生的"（渠敬东，2013a、2013b）。

下面将结合表 2-2 简要总结我国乡村工业的适应性发展历程。

针对所谓"乡村工业化的长期延续性"问题，本书讨论了其起源及其在不同历史时期的表现形式。近代以来形成的乡村人口过剩和"半工半农"的小农经济，共同构成了乡村工业发展的基本条件，我称之为乡村工业化的"本底"条件。

近代以来，乡村工业受到了农村人口增长、农村商品化以及城市机器工业发展等多重冲击，其中外国资本的冲击和城市机器的兴起是商品化的农村手工业面临的主要挑战。然而通过乡村工业的适应性调整，相当多的行业反而取得了新的发展，形成了所谓的"近代商品化的家庭工副业"，在所谓的农村传统部门中发展出高度发达的非农就业领域，表现为以各种形式长期存在的乡村工业，在微观经营机制上则是"半农半工"的家户经营。

表2-2　近代以来中国乡村工业的适应性发展历程

	近代至1949年	1949~1984年	1984~20世纪末	21世纪以来
基层治理结构	现代国家政权建设开始	合作化与人民公社	从人民公社到乡镇政府	取消农业税、乡镇行政体制改革
经济结构	城市工业兴起；农村商品化加速	城市实行赶超战略、优先发展重工业；农村建立"三级所有、队为基础"制度	家庭联产承包责任制	城乡融合
乡村工业的参与主体	"半农半工"，小农经营	社队企业；温州等少数地区残存的家庭工业	苏南模式的集体企业；浙江模式的家庭工业；珠江模式的外贸经济	集体经济转制与苏南模式终结；县域民营经济的新格局
组织形式	家庭自销、商贩收购、商人包买制	集体工业	集体工业；家庭工业+专业市场；"三来一补"	县域产业集群

　　在生产组织形式上，与西方工业化的高度"集中化"趋势不同，中国工业长期分散在乡村，农村基层市场和商人组织发挥了农村工业产品销售和生产组织的作用。乡村工业利用自身优势，通过制度创新进一步利用了城市机器工业的优势和国内外市场的资源，取得了新的发展。城乡关系也呈现出新的面貌，城市成为乡村工业的市场渠道、技术和设备的提供者。以包买制等形式存在的商人组织成为组织生产和沟通城乡的重要渠道。

　　在1949年以前，农村工业的参与主体是家庭工业、手工业作坊。但是农村手工作坊的规模和数量都难以与家庭工业相比，因此在1949年之前乡村工业的主体就是家庭工业。在1949年以后，社队企业一度取代家庭工业成为乡村工业的主导力量。改革开放以后，浙江的家庭工业开始复兴，与苏南的乡镇集体企业共同构成了这一时期乡村工业的主体。苏南乡镇企业改制以后，乡村集体经济变成了各种公司或者股份制企业，完全脱离了原来归属乡村共同体所有、经营的历史形态，形成了县域范围内民营经济的产业集群形态。与之形成对照的是，浙江省的许多地区的家庭经济却一直在延续和发展。

1949 年以后，随着农业合作化和人民公社化进程的展开，以家庭手工业为主要内容的家庭副业受到了极大抑制，并出现了乡村工业的新形式——社队企业。这一时期农村的非农部门与之前的相比，最大的区别是它的经营主体不是家庭而是集体——公社和大队。社队企业通过集体积累和政策扶持等方式使得乡村工业获得了全新的发展模式，使得乡村工业开始涉足传统手工业以外的其他行业，并在技术和设备水平上取得了巨大的进步。也就是说，新中国成立以后，社队企业通过集体"一平二调"的方式解决了农村发展工业的资本积累问题。农村开始发展服务于农业生产的机械修理等其他工业。改革开放以后，苏南工业则涉足重工业、化工行业。

改革开放以后兴起的"乡镇企业"作为一个含义十分丰富的概念，包含了特定时期所有在农村地区创办经营的企业。苏南地区在较大程度上继承了社队企业的基础，以集体企业为主。苏南模式与浙南模式下的私营经济（主要是家庭工业）的"挂户经营"模式存在鲜明的区别。苏南经历了乡镇企业异军突起的短暂辉煌以后，普遍对乡镇企业进行了改制，变成了公司制或者股份制企业，这标志着苏南模式的终结，也在一定程度上标志着乡村工业的集体形式的式微。

浙江温州地区的家庭副业在集体经济后期就开始复兴和发展。改革开放以后，随着政策"放活"，家庭工业在浙江的部分地区普遍复兴，形成了以家庭工业、家庭作坊为生产主体的温州模式，与苏南模式的集体工业的产业形态形成了对照。

目前，家庭工业依然在浙江经济中占据重要地位，并取得了新的发展。首先是进一步全球化，家庭工业伴随着商品市场的建设，在全球市场上取得了竞争优势，成为跨国生产链条中的一环。其次是生产能力扩大、产品类型增多，家庭工业形成了区域分工和块状经济，并通过来料加工的方式进一步向浙江的偏远地区扩展。再者，目前浙江大部分地区的乡村家庭工业已经完全脱离了家庭农业生产，家庭经营模式已经由"半农半工"转为了"全工"。最后，也是更为重要的是，浙江的家庭工业不但在产量上有所扩展，也在技术和产品档次上取得了跨越式的发展，在家庭工业的基础上形成了全球知名的制造业基地。当然，家庭工业也不仅仅出现在浙江，实际上在中国的其他地区，也同样存在着家庭工业的繁荣景象。

乡村工业演变的历史，也是乡村工业组织形式演变的历史。在传统时期，商人是连接家庭工业与市场的重要中间力量。家庭工业和手工作坊生产的产品主要依靠两种形式出售：自制自售和依靠商人贩卖（费孝通，1947/2009）。后一种销售形式发展成为商人包买制，商人在乡村工业中起到组织生产的作用，如溪村织布业、华北织布业（吴知，2009；方显廷，2009）。商人包买制在沟通资本、技术和市场信息方面发挥了重要作用。

改革开放以后，浙江地区形成的"专业市场 + 家庭工业"的发展模式，本质上也是依靠商人之间的组织体系，将广大的生产者与市场联系起来。与传统的商人包买制研究（周飞舟，2006a）不同，许多学者近来开始关注这套组织体制之所以能够发挥作用的社会性因素（傅春晖，2014；徐宗阳，2013；王田一，2013；田志鹏，2014）。乡镇企业对社会基础的利用，进一步融合了村庄共同体的社会生活与习俗、村庄历史文化观念的延续等多重的传统和现代要素，形成了一个复杂的占有、经营和治理体制（渠敬东，2013a、2013b）。

（二）乡村的内生型发展

乡村工业的韧性体现了我国农村的"内生型"发展逻辑（陆学艺，2001）。"二元理论"是我们看待农业社会工业化转型的重要理论框架，其中传统经济部门和现代经济部门的劳动力价格的差距是劳动力转移的主要动力（Lewis，1954）。然而，中国社会转型的特殊性是在刘易斯意义上的"传统部门"中发展出了丰富多元的就业体系，尤其是农村工业部门吸纳了大量的传统农业领域的过剩劳动力（吴承明，2001：75）。乡村工业化的长期延续性对"二元经济"模型产生了冲击，学术界为强调农村工业部门的作用，提出了所谓的"三元结构理论"（李克强，1991；陈吉元、胡必亮，1994；林刚，2000）。

乡村工业的历史延续与发展，塑造了小农经济特殊的演化路径。近代以来，虽然受到城市机器工业的冲击，但是乡村工业一直是农村家庭经济的重要组成部分。欧洲在近代工业化之前也存在过一个短暂的农村手工业生产时期（Mendeles，1972）。原初工业化的劳动者是兼顾农业劳动和家庭工业的生产者，在农业生产闲暇之余的工业生产成为家庭收入的重要补充（Kriedte，1981：77）。在18世纪之前的"前工业"时代，上述特征的农村工业生产形式无所不在，并且很难与农业活动分割清楚（布罗代尔，1993：311～329）。在工业革命之前的乡村工业化，虽然是作为家庭副业而存在，但是却能够与城市乃至世界市场紧密结合在一起（Mendeles，1972），包买制在其中发挥了重要作用。原本在生产和销售上各自独立的农村手工生产者被卷入了依赖商人的"包买制"，形成了由商人提供原料、回收产品、完成销售的生产组织模式（Kriedte，1981；马克思，2004）。

但是，西方工业化早期的乡村工业化只是欧洲工业化历程中的一个过渡现象。在欧洲工业革命以后，工业生产很快从农村地区集中到了城市，伴随这一过程的是现代企业组织的形成。与西欧的原初工业化相比，中国的乡村工业在机器技术方面取得极大进步以后仍停留在以家庭为生产单位、以广大乡村为生产空间的阶段（王国斌，1998；吴承明，2001；赵冈，1977）。20世纪二三十年代，手工业产值在全国工业总产值中占比超过2/3，当时手工业主要是作为家庭副业存在，而手工生产、工序外包和家庭生产是其主要特征（王翔，2012：535）。方显廷（2009）认为，"乡村制造工业在中国也占一个极其重要的地位"，以布匹为例，全国布产的4/5为手织机生产。

中国农户的分化过程与欧洲农民的命运有着截然的区别；工业劳动力的来源与西欧资本主义原始积累时期——农民失去了土地和房屋而举家集中到城市和乡镇的"农村过剩人口流动模式"——也有着截然的区别（马克思，2004：797）；与波兰尼（2007：35）所描述的"脱嵌"于农村而进入"撒旦磨坊"的英国人也有着截然的区别。

乡村工业的历史延续与发展，塑造了特殊的城镇化和工业化道路，这是一条极富中国特色的社会主义工业化和城镇化道路。与西方国家不同，中国的工业化浪潮由地处农村的乡镇企业带动，乡镇企业是20世纪八九十年代工业发展的主力军。乡镇企业与乡村政权、乡村社会生活保持了密切联系，这种特殊的工业化道路也导致了特殊的城镇化道路——小城镇模式。

乡村工业与小城镇发展共同呈现出不同于西方模式的城乡关系：首先，在空间上形成了"就地城镇化""就地工业化"的演化逻辑，尤其是发达地区的村庄表现出极强的生命力，形成了发达的镇域经济；其次，乡村工业化的历史延续性在一定程度上体现为家庭生产网络与村落共同体网络的强大的柔性，家庭和村庄共同体依然是工业生产重要的组织形式，乡土性的非正式制度和关系在其中发挥着重要作用。

第三章　潮镇家纺产业的兴起

　　潮镇的家纺产业既顺应了时代的发展，又是历史传统的延续。1949年以前，潮镇就已经是一个商品经济高度发达的农村地区，有着发达的乡村工副业。农村合作化以后，随着社队企业的兴起，潮镇的乡村工业又以集体工业的形式延续。20世纪80年代以后，潮镇的乡村工业以乡镇企业的形式蓬勃发展。在20世纪80年代初期，潮镇延续了社队企业的历史基础，继续以集体工业的形态存续。1983年以后，潮镇开始出现家庭工业、联户企业并迅速发展。浙江省家庭工业的迅猛发展与以集体工业为主的苏南模式形成了鲜明的对比，对当时的政策也产生了影响。

　　1984年，地方政府提出"四个轮子一起转"，家庭工业突破了政策上的限制，得到更为迅猛的发展。家庭工业对集体工业造成了冲击，这导致集体工业在1985年以后面临经营困难。在这种情况下，集体工业被迫做出了一系列调整，大部分的集体轻纺工业在1988年、1989年进行了转制，成为私营工业。1996年以后，潮镇地区的集体工业基本都完成了转制，集体工业自此退出历史舞台，而潮镇则形成了以私营工业为主体的镇域经济格局。

　　然而，在20世纪90年代以后，家庭工业也经历了一系列的内部调整和分化。这个发展过程中既有工业园区的兴起、专业市场的出现，又伴随着产品的不断丰富、产业链条的不断延长。家庭工业经历了改革开放以来的发展，形成了目前的生产体系和组织样态。本章和下一章将详细回顾这个发展的历史过程。

一　传统时期（1949 年以前）潮镇的家庭工业

1949 年以前，潮镇地区的经济社会形态是以自耕农和半自耕农为主体的小农经济。在这一时期，由于人口繁衍而土地资源有限，农村地区的人地矛盾尖锐，大量劳动力过剩。

据《中国实业志（浙江省）》记载，庸县（庸县 1986 年撤县建市）1936 年拥有耕地 854026 亩，农户 60000 户，户均拥有土地 14.2 亩（实业部国际贸易局，1933：13 乙）。1951 年，庸县 80068 户 315658 人，拥有各类土地 742523.942 亩，户均 9.274 亩，人均 2.352 亩（曹锦清、张乐天，2001：27）。与此同时，当时的庸县并没有出现严重的土地集中问题。根据 1951 年的数据，庸县中 76% 的土地分散在占农村户数 86.4% 的中农和贫农手中，仅有 10.6% 的土地集中在地主手中（曹锦清、张乐天，2001：26 ~ 27）。

庸县地区是"半经济作物区"，也就是说农作物种植商品化的现象十分普遍。庸县地区位于长江中下游，近代以后该地区商品化的程度很高。在 1949 年以前，庸县潮镇地区中络麻、甘蔗、桑苗、蚕桑等经济作物的栽种面积占比已经超过了水稻。除此之外，当地还有"稻田丰收吃一年，蚕桑丰收用一年"的说法。20 世纪 20 年代是庸县桑蚕养殖规模的最高峰，在全县 65 万亩耕地中，桑园的面积达到 35 万亩。庸县 8.4 万户农户中有 7.5 万户养蚕。但是 20 年代以后，由于受到战争和国际市场的冲击，庸县养蚕业逐渐凋敝。到 1949 年，桑园的面积减少到 16 万亩，蚕茧产量仅为战前的 21.2%（曹锦清、张乐天，2001：109）。

由于农村人地矛盾尖锐，农民人均土地较少，人们仅靠单一的农业经营无法维持整个家庭的生计，因而有大量的人口外流到城镇务工。庸县有一个叫陈家场的村庄，全村 266 人中竟有 79 人外出到附近的工商城镇或浙北、上海地区谋生，外出人口占比达到 30%，全村 57 户中有 44 户家中有劳动力外出谋生。1952 年，庸县总人口中有 30% 外流在城镇工作（曹锦清、张乐天，2001：33）。在本身土地占有面积很小的情况下，由于大量人口外出务工，庸县甚至出现了农户出租土地的情况。在新中国成立初期，陈家场村共有土地面积309.76亩，其中竟有95.6亩土地已被出租，出租的土地占土地总面积的31%。

庸县在传统时期就有发达的市镇经济，当地的农村经济因此一直处于活跃的城乡市场联系中。由于经济作物的种植导致水稻种植面积较小，所以庸县一直是一个缺粮县。实际上，在近代长江中下游地区农村高度商品化以后，该地区的农村家庭一直是利用市场出售手工产品以购买口粮。庸县的石镇、盐镇是杭嘉湖地区最为重要的市镇，市镇既为乡村手工业提供原料，又为其提供粮食。市镇中的包买商还起到了组织乡村手工业生产的作用，形成了费孝通（1982/2009）所说的小城镇与周围农村复杂而紧密的市镇关系。由于庸县距离上海、杭州很近，这些市镇也与上海、杭州等大城市保持着紧密的联系。

在人地矛盾紧张、土地产出极为有限的情况下，庸县的乡村发展出了发达的乡村工业。乡村工业建立在"半农半工"的家庭经济基础上，对于家庭经济有着十分重要的作用。庸县地区自明代以来就以织布业作为重要的家庭副业，在万历年间，庸县石镇附近生产的土布十分有名，被誉为"庸布"。庸布的特点是"两头在外"，即原料和市场均在外地，而庸县仅仅是加工地。

20世纪初，洋纱输入取代了土纱，改变了土布生产的组织模式。个中缘由与前文叙述的棉织业组织形式的变迁类似。土布生产的组织形式是：位于市镇的布庄将纱线外发给市镇四周的农户，农户织成规定样式和规格的布匹，而后交由布庄出售。20世纪初，石镇大概有20家布庄，石镇附近的四乡也有若干的中小布庄。1911~1921年是乡村土布发展的全盛时期，以织布为副业的农户约有3万户，织布机约有2.4万台。到1949年，庸县尚且出产土布140万匹（国民政府工商部工商访问局，1931）。

二 潮镇的社队企业

庸县传统经济的生产模式是"桑稻经济"，商品经济发达，劳动力大量外流，市镇经济繁荣。家庭成员的生计高度依赖家庭工副业，形成了"半农半工"的家户经济模式。在这套经济模式下，庸县的农村难以实现粮食自给——实际上是由于农户经济行为高度市场化，农户可以通过种植商品作物和发展家庭工副业获得更高的现金收益，然后再通过市场交换补充口粮。

1958年10月，福、巷、平、墅四大乡合并成立了潮镇人民公社。在合作化运动以后，潮镇地区传统的家庭手工副业被取消，所有的劳动力都被限制在土地上。在人民公社时期，潮镇地区的福大队不但能够实现粮食自给自足，还能超额给国家上缴粮食，从而一跃成为远近闻名的政治典范。而这一成绩的取得主要是依靠过密化的人工投入。

在计划经济时期，福大队的所有劳动力和土地均被投入到粮食生产中，从而取得了粮食亩产超千斤的成果。福大队粮食多产的主要措施是多种三熟制，1960年三熟制种植面积共1801亩，占改制面积的82.5%。而三熟制的实施，主要是依赖超过传统耕作模式数倍的人工投入，以施肥环节为例，"施足底肥，每亩秧田底肥施河泥100~150担，猪羊灰15~20担。如秧苗中期生长差，再施腰（追）肥一次，亩施人粪3~4担。拔秧前5~6天，每亩施人粪4~6担或化肥7~8斤作起身肥"。然而农业上的过密化投入依然无法完全解决劳动力过剩的问题，甚至出现了"男劳力轮流出工，女劳力限制出工"的情况（祖一良，2017）。

由于家庭手工业处于被压抑的状态，农村"过密化"的压力也随之加剧了。在这种情况下，公社和生产队开始通过兴办社队企业的方式来缓解人地矛盾带来的压力。在庸市档案馆，笔者见到了一份1968年8月26日潮镇人民公社报送给庸县革命委员会的关于"为了建造土丝厂，要求代为国家加工农工丝"的报告。报告中写道，"我社人多地少，有不少生产队平均每人只有八九分地，为这些队的劳动力寻找出路"。报告中还提到，"本县长安、某某江亭公社部分大队都开办了土丝厂"。另外，1968年还有一份要求开办"居民综合厂（草绳、土布）"的申请。

除了公社兴办的公社企业，许多生产队也兴办了队办企业。地方志当中详细记录了该生产队兴办队办企业的过程。1949~1978年，福村曾经

兴办了福砖瓦厂、针棉丝织厂等队办企业。福村主要的队办企业情况
如下。

福砖瓦厂的前身是1957年成立的民和农业合作社砖瓦厂。1956年潮镇
地区发生了重大农业灾害,福村希望利用砖瓦厂来弥补农业在灾害中的损
失。1957年,解决了技术问题后,该厂正式开工,成为庸县第一家农业社
办砖瓦厂。1958年秋,庸县委提出"全党办工业、全民办工业、乡镇办工
业、大家都要办工业"的口号,民和合作社砖瓦厂成为试点,庸县商业局
与该生产大队合作,民和砖瓦厂由此更名为"庸县联合砖瓦厂"。在此期
间,商业局派驻3名干部,35个人员进入该厂,庸县联合砖瓦厂成为大办
工业的典型。

福村针棉丝织厂(又称福绸厂)筹建于1973年春,于1974年正式开
工,1975年先后获得庸市革委会生产组和工业局的正式批复,被命名为
"庸福针织厂"。1978~1979年,该厂短暂地收归潮镇公社社办绸厂,成为
其内部的一个车间,后恢复为队办企业。福绸厂处于一个承前启后的阶段,
它继承了潮镇地区发展纺织业的优良传统,但是又在技术设备和产品类型
上有了发展。更为重要的是,福绸厂为后来潮镇家纺工业的发展奠定了
基调。

联合砖瓦厂筹建于1979年12月,后经庸县社队企业局批准,由福大队
与同公社的团结大队共同建办"潮镇公社联合砖瓦厂"。但实际上,福大队
是主要的投资方。

水泥预制场兴建于1981年3月,地点在孟湖庙旧址,生产各类水泥建
筑预制品,该厂1985年的年产值为16.72万元。福大队有两个缝纫组,老
缝纫组成立于1978年,新缝纫组成立于1980年,共计成员50人。

此外,福大队在1976~1979年间还短暂存在过一个麻织品厂。当时庸
县土特产公司和天津土特产公司签约,将庸县的白麻加工成细麻绳销售至
天津。而庸县则将订单分配给包括福麻制品厂在内的四家市内的麻织品
公司。

作为"文革"时期的明星大队,福村最为重要的成绩是不仅能够实现
粮食自给,还可以向国家出售粮食。而这一成绩的取得,主要是因为取消

了农村副业，大量的劳动力投入到农业生产中。然而正如前文所说的，一旦政策松动，公社和生产队就有了兴办工业以缓解劳动力就业压力的冲动。在当时的政治氛围下，这种行动冒了很大的政治风险，但是令人奇怪的是，这种行为又获得了基层政府上下各级的默许和支持。获得政治支持的过程很值得玩味，社队企业的兴办过程也很有意思，呈现出各种"机缘巧合"。我们从福绸厂兴办的过程可以看到，地方精英是如何巧妙地利用网络关系在各个层级之间"腾挪转移"。

福村的地方志中详细记载了福绸厂兴办的过程。1973 年，国家开始允许农村发展多种经营。借助于福村作为政治先进村的地位，村委书记凌祖兴一直和各级政府保持着密切的联系。当时，凌祖兴有了兴办集体企业的想法，这一想法得到了当时在福村"同吃同住同劳动"的嘉兴地委常委们的支持，他们积极为凌祖兴出谋划策。综合考虑以后，凌祖兴决定兴办一个绸厂。这一想法得到了浙江省老领导的帮助，在时任副省长陈伟达的牵头下获得了杭州织锦厂和杭州印染厂的支持。

福绸厂在 1974 年秘密开工，当时选了一个偏僻的地方，偷偷摸摸地生产，直到 1976 年才获得批准成立"福针棉丝织厂"。有了省领导的支持，杭州织锦厂、杭州印染厂给予了福村绸厂极大的帮助。杭州织锦厂调来两台 62 式铁木织机，后来又增加了四台宽幅提花织机。同时在技术人员的支持上，杭州织锦厂选派两名退休师傅常驻福针棉丝织厂做技术指导和机器保养。杭州织锦厂为福针棉丝织厂提供了原料。1976 年以后，福针棉丝织厂开始生产真丝提花被面，花本也是杭州织锦厂提供。为了更好地销售，它的产品甚至还会标注着"杭州丝绸"的品牌。

三 乡镇企业兴起

（一）集体工业兴起

1982 年，福大队开始推行家庭联产承包责任制，完成了农村农业生产体制的大改革。是年底，福大队有生产小队 25 个，农户 1215 户，共 5641

人，其中劳动力 3233 人。

在包产到户之前，随着社队企业的兴起，福村已经有大量农村劳动力转移到非农就业领域。表 3 - 1 反映了 1982 年福村劳动力的非农就业情况。

表 3 - 1 1982 年福村劳动力的非农就业情况

	劳动力人数（人）	所占比例（%）
全村总劳动力	3233	100
社办企业就业人数	268	8.29
队办企业就业人数	629	19.46
五匠及其他外出人数	75	2.32
非农就业人数总计	972	30.06

注：根据当地相关部门提供的资料整理。

1981 年，福村开始农村经营体制改革，改革的主要内容是将生产、核算的单位缩小到组。1982 年秋，福村完成了分田到户。"分田到户"对潮镇的村办集体工业和个体私营工业都有十分重大的影响。

经营体制的改变激发了农民兴办乡村工业的热情。福队于 1983 年建立工业办公室，负责兴办和管理福队的队办工业。由此，福队的乡村工业进入了快速发展期。从 1983 年开始，集体工业和私营家庭工业都获得了很大发展。1983 年，福队前后兴办了化纤织造厂、学校纺织厂、复制塑料厂和农机修配厂 4 家企业；1984 年，兴办了福电镀厂；1985 年，兴办了农机纺织厂、丝绸纺织厂；1986 年，兴办了福织锦厂；1987 年，兴办了丝绸福利厂。1985 年，福队的集体工业发展到了顶峰。该年度，福村纳入承包核算的村办企业加上 1 家服务公司、1 个运输队，共计 11 个单位，总产值610.50 万元。1985 年以后，集体工业的经营开始滑坡，福队在 1988 年、1989 年对集体轻纺企业进行了"卖、租、保"。到 1990 年，除了经编福利厂，几乎所有的纺织集体企业全部转制或者停产。1990 年以后，福村又重新兴办起部分村集体企业，包括煤饼厂、色母料厂、汽车修配厂、福村加油站、钢窗厂、拖浆厂和属于校办企业的炼整厂。但这些企业的总体效益都不好。到 1999 年，福村所有的村办工业全部转制或者停产，福村彻底进入了私营经济时代。

表3-2　福村集体工业的发展情况

	企业名称	批办日期	中途变更	停产或转制时间	停业或转制情况
轻纺企业	针棉丝织厂	1976年2月		1988	停产转让
	化纤织造厂	1983年初	转为校办厂	1988	停产转让
	学校纺织厂	1983年11月	1988年承包给张月良	1989	停产转让
	农机纺织厂	1985年5月		1988	被并到针棉丝织厂
	丝绸纺织厂	1985年7月		1989	设备转卖
	福织锦厂	1986年4月		1990	停产
	丝绸福利厂	1987年3月	1990年4月改为经编福利厂	1996	6月转制
其他	福砖瓦厂	1957年7月		1998	停产并被拆除
	联合砖瓦厂	1980年10月		1999	5月下旬停产并被拆除
	水泥预制场	1981年3月		1984	承包给个人
	复制塑料厂	1983年3月	1983年上半年承包给金云跃	1995	停产
	农机修配厂	1983年3月	1985年5月改称机电木车间	1990	解散
	福电镀厂	1984年10月		1994	停产
	福炼整厂	1993年3月		1997	转制

注：根据当地相关部门提供的资料整理。

从产业类型上看，福村兴办的集体工业以轻纺企业为主，在20世纪80年代兴办的9家村办工业企业中，有6家企业为轻纺企业。但是这些纺织企业在1988年、1989年纷纷转制、停产。唯一的例外是经编福利厂，经编福利厂之所以存在，是因为它需要很大规模的投资[1]。不过，经编福利厂在 1993 年以后也开始走下坡路，最后在 1996 年转制。

集体工业的衰落与家庭工业兴起后形成的竞争有直接的关系。在 1990 年后兴办的福炼整厂能在一段时期内取得较好的效益，也是因为其与家庭工业形成了配合而非竞争的关系。

表 3 – 3 20 世纪 80 年代以后福村兴办集体工业的情况

集体工业名称	基本情况	经营情况
福农机修配厂	兴办时间：1983 年 3 月 负责人：先后为许卫明、许根法 业务：农机修理 1985 年增办农机纺织厂，生产七彩被面	1985 年底，职工 36 人，总产值 5.58 万元，销售收入 6.9 万元，利润仅 1000 元
福化纤织造厂	兴办时间：1983 年初，属于校办企业负责人：凌栢香 产品：七彩被面和中长布产品	1985 年底，职工 104 人，总产值 47.43 万元，销售收入 41.35 万元，实现利润 4.88 万元
福电镀厂	兴办时间：1983 年下半年 负责人：前期为陈小明，后期为钱妙辉 产品：电镀制品（镀镍、铜、铬）	1985 年，职工 70 人，年底总产值 8.75 万元，销售收入 7.83 万元。但当年生产费用开支达 10.51 万元，亏本经营
福学校 纺织厂[2]	兴办时间：1983 年春 负责人：张子松和凌栢香 产品：涤纶中长布、七彩被面（1985）	1985 年底，职工 142 人，全年总产值达 157.59 万元，销售收入 123.19 万元，实现利润 11.69 万元
福复制塑料厂	兴办时间：1983 年 3 月 负责人：厂长杨炳甫，副厂长曹金香 利用各类废旧尼龙纸和尼龙制品制造塑料色母粒	1985 年底，全年累计工业产值 34.99 万元，销售收入 28.44 万元，实现利润 2.995 万元，职工 57 人

---

[1] 在庸市，经编与家纺都被看作四大行业之一，但是经编主要分布在马桥镇，该镇有着与家纺产业不同的生产组织形式。第一，投资规模大，经编机一般进口自德国，1997 年一台德国进口经编机需要 100 万元，一台二手单经编机也需要三四十万元（孙裕，2010：23）。第二，起步时间晚，1991 年潮镇已经发展成为中国"被面之乡"的时候，马桥镇还主要经营种桑养蚕。第三，经编业从一开始就走的是园区化发展道路，而非像潮镇家纺产业长期分布在村落中，马桥镇经编业起步于 1997 年前后，而园区建设开始于 1999 年初。2015 年，马桥镇经编业园区面积 5.7 平方公里，企业 597 家，产值 300 亿元，年利税 18 亿元（陈强，2015；沈顺年，2003）。

[2] 为了享受政策优惠，挂牌为校办工厂。

续表

集体工业名称	基本情况	经营情况
福砖瓦厂预制场	1985 年 1 月批办，属砖瓦厂附属企业	投资金额 2 万元，土建面积 960 平方米
福丝绸纺织厂①	兴办时间：1985 年 7 月 由联合砖瓦厂投资 10 万元 负责人：宋建明	至 1985 年底，共计生产被面 2.88 万条，销售收入 37.44 万元，上缴税利 4 万余元。首批职工 26 名，全为砖瓦厂职工的家属
福织锦厂	兴办时间：1986 年 4 月	投资 40 万元，购置高档织机 16 台，进厂工人 132 名，生产织锦缎提花被面
经编福利厂	兴办时间：1987 年 3 月	投入资金 15 万元，土建面积 320 平方米，建造厂房 12 间，购置 6 台303 型经编机，进厂工人 33 名，生产经编布

注：根据当地相关部门提供的资料整理。

（二）家庭工业复兴

1983 年，在村办工业兴起的同时，家庭工业也逐渐兴起。家庭工业刚开始是以联户工业的面貌出现的。这段时期建办的联户体轻纺企业，大部分都是利用农户原有的住房作为厂房，投入 1 万～3 万元资金，购置多台织机，集中联户家庭中的人员进行生产，产品以生产丝绸彩色被面为主。

潮镇的湾村、福村是最早出现家庭纺织工业的村庄。按照福村地方志中的记载，1983 年 2 月，福村出现了第一家合作制的纺织厂。另有一种说法是，1983 年 4 月，湾村凌桥 1 组的党员沈咬荣作为领头人发动了同组 16户家庭带资入股，共筹资 14000 元办厂，这家拥有 5 台织机的联合绸厂是潮镇的第一家联户企业（祖一良，2017）。到 1983 年的下半年，潮镇已经自发办起了 3 家联户纺织厂。

此后，家庭工业很快发展起来。到 1985 年底，仅福村就有 51 家联户体

---

① 原材料由江苏省常熟谢桥纺织厂供应，由杭州工农纺织厂提供技术培训并派师傅长驻福村做技术指导。

轻纺企业，拥有 132 台织机，总产量 46.674 万米，产值 466.74 万元。1986 年，福村又批办了 198 家企业。到 1991 年，潮镇的家纺企业发展到 4806 家，拥有 5297 台织机，年产被面 4500 万条，成为全国最大的被面生产基地，潮镇因此被称为"被面之乡"。

下面我们来具体分析福村的第一家家庭联户工业。这家合作制的纺织厂于 1983 年 2 月以"福合作纺织厂"的名义开工。首批进厂的员工都是 6 位合伙人的家属和朋友，共 18 人，实行日夜 3 班轮流的工作制，规定每月工资 32 元，每月先付 17 元，另留存 15 元待年终结算后一次性发放。表 3-4 展示了这家合作工厂的发展过程。

表 3-4　福村第一家联户工业的发展历程

	事项	备注
1983 年 2 月	正式开工	
1983～1985 年	挂靠	挂靠到水产大队一年（由潮镇党委书记出面协调），水产大队派驻部分干部和工人；挂靠到沈士公社文桥纺织厂
1985 年 8 月	成为私营联户企业	脱离挂靠，获得庸县社队企业管理局的正式批准，成为私营联户企业，生产被面
1985 年 9 月	技改投资	投资 2.5 万元，扩建面积 200 平方米，增建厂房 6 间，职工增加到 40 人；织机增至 8 台，另有整经机 2 台，翻丝车 4 台；产品被面从两色增加为三色，从真丝改为织锦缎。产品近销江南地区和上海、杭州一带，远销北京、沈阳、郑州、许昌、邯郸等地，1985 年全年总产值 30.7 万元
1986 年	解体、单干	由张月良承包经营；主要的劳动力是张月良的家庭成员（6 人），另雇帮工 20 人；工业年产值 26.5 万元，纯收入 3.22 万元
1988 年	张月良承包了学校纺织厂	

注：根据当地相关部门提供的地方志整理。

合作纺织厂的六个创始人中大部分都是当时的公社、大队干部：戚伯寿（主管公社丝厂）、郭建青（潮镇某集体企业的主要领导）、张关荣（潮镇某集体企业的主要领导）、许通甫、许桂田（福村六队生产队队长）、张月良，共六个人。1981 年，福村开始酝酿"专业承包、联产到组、管理到劳"的生产经营体制改革，他们就敏锐地感知到政治风气的变化，产生了自己单干的想法。

创始人的政治身份对早期家庭工业的起步有着极大的作用。一方面，他们能够较早地感知政治风气的变化，湾村最早的联户企业也是由一个党员带头办起来的。另一方面，政治身份也能够帮助他们解决生产过程中的许多问题，使得当时的家庭联户工业能够在"一无所有"的基础上，低成本、低风险地办起来。我们以福村的第一家联户企业为例。第一，许桂田出面借了生产队的两间养蚕共育室，解决了厂房的问题；第二，他利用社会关系从余杭亭趾纺织厂赊购了两台 62 式铁木织机；第三，他能够从戚伯寿主管的公社丝厂以半赊半购的方式获得原料；第四，供电方面，由福大队出具证明，电厂为绸厂拉了一根电线；第五，技术指导方面，由杭州织锦厂刘师傅担任技术指导并兼任机修工，而福大队的队办福针棉丝织厂也是在这个杭州织锦厂的帮助下办起来的。

联户企业是早期乡村工业发展的主要模式。这种模式的优势是政治风险较低。因为计划经济时代对家庭工业的打压使当时的农户在政治上比较谨慎，即便在福合作纺织厂办起来以后，合伙人仍旧担惊受怕。1984 年，合伙人将工厂挂靠在水产大队一年（由潮镇党委书记出面协调），水产大队派驻部分干部和工人到该厂。当时，政治风险对家庭工业的影响很大，所以只有少数能够提前把握政治风向的精英，才会去冒这个风险。他们的政治身份和人际关系网络使他们能够得到队、社两级干部的扶持。

除了降低政治风险，联户工业也能够降低经济上的风险。20 世纪 80 年代复兴的农村家庭工业已经不再是手工业，而是需要一定的技术和机器设备支持。普通农户已经无法得到这样的资金、厂房和机器。福合作纺织厂起步时，投资了"两台 62 式铁木结构织机和一台锭子机，总计近 5000 元的主要设备"。那么，5000 元在 1983 年的福村是什么概念呢？根据福村的地方志记载，1982 年福大队农业收入社员分配额 93.37 万元，人均收入 201.23 元；五匠外出 972 人，收入总计 53.73 万元，人均分配 550.1 元。由此可见，这笔投资在当时是一笔很大的数目。

（三）"四个轮子一起转"

1983～1984 年，政府对于个体私营工业的态度仍然处于模糊状态。福合作纺织厂可以看作福村发展私营纺织业的一次探索。

1984 年，《关于一九八四年农村工作的通知》明确将农民联营的合作企业、家庭工业和个体企业划入乡镇企业。1984 年 3 月，庸县县委书记方根雄在全县乡镇党委书记会议上说，"发展乡镇企业要'两条腿走路'，可以乡办、村办，也要允许搞家庭小工业"。同年 5 月 25 日，县委、县政府联合下发《关于加快发展乡镇企业若干问题的规定》的文件，指出"发展乡镇工业必须走乡村工业、联办工业、家庭工业三路并进的路子，互相促进，协调发展"。在 1984 年召开的农村工作会议上，县委明确提出了"四个轮子一起转"的口号。

1984 年 7 月、1986 年 6 月和 1989 年 8 月，嘉兴市有关农村工作和乡镇企业发展的三次会议均在潮镇召开，三次"庸县会议"解放了农民的思想包袱，推动了乡镇企业尤其是乡村个体工业的迅速发展。

1986 年 5 月 22 日，庸县委召开乡镇党委书记会议，推广潮镇"四个轮子一起转"的经验，并到潮镇福村进行专题座谈讨论。乡村个体工业在政治上得到进一步的肯定，并提出重点发展家庭工业的政策。"现在，西部的潮镇、巷乡、沈镇等乡镇已先走一步，全县各乡镇都要解放思想，紧紧跟上。"此后，各个乡镇都开始重视家庭工业的发展。

1986 年 12 月 8 日，县委召开全县家庭工业种养业专业户座谈会，总结交流"四个轮子一起转"的经验，表彰先进，推广潮镇模式。为了促进"四个轮子一起转"，尤其是为了发展家庭工业，提出了四项措施①。

一是加强领导和管理。城镇工商个体户，成立县劳协会。各乡镇的家庭工业，由县工商行政管理局、乡镇企业管理局共同审批和管理。乡镇工业公司成立村办企业科，各村设立工业办公室，加强领导和管

① 祖一良：《四个轮子一起转》，http://www.hnszx.gov.cn/Article/201304/2013－04－08/20130408161652_1411.html。

理。乡镇党委、政府经常研究家庭工业工作。

二是有关部门给予资金、技术、产销、信息上的支持和指导。县供销社、商业局、财税局、农行、农林局、粮食局、外贸公司、食品公司等支持乡镇企业"四个轮子一起转"和发展种养业专业户。1986年，财税局通过农行托放的扶持种养业专业户的低息贷款有270多万元。农行、信用联社为支持家庭工业的发展，在发放流动资金贷款方面，采取灵活的办法。

三是在税收政策、使用土地、电力供应上给予照顾。财税部门按机台包干对家庭工业征税，大大低于乡、村办工业的税额；乡镇企业按利润的10%上缴社会性开支，也低于全县13%的水平；河蚌育珠专业户实行免税。家庭工业和种养业专业户，土地管理部门批准其建造非永久性生产用房的土地。在电力供应上，个体经济与集体经济一视同仁。

四是乡镇办、村办企业给予家庭工业企业培训技术人才、采购原材料、推销产品等的帮助。就潮镇的情况看，70%～80%的纺织行业的保全工、挡车工，是从镇办、村办同行业厂出去的。

在最早办家庭工业的时候，"党员干部起到了带头作用"。1985年，在潮镇822名党员中，加入联户企业的超过100人。湾村凌桥1组的7名党员中有5名是联户企业的骨干分子；施堰村的15名党员均参加了联户企业，该村8名村干部中有6名加入联户企业。

1984年，相关政策的出台保障了庸县家庭工业的发展，潮镇成为乡镇企业"四个轮子一起转"的试点。由此，潮镇的联户私营企业获得爆发式的发展。1984年底，全镇有联户企业187家。1985年，家庭作坊式的联户、个体企业已在数量上占绝对优势。1988年，占潮镇总户数51%的3743户家庭办起了家庭工厂，共有织机3826台。

潮镇附近的两个乡——沈镇和巷乡（这两个乡镇在2003年并入潮镇，共同构成了现在的潮镇）的家庭纺织工业也获得了较大发展。在发展最快的巷乡胜利村和景树村，有70%的农户兴办了联户或个体企业。截至1986

年底，三个乡镇共有联户和个体企业 1636 家，有从业人员 11671 人，占务工总人数的 34.92%。1986 年，潮镇、沈镇、巷乡三个乡镇共有各种型号的被面织机 3509 台，其中乡镇办纺织厂的织机占 13.79%，村办工厂的织机占 20.48%，联户、个体家庭工厂的织机占 65.75%。

潮镇是庸县家庭工业中发展得最好的地区。1986 年，潮镇、沈镇、巷乡三个乡镇的家庭工业产值达到 9913 万元，占全市家庭工业产值的 64.91%。1986 年，潮镇（包括沈镇、巷乡）的家庭工业产值已经超过了集体工业。

1988 年 1~6 月，潮镇工业的总产值是 10187 万元，镇办、村办工厂和家庭工业的占比分别为 25.41%、2.42% 和 72.16%。在此期间，潮镇的利润总额是 822.5 万元，其中镇、村两级的利润仅 55.4 万元，家庭工业的利润则达到了 767.1 万元。在此期间，潮镇上缴国家税金 259.2 万元，其中家庭工业所缴的占 75.8%。

在潮镇的示范作用下，原来对办家庭纺织厂顾虑较多的辛江、长安、钱塘江、盐官、郭店、斜桥、丁桥、马桥、袁花、谈桥等位于庸市中东部的乡镇也开始发展家庭工业，家庭工副业开始在全市范围内铺开。

表 3-5　家庭工业向庸市其他乡镇扩散发展的情况

乡镇	产业门类
潮镇、许巷、沈士	轻纺（被面）
周王庙	小五金、灯具组装、电镀、塑料编织
庆云	服装加工
袁华、黄湾	食品加工
斜桥	绞麻绳
丁桥	铜材厂、弹簧厂、牙膏铝管厂

注：根据当地相关部门提供的资料整理。

四　家庭工业的胜出

1983 年以后，乡村工业的复兴是以集体工业和家庭工业（联户、个体）

为主要形式出现。20世纪80年代复兴的乡村工业，已经不同于传统时期织布手工业的产业形态。这种变化是由各种特殊的历史和地理原因造成的。

早期的私营经济创始人与集体经济组织有千丝万缕的联系，最早从事家庭或者联户工业的创业者中，有很多人是集体工业的管理者，他们正是在集体工业组织工作的过程中掌握了技术和市场信息。但是另一方面，潮镇的家庭工业和集体工业从一开始就是竞争关系，对规模效益不显著的纺织业来说更是如此。集体经济的领导人对这一点认识得更清楚，所以他们一旦感知到政治上的变动，马上就产生了从事私营经济、自己单干的想法。

家庭工业的发展，必然与镇办、村办的集体企业发生矛盾，甚至对其造成一定程度的冲击，主要体现在争资金、电力，争原材料，争人才，争劳力，争销售渠道。针对"五争"，潮镇和辛江乡党委曾规定，联户和个体企业在生产经营中有"四个不准"：不准拖欠集体资金，不准占用集体供销渠道，不准占用集体的时间办家庭工厂，不准占用集体的原料、燃料。

但是很显然，在纺织行业中，集体工厂在与家庭工业的竞争中败下阵来。

> 当时有一个人，他也不是村干部，他当时在杭州的服务市场工作，他看到我们这里土地开发，劳力太多了，他是我们村的人，就说搞两台织机去做做。当时是村上发起的，村上引进了两台织机，这个是村集体的。这是改革开放之前的事情，我们个体户是1985年发展的。村集体引进来的时候效益也不是太好，但是肯定是比种田要好的，于是我们就做了，1985年政策放开了。当时是两三户人家拼一台机器。刚开始我们也拿不出钱的，有些是租过来的，或者分期付款购来的。出租机器的厂都是集体的。他们如果没做出布来，就要停工的，停工了工人也要吃饭啊，就没钱发工资了。厂里就出租给我们了。集体的厂里没人做了。这样子发展起来的。（QCQ，20160617）

随后，集体经济受到个体经济的冲击而逐步萎缩。潮镇从1987年开始采取"保得牢保、保不住租、租不掉卖"的原则，对家庭工业和集体工业采取工序分流、分工合作的改革措施。集体办的牵经厂、加捻厂、花本厂以及镇印染厂，应当为家庭工业做好服务。福村将43家镇、村两级原有的集体纺织厂中的35家进行租赁、拍卖，共有515台织机转让给家庭工厂。

不仅如此，联户企业也开始单干。联户企业是家庭工业的重要形式，但是联户工业成立以后，经常会分裂单干。这是因为联户企业有着无法克服的困难。在乡村工业发展的早期，联户企业可以起到规避政治风险的作用，也可以通过合资的办法获得起步资金。但是联户纺织企业本身就是小本经营，投资额和利润都有限，进入门槛很低，因此股东之间经常为费用开支、财务账目等问题发生纠葛，雇来的帮工也不稳定。更重要的是，联户企业一般采取工厂生产的模式，而对于纺织业来说，工厂制并没有显著的规模效应，反而增加了许多管理上的困难。

1994年6月14日，时任省委书记李泽民在市委书记、市长等领导的陪同下到庸市潮镇调研，他充分肯定了潮镇个体私营企业的发展，并对潮镇被面装饰布市场的发展给予了有力的支持。

回顾20世纪80年代开始的乡村工业复兴，最初是家庭工业与集体工业共存发展。然而，在一系列政策因素的影响下，潮镇的家庭工业最终胜出。实际上，从庸市全市的发展规律来看，也存在着一个个体企业逐步发展而后逐步超过集体经济的过程。

表3-6　庸市乡村工业的发展情况（1988年、1989年）

	1988年	1989年
企业个数（个）		
乡镇办	607	582
村办企业	1697	1545
个体企业	7899	10641
企业人数（人）		
乡镇办	70474	62454
村办企业	59626	48341
个体企业	24974	34674
企业产值（万元）		
乡镇办	76219	81274

续表

	1988 年	1989 年
村办企业	55745	52790
个体企业	24414	31858
利润（万元）		
乡镇办	5348	2890
村办企业	3149	1541
个体企业	2761	3467

注：根据当地相关部门提供的资料整理。

第四章 家庭工业的分化与创新

20 世纪 80 年代中后期，潮镇的家庭工业取代集体经济，成为潮镇工业的主导力量。此后，为了适应市场的需求，家庭工业自身也经历了复杂的演化。演化的结果是潮镇家纺的分工越来越复杂，合作越来越密切。潮镇家纺的演化历程呈现了乡村发展的自发逻辑，也在这个基础之上，潮镇实现了产业集群的创新型发展。

如前文所述，20 世纪 80 年代，潮镇兴起了家庭织布业，许多家庭开起了织布机，兴办了家庭工业。家庭工业在初创阶段大多采取自产自销的模式，妇女在家里织被面，拿到市场去销售，全国各地的商贩来此地收购被面。

在此基础上兴建的家纺城，取代了路边的自发市场。20 世纪 90 年代中期以后，潮镇纺织业开始转型为生产窗帘布，生产和销售的模式也随之发生变化。家庭工业分化为"做布老板"和加工户两个群体。20 世纪 90 年代以后，潮镇纺织业中形成了一个商人群体，就是本研究所谓的"做布老板"。"做布老板"在外面开店，他的亲戚朋友在村里从事生产。他们发展出了"外发加工"的模式，即做布老板掌握市场渠道，把订单外发给家庭工厂生产。进入 21 世纪以后，做布老板的地位更加凸显出来，他们不断地研发新产品，不断地创新工艺。潮镇的家纺产业也逐渐进入了复杂产品时代。

这部分将简要回顾这个过程，并将潮镇家纺产业的发展历程分为三个阶段。

20 世纪 80 年代到 90 年代中期：家庭工业的兴起与发展。改革开放以后，浙江省的乡村工业迅速复兴。潮镇最早兴办的乡村工业是承接了社队企业的镇办、村办集体工业。在1982年底，潮镇完成了包产到户，家庭工业迅速复兴并取代了集体工业。1990年代以后，集体办的各个纺织厂纷纷转制，家庭工业彻底取代了集体工业。这是上一章的主要内容。

20世纪90年代中期到21世纪初期：家庭工业的挑战与变革。90年代以后，潮镇的家庭织布业遇到了巨大挑战，在应对危机和挑战的过程中，家庭工业的产品类型和生产模式都发生了转变。一方面，产品类型从被面转向窗帘布，随后扩展到沙发布、墙布等其他室内装饰布；另一方面，生产模式从自产自销的家庭工业变成了外发加工模式下的家庭代工。

21世纪初期至今：全球生产链条中的镇域工业。2000年前后，外贸订单已经占到潮镇总产值的一半左右，潮镇的家纺工业也变成了全球化订单生产中的一环。在家庭工业的基础上，潮镇形成了一个以家纺业为中心的产业网络，构建了一个典型的镇域产业集群。随着产业链条的逐步复杂化，潮镇家纺形成了一个复杂的产业生态网络。这个网络有效地降低了企业的成本和风险，潮镇也在农村地区迅速地发展出一个大规模的时尚产业。

一　20世纪90年代中期以后的挑战与变革

（一）从被面到家纺装饰布

潮镇家庭工业在早期主要织造丝绸被面。然而进入20世纪90年代以后，刚刚开始兴盛的潮镇被面织造业就遇到了挑战。

20世纪90年代以后，由于被套的出现，丝绸被面面临着被淘汰的风险。除了少数人结婚办喜事时会使用被面，一般情况下很少有人会用到丝绸被面。可以说，潮镇家庭工业遇到了一次严峻的挑战，这迫使许多人开始思考如何进行产业转型。从被面到窗帘布、沙发布的转型过程中，看似是一些很偶然的因素制造了成功的机遇，但是潮镇人很敏锐地抓住了这些机遇。

潮镇的第一次产业转型与台湾地区的产业转移有很大关系。当时台湾地区是欧美窗帘布的主要生产基地，但是随着当地劳动力成本的升高，其劳动密集型制造业就开始逐步向大陆地区转移。这波产业转移浪潮的第一步是将生产线转移到了广东。当时台湾客户在广东有很多代理商，帮助他们在大陆地区寻找合适的生产厂商。在 1992 年前后，潮镇有几个老板偶然知道有广东客户需要生产窗帘布，这种窗帘布很厚、纱线很粗，一般的纺织机器很难生产。潮镇地区正好是生产丝绸提花被面，当时潮镇的工艺和设备能够生产三色的被面，而这种生产被面的提花机只需稍加改动即可转为生产窗帘布。于是这几个广东客商就给潮镇下订单生产大提花窗帘布料。此后，潮镇又获得了东南亚及中国台湾、韩国等地区的客户的订单，这些客商将自己的布样拿过来，告诉潮镇人制作流程，慢慢地教会了潮镇人做家纺。在一小部分人开始生产窗帘布后不久，全镇的劳动力就都开始转向家纺布的生产。

1993 年，沈国甫从德国厂商那里得知上海大众公司需要汽车装饰布的信息，于是从德国进口六台先进经编设备，投资 1350 万元组织员工对汽车内饰面料攻关，开启了汽车内饰布生产。此后，潮镇家纺的装饰布市场不断扩大。到了 1996 年前后，潮镇的家庭纺织业已经从生产被面纺织彻底转向了生产窗帘布、沙发布、汽车内饰布。

（二）家纺城兴起与销售模式的变革

在计划经济时期，统购统销政策阻塞了城乡间的市场流通体系，限制了乡村工业的原料来源，也阻断了市场销售的渠道。在社队企业时期，由于没有销售渠道，社办、队办工厂主要依靠城市工厂外发的订单维持生存。其典型模式是福村的麻织品厂为庸县土特产公司加工麻绳，然后由庸县土特产公司出售给天津土特产公司。因此，20 世纪 80 年代复兴的乡村工业，尤其是家庭工业，首先需要解决的是销售渠道的问题。

在家庭织布业兴起的初期，家庭工业主要的销售模式是在 320 国道旁边摆摊位卖丝绸被面。320 国道从杭州通往上海，有许多来往经过的旅客看到了潮镇家庭织造的被面，就会停下车购买。随着潮镇成为远近闻名的被面织造中心，潮镇也逐渐吸引了许多外地客户（主要是福建乐清的客户）到此来收购产品。

在这个过程中，很多精明的本地人成为外地人在潮镇的代理人。作为本地人，他们知道潮镇所有家庭工厂织造的产品类型，客户把样品拿给他们，他们很快就能在村里替客户找到相应的产品。例如，明海家里就经常住满了外地来潮镇收被面的客户，明海不仅负责帮着外地客户收被面，还负责他们的人身安全。当然，这一现象也反映出当时的潮镇并没有成熟的市场，买者与卖者之间缺乏一个信息和交易平台，正是这个需求催生了潮镇专业市场的建立。

1987年，潮镇自发形成了五处露天的简易被面市场。其中，最早出现的是在潮镇染厂外，"因陋就简，将一只破木船翻身，二头用竹榻几块水泥板搭成商铺，这就是潮镇第一家露天被面市场"（沈赤，2013）。1989年，潮镇人利用潮镇绸厂的闲置车间建成第一个室内的被面市场，后来市场搬入了倒闭的潮镇织锦厂。

20世纪90年代以后，浙江省兴起了建设专业市场的热潮。1992年，庸市工商局、庸市供销总社、潮镇工业公司三家共联合投资1300万元，在320国道七号桥的堆料场兴建了潮镇专业被面市场。后来这个市场在1996年、1999年完成了两次扩建，到1999年，营业用房已经达到748间。2001年4月28日，它被正式命名为"庸市·中国家纺装饰城"，并启动了第四期扩建工程，建筑面积达到8万平方米，新建商铺2000余间，联托运中心1万平方米。

2007年，潮镇建成了家纺城的纺织原料交易中心，投资7500万元，建筑面积达4.1万平方米。2007年，投资1.3亿元建设中国家纺精品布艺一条街，建筑总面积达5.5万平方米。2010年，家纺装饰城新投入7500万元在320国道七号楼北建成1.4万平方米、12层50米高的"家纺国际商务大楼"。家纺国际商务大楼与家纺城、潮镇布艺一条街连成一片，共同构成了潮镇家纺专业市场。

潮镇还围绕家纺城兴建了配套服务设施，包括博览会展中心、原料交易中心、托运物流中心。博览会展中心，占地1.7万平方米，已连续举办九届家纺博览会。原料交易中心占地29674平方米，建筑面积约为40950平方米。托运物流中心占地面积1.6万平方米，托运线路40余条，经营户40多家，日均货物托运量达 400 吨，托运范围覆盖全国 30 个省（自治区、直辖市）内的 50 余个大中型城市。

经过二十多年的发展，庸市中国家纺城已成为全国性的家纺装饰布、沙发布的一级批发市场、集散中心，是中国沙发面料交易的领军市场，也是全球性的提花家纺产销中心。2012 年底，市场拥有商户 1374 户，成交额累计达 49.33 亿元。

据庸市发展和改革局 2013 年的统计资料，西南、华北、华南地区为家纺内销的主要市场，2012 年分别占潮镇家纺联托运市场发货量的 27%、24%、21%。与之同时，潮镇的对外贸易额持续增长，家纺产品的出口贸易额由 2008 年的 3.3 亿美元增长至 6.71 亿美元，年均增长 20%，美国、中东、欧盟是其出口的主要区域。

浙江模式的专业市场与专业化的小生产有着密切关系。在 20 世纪 80 年代中期，乡村工业处于发展的初期阶段，专业市场成为维系小企业与家庭工业之间工序分工的纽带（张仁寿，1996）。专业市场对于浙江经济有着十分重要的意义，专业市场是浙江模式的重要组成部分，和专业化生产（区域经济）一起构成了浙江经济的"两只轮子"。

传统流通网络是在计划经济体制下发展起来的以国有、合作商业为主要渠道。它主要为城市工业服务，因此农村工业产品无法进入这一流通体系。而农村工业企业自身又无法建立自己的购销网络，所以专业市场的出现解决了乡村工业产品的流通问题，专业市场与小规模生产者形成了配合。另一方面，不论是传统时期的庸县土布业，还是今天的潮镇家纺业，乡村工业的原料和产品都高度依赖市场。20 世纪 80 年代乡村工业复兴以后首先面临的问题就是必须建立一套销售渠道，而这个渠道就是以销售队伍和专业市场的形式出现（郑勇军，1998）。

20 世纪 80 年代的改革中有一个重要的方面就是对流通体制的改革。1981 年，政府开始放宽运销政策，允许个人贩卖并开放日用工业品市场，1984 年 6 月以后又不再对贩运的地区范围、形式、经营方式加以限制。流通体系的改革对乡村工副业的发展有着极为重要的作用，浙江省广泛分布的专业市场就是在这样的背景下建立起来的。当然，专业市场只是销售网络在地理空间上的表现，而在专业市场后面暗流涌动的力量是销售网络。20 世纪 90 年代，浙江省在全国各地建立了许多专业市场，在建立专业市场的同时，也建立了一张浙江人的庞大的销售网络。

（三）"做布老板" 群体的形成

为了解决乡村工业品的流通问题，家庭工业兴起后不久就形成了一支强大的销售大军。应该说，潮镇的成功离不开一支庞大的销售队伍，潮镇人常说，"只要有卖窗帘布的地方就有潮镇人"。

潮镇家庭工业最初的生产 - 销售模式是织造丝绸被面后由家庭成员自行销售。当时除了在国道旁边摆摊销售以外，有的去余杭临平江南丝绸市场①销售被面，还有人骑着摩托车去江苏、上海销售被面。随着人们向更远的地方扩展，庞大的销售网络就在全国范围内铺展开了。随着全国性销售网络的铺开，家纺从业者开始分化，形成了销售者和生产者的分工。

根据 2012 年的调查数据，2011 年潮镇总人口有 103815 人，而家纺产业的从业人员达到了 57706 人，其中直接从事销售的人有 5606 人。另一个可以证明潮镇人普遍从事家纺销售的说法是，"家纺装饰城所处的潮镇 10.5 万人中有 6 万人从事家纺业，在全国有 9000 多人的营销队伍，遍及全国各大中型城市"（沈赤，2013）。

在潮镇，这批在本地专业市场或者外地经销家纺布料的人被称为"做布老板"，其主要经营形式是在本地或者外地的布料市场租门店，向外销售潮镇织造的家纺面料。销售者总体上分为两种：内销和外贸。其中，内销又分为在本地开门市和在外地开门市。

我们先来看内销的情况。当地相关部门的统计资料显示，2011 年潮镇有销售窗口 2105 个，其中包括三个交易市场内的 1060 个，另有镇区的临街

---

① 潮镇靠近杭州市余杭区。余杭区的前身是余杭县，其在历史上一直就是一个丝绸原料和纺织品交易中心。20 世纪 80 年代国家放松了对城乡市场的管制，1986 年潮镇在临平菜市自发形成了丝绸被面交易市场，1988 年工商局筹建了"江南丝绸市场"。后来市场逐步扩大，交易的商品也从清一色的被面布料，扩展到了原材料、辅料、织机配件等。1992 年，江南丝绸市场搬迁临平一号桥东，并进行了扩建。1994 年，市场成交额为 9.1 亿元，仅成交面料就达 1.15 亿米（潘金祥，2016）。

店面也用来作为销售布艺的窗口。2013 年，家纺城市场经营装饰布、窗帘、沙发布、布艺沙发、纺织原料、家纺成品和布艺配件，有经营摊位 2500 余个，商户 1800 余户，年度市场成交额 58 亿元。

再来看在外地的经销人员的情况。根据潮镇工商分局的报告，2011 年本地在市外的销售人员有 2958 人。实际上，在外销售的人员远远不止这个数字。按照 2015 年 6 月潮镇座谈会上时任党委书记的说法，潮镇常年有 1 万多人在全国乃至世界各地经销家纺产品，仅北京大红门市场就有 1400 多人。

在 20 世纪 90 年代中期，外出跑市场卖布成为潮镇 20 世纪七八十年代出生的那代人相同的人生轨迹。笔者在潮镇做田野期间认识了许多"做布老板"，他们都拥有类似的人生经历。他们一般都是 20 多岁外出，比如鼎峰 23 岁去了常熟，林国 20 岁左右去了湘潭布料市场，海中 20 岁来到了北京大红门。

外贸是潮镇家纺另外一个重要的销售渠道，目前在潮镇，外贸和内销各占了一半的比重。根据庸市发展和改革局 2013 年的数据，庸市的家纺产品出口贸易额由 2008 年的 3.3 亿美元增长至 6.71 亿美元，年均增长近 20%，美国、中东、欧盟是出口的主要区域。外贸订单的兴起也是一步一步发展起来的。90 年代初期，潮镇、余杭一带普遍生产提花被面，能够生产二、三、五、七色被面。广州老板看中了潮镇的提花生产工艺，开始在潮镇定点加工胚布。通过广东客户，外国人知道了潮镇的生产能力，开始到潮镇采购产品。大概从 1995 年、1996 年开始，潮镇就已经有企业直接接外贸订单了。到 1998 年、1999 年，潮镇许多企业都获得了自主出口权。

> 有一个大的转变呢，刚开始的时候潮镇做的是内销，慢慢地广东开始有人过来要窗帘布，窗帘布说要提花的，被面也是要提花的，潮镇正好符合了这个工艺的要求。工艺产生以后，（中国）台湾的、新加坡的老板过来了，他就是把布样拿过来，一个一个地教我们。大约是 1992 年，我们开始发货。（杨农富，20160616）

> 一开始是台湾的纺织厂转移过来，因为台湾（地区）做得比较早，欧洲的很多采购商跟台湾的纺织厂有合作。但是随着人力成本的增加，

台湾（地区）纺织厂就把机器转移到了大陆。这些订单就转移到了广东，所以广东人做家具面料最早。当时很多人只知道广东有家居面料，不知道潮镇有家居面料。那个时候是1995年之前，因为是在1996年广东第一届佛山家居面料展之前。老外教我们是在1995年、1996年。那时候连卖头都不知道，所谓"卖头"就是布量、型号。根本就是从零开始，老外教你如何打样，教你如何去设计自己的样式。（春建，20160616）

（四）外发加工模式的形成

早期家庭工业生产的布，都是农户家庭纺织后在马路边或者潮镇"七号桥"的简易市场售卖。后来，逐渐有一些人在本地专业市场或者外地某个城市开设门店（专柜），这些门店在优先出售自己家布的同时，也会代售亲戚朋友家的产品。门店（自己家开设或者亲戚朋友家开设）掌握了市场行情，然后反馈给家庭工厂，使家庭工厂的生产能够紧跟上市场行情的变化。

在市场发展的过程中，门市与加工户的关系发生了变化。以前家族中有人出去卖布，是为了推销自己家或者亲戚朋友生产的布。后来，他们之间的关系变成了开门店的人拿出样布，提出对产品规格和质量的要求，让家庭工厂去生产。门市与家庭工业之间的关系慢慢地演变成一种订单外发加工的关系。早期是经销商为加工户服务，逐步变成了以经销商为主导、家庭工厂为其代工的体系，最终在2000年前后形成了门店外发的模式。

现在，家庭工业自己创新、自己设计的能力不够了。所以现在家庭以加工为主了，跟以前的模式相比就是倒过来了，很多家庭的生产是为经销商服务了。原来是经销商为工厂服务的，现在是反过来了，经销商在外面创出自己的品牌，可以看到各种花样，把一块布拿回来让你给我做这个布。（JZM，20160616）

尤其是近年来，随着市场条件的变化，家庭工业彻底转变成了经销商的加工户。"软装市场是一个时尚产业"，很多"做布老板"在这个过程中建立了自己的品牌和设计团队，由此导致整个生产体系由生产者主导走向了由销售者主导的阶段，家庭工业开始为"做布老板"服务。

由此，家庭工业户逐渐分化出两个分工合作的群体——做布老板与加工户。做布老板掌握了市场销售的渠道，他们不仅仅是经销商，还发挥了组织生产的功能。家庭之间的合作正是建立在"做布老板"订单外发的基础上。这个过程与民国时期的商人包买制有很大的相似性，但又有着一定的区别。民国时期的商人包买制是"工商资本下乡"的过程，而潮镇复兴的家纺产业则是在家庭工业基础上产生分化的结果。

永明纺织的成长过程就是一个典型。永明纺织的创办人贺永明是潮镇胜利村的村民。胜利村也在 20 世纪 80 年代中期兴起了家庭纺织业，到1996 年，胜利村已经达到了户均一台织布机的规模。1996 年，贺永明也购置了两台织布机开始经营家庭织布。

在起步阶段，贺永明和村里的其他家庭工业一样，将织好的布出售给村里的经销商。后来，贺永明外出做生意，在绍兴、新疆设立柜台，从一个家庭纺织业的生产者转变成为销售者。随后又注册了"永明纺织"品牌，转而收购村里其他家庭工业的产品，然后以"永明纺织"的渠道销售出去。

潮镇家庭工业发展扩大的路径不是增加机器以扩大生产规模，而是将经营的重心从生产环节转换到销售环节。永明纺织业的发展历程正是走的这条道路：起步于家庭工业，在发展过程中掌握了市场渠道，从而变成了一个经销商，进一步向控制原材料（上游）和后道整理环节（下游）发展。

2008 年，贺永明在临平的布艺市场开设了新的柜台，以提高销售能力进而开拓外销市场，在此之后，他获得了非洲市场的订单。同年，他与一个化纤厂签订合同，不仅获得了原料的低价采购渠道，还购置了布匹染整的设备。随着经营规模的扩大，贺永明除了保留自己家的生产用房以外，又在工业园区租赁了厂房①。在向上游和下游发展的同时，他主动放弃了中

① 潮镇大部分家庭，尤其是刚刚起步的家庭工业，几乎都是将自家的住房改造成为生产用房，贺永明也不例外。随着经营生产规模的扩大，需要扩大生产厂房的时候，家庭工业的经营者们面临两种选择：一种是在村中利用原有宅基地或者购买新的集体土地扩建厂房；另一种是到工业园区买地建房或者租赁厂房。不同的选择导致不同的老板走向了不同的发展轨迹。这将在后文详细讨论。

间的生产环节，出售了家里所有的机器，将所有生产环节（中间环节）都外发给其他家庭工厂完成，把以前摆放织布机的厂房变为存储原料和后道产品的仓库。

永明纺织是潮镇最有代表性的运营模式。第一，柜台负责接单，开设在临平、绍兴、新疆等地的柜台由老板娘负责管理，雇用专门的销售人员。第二，将家里自建的厂房和园区租赁的厂房作为产品仓库，是组织生产的核心部门。其组织生产的过程包括：将生产任务外发给家庭工厂并分送生产原料——化纤丝；清点、检验家庭工业生产好的布匹，确保产品质量；最后将产品发往全国各地。

二　做布老板的持续分化

潮镇的家庭工业分化出了家庭加工户和做布老板两个群体，纯粹的做布老板就是经营门市的工商个体户，这个群体的数量最多。这些老板将门市开在本地或者外地，或者二者都有。大部分的经销户没有生产设备，但是都需要一个仓库用来存放产品、后道整理，他们一般都是利用自己家庭的住房，以及在"房前屋后"搭建的厂房作为仓库。也有极少数老板会在工业园区租厂房用来存放产品和后道整理，但他们都是经营规模比较大的老板。

做布老板的继续分化，使得这个群体的结构变得更为复杂。表4-1展示了潮镇家纺老板分化的诸多形态。

表4-1　做布老板的典型经营模式（2016年）

做布老板	经营模式	经营身份	外发与否	生产用地
海中	通过开在潮镇、外地的布艺门市卖布。这种经营模式是目前潮镇老板的主流	工商个体户	外发	自己宅基地+房前屋后
伟中	通过参加展会获得订单	企业法人	外发	没有厂房
新伟	内销。有自己专营店面，由妻子负责，已经发展为家居成品制造	企业法人	外发	租用园区厂房

做布老板	经营模式	经营身份	外发与否	生产用地
杰	外销，主要以中东地区为主	企业法人	外发	购买园区土地
佰利	庸市年产值最大的家纺企业，年产值达到3亿元	企业法人	外发	购买园区土地
MY	符合完整意义上的企业，拥有自己的品牌、设计研发、生产线以及销售团队	企业法人	外发、自己生产	购买园区土地

潮镇的做布老板形成了层次鲜明的梯度，他们在产值、身份和生产场所上都有明显的差别，也反映了他们不同的经营策略。需要指出的是，潮镇的产业形态始终处于飞速的变革中，表4-1反映的是2016年的现象，而目前又有了很大的变化。

（一）正规企业与个体工商户

从做布老板队伍中成长出了一批企业家。其中一部分老板的生意越做越大，成长为"正规企业"的法人代表。潮镇现在工商登记成立公司的有1000多家。这1000多家中，有800~900家是家纺企业，占了大部分。根据当地相关部门提供的资料，2015年，潮镇达到规模以上标准的家纺企业有132家。然而根据庸市经信局2015年的统计数据，"2014年，全市拥有规模以上家纺企业140家，比2011年增加了48家；规模以上企业的平均产值规模由2011年的5137万元提高到了2014年的6619万元，年均增长9%"。金永和是潮镇规模最大的企业，年产值达到3亿元；其他著名的企业还有MY布艺、金佰利等，这些企业的产值都已经过亿元。

成为企业法人，对于一个现代"企业"来说至关重要。获得了法人的身份，就能以现代身份从事经济活动，拥有正式的法人资格对于获得外商的信任也有重要帮助。此外，对于从事外贸的经营者来说，成为"企业"至关重要，因为只有成为企业才能获得出口资质。

但是还有相当多的、与海中类似的家纺老板，虽然是以个体工商户的身份从事家纺经营，但是他们所经营的生意规模很大。仅福村就有100户左右这样的老板，他们既没有注册成为企业，也不需要厂房，他们中厂房最大的占地才1000平方米。这类老板没有什么生产设备，一般只有几台牵经机。在规模上，这些老板也有做得很大的，有好几家年产值达到5000万元，甚至有上亿元的。

对于这些经营者来说，之所以不注册成为企业法人，关键原因在于"正规化"的成本。"正规企业"在税收、社保等方面会增加很多成本。先来看社保，劳动保障法规定企业要为企业员工缴纳各种社会保险，"个转企"的企业还需要补交社保。这对许多个体工商户来说是笔巨大的负担。在税收上，个体工商户与企业本身在税赋标准上存在着极大的差别。个体工商户主要采用自行申报定额征税的方式，税率较低；而企业实行查账征收，要交纳5%的营业税、25%的所得税、3%~17%的增值税以及各类附加税。"纺织行业中，如果个体工商户与企业的生产规模相当，同样是营业收入100万元，个体工商户的税费成本比企业节省约8万元。"

在实际的经营过程中，潮镇老板（尤其是做内销的老板）与客户交易时很少开具正规发票，这使得政府很难掌握实际的交易额，因此潮镇家纺产业是真正的"藏富于民"。按照潮镇相关部门提供的数据，2014年潮镇家纺产业的产值达到250亿元，然而当时的潮镇党委书记表示实际产值远远不止这个数据。对家纺产业从业者征税的成本很高，这在客观上导致了家纺产业从业者交纳的赋税相对于实际收入较低，这也在一定程度上成为浙江个体工商户经营优势的表现。

注册成为企业，也可以获得"正规化"的好处，即可以注册商标。但是潮镇家纺产业受制于产品类型的制约，在品牌培育上有着天然的劣势，这也在一定程度上导致潮镇家纺老板注册企业的意愿较低。潮镇生产的窗帘布、沙发布只是一个中间产品，经销商们面对的客户群体是沙发制造商、窗帘店，所以很难在消费者心目中形成有影响力的品牌。这也导致了许多家纺老板没有动力注册成为企业法人，更勿论培育自己的品牌。

（二）园区企业与在村企业

"进园区"是指家纺经营者在园区买地建厂房，或者租用园区现有的厂房。根据是否选择进园区，可以将潮镇的家纺老板或者工商个体户分为在村和在园区两种模式。

潮镇于 1998 年开始兴建工业园区，当时园区的面积只有 250 亩。2000 年，潮镇又对园区进行扩建，形成了占地 2250 亩的庸市中国装饰布科技园。在 2000 年前后，沈镇和巷乡也创办了工业园区，后来随着潮镇、沈镇和巷乡三个乡镇合并，形成了目前的潮镇省级家纺特色产业专业园区。此外，以福村为例，一些家纺业大村也建立了村级工业园区，形成了镇级和村级工业园区体系。

镇级园区目前共有潮镇、沈镇和巷乡三个板块。潮镇工业园区作为省级家纺特色产业专业园区，园区内已形成原料生产、织造加工、印染后整理及成品缝制一条龙的生产配套体系。2012 年底，家纺和印染企业累计占地面积达 4885.03 亩，落户企业 265 家，实现工业总产值 84.82 亿元。2014 年底，园区累计占地面积达 7475 亩，落户企业 275 家，其中 90% 以上是家纺和印染企业。村级工业园区是家纺产业园区化的有效补充，特别是一些家纺大村（如福村、新益村）在村级工业园区内建立标准厂房，重点吸引小微企业入驻。

随着地方政府对村庄用地的管控日趋严格，目前农户已经无法在村中随意搭建厂房，企业要扩大产能必须在工业园区买地或者租厂房，这成为目前潮镇产业发展面临的重要挑战。但是，进园区需要很高成本。

对于许多企业来说，是否在园区买地或者租厂房是一个综合考虑的结果。首先，对于许多园区的企业来说，搬入园区是一个面子问题。跟上文是否注册企业一样，进入园区对于外贸企业来说，意味着拥有强大的实力。

> 左：你觉得进园区好，还是在家好？
>
> 邱：还是进园区好。我们买土地买不起啦。进园区不仅环境好，集中起来生意也好做。老外也会来找我们啊。（QCQ，20160617）

其次，进园区的更大动力来自政府的推动，工业园区建设成为地方政府推动产业转型的重要手段。为了"引导"企业进入园区，政府采取了各种办法。

"一家厂、一块土地、一圈围墙"的自顾自发展将逐渐转型。未来，我市越来越多的工业企业将集聚到工业园区（"两创中心"）内。

在土地指标等资源要素较为紧缺的情况下，如何盘活现有的土地资源再开发，这成为值得思量的问题。我市将结合"低小散"行业整治、"三改一拆"等专项行动，大力推进"两创中心"建设，引导企业搬迁入驻，实现产业集聚，促进产业发展。

黄湾镇（尖山新区）收回低效企业星莹家具的300多亩土地和厂房，改建为面积约23.6万平方米的"两创中心"；长安镇（高新区）与已经关停的黏土砖窑企业合作，利用企业关停后闲置的54亩堆场用地开发建设6.5万平方米的标准厂房。（浙江省商务厅，2015）

为了使企业进入园区，政府从2014年开始在村庄中推动"三改一拆"。然而，政府倒逼的效果并不明显，"这么打压，进园区的也不多"（伟强，20160616）。许多大老板，甚至包括一些注册成为企业法人的经营者，仍然继续留在村庄中，利用自己家的宅基地或者在农村土地上违法搭建的厂房生产。

（三）生产型与销售型企业

从生产模式来说，潮镇的做布老板可以分为生产型和销售型。所谓销售型，是指自己没有生产产能，完全靠外发加工；所谓生产型，则是指依靠自己工厂的机器，自己生产产品。但是即使是生产型企业，也有部分比例的产品是依靠外发加工生产，可以说在潮镇几乎没有纯粹的生产型企业。MY布艺是潮镇自己生产比例最高的企业，其自己生产的比例能够达到60%，但与MY布艺类似的家纺企业只占很小的比例。

MY布艺是潮镇定位于高端软装家居品牌的企业，每年的产值能够达到1亿元。MY布艺拥有76台织机，其中有36台数码进口机器。但是MY布艺也不是全部依靠自己生产，大概有40%的产能是选择外发模式。MY布艺的数码织机都是进口织机，一台机器的价格超过百万元。但是即使是数码织机，从产品质量和生产效率的角度来说，仍然是外发模式比自己购买机器、雇工生产更为划算。只是 MY 布艺需要使用的数码织机价格很贵，一般人只有在没有办法的情况下才会选择自己织布。也就是说，对于 MY 布艺来说，外发是他们最好的选择。

在潮镇，无论是规模以上企业还是规模以下企业，抑或是经销个体户，其主要的生产能力都是靠外发给家庭工业生产实现的。在经营模式上，无论是园区企业还是在村企业，无论是个体户还是企业法人，并没有本质的区别——他们都是"做布老板"——其实就是经销商。即使有极少数生产型企业自己织布，例如 MY 布艺，它们也仍有一定比例的外发加工。从这个意义上讲，潮镇家纺完全可以说是建立在家庭工业的基础上。潮镇一个资深的家纺企业家将这类企业称为"无中生有"的企业。

近年来，潮镇出现了一批"明星老板"，他们在工业园区购买了工业用地，拥有了很大的厂房，也雇用了许多员工，比如笔者见到的金永和、金佰利、陈杰等。这些企业的老板在市场经济的摸爬滚打中，形成了自己的营销团队、品牌和设计能力，了解了流行的趋势。但是多数企业只掌握核心环节——设计、研发、后道和销售，而生产环节主要是外发给家庭工业和其他加工型企业。

三 产品种类的进一步创新

潮镇家纺产业，最早是使用剑杆提花机生产提花布用来做布艺窗帘。后来随着产品类型扩展到沙发布、汽车内装饰布、墙布等室内软装饰布领域，具体的纺织产品也逐步扩展。根据面料、工艺的不同可分为：印花布、染色布、色织布、提花布等。产品类型的扩展也意味着机器设备的丰富和更新。

如前文所述，圆织布、经编布要用作沙发布、窗帘布，需要一系列的后道处理。目前主要的后道处理工序是：植绒、印染、印花、压花、烫金、刺绣等。这些后道环节使得家纺产品的门类和工艺变得复杂多样。新的面料应用为装饰布，需要更为复杂的工艺，这催生了一大批配套的工厂。事实上许多配套工厂就是家纺经销户在经营实践中，为了推出新产品以适应市场需要而开设的。在潮镇近 100 平方公里的区域面积中，分布着 1000 余家家纺产业的配套工厂，它们的生产配套健全，共同构成了整个产业的生产链条。

表 4-2 家纺产业主要的加工工艺与配套工厂

工艺	主要内容	备注
压花	利用压花机在纺织面料上压出深浅不一的花纹	比如国强的压花厂，租用工业园区的厂房，主要设备是压花机，雇用三五个工人即可
印花	将花纹印在纺织面料上。潮镇的家纺印花，是通过转印纸将染料转移到织物上的印花工艺过程。一般流程是先将图案印刷到转移纸上，然后将印有花纹图案的转移纸与织物密切接触，再控制一定的温度、压力和时间条件，最后将染料从印花纸上转移到织物上，从而达到着色的目的	比如海中和朋友合伙开办了印花厂，厂房是他在工业园区租的。印花厂的主要设备就是印花机，占地面积也不大。主要的原材料是转印纸和染料。雇用三四个工人即可。其中，调色工人需要一定的技术，每月工资能够达到 8000 元。海中是个经销户，自己开了两个门市，还经常参加各种展会。除了开办印花厂，海中还有一个复合厂
烫金	布料烫金工艺在 2000 年以后得到大规模的发展。烫金工艺是利用热压转移的原理，将电化铝中的铝层转印到承印物表面以形成特殊的金属效果。产品烫金后图案清晰、美观，色彩鲜艳夺目，耐磨、耐用	
植绒	植绒是一种将短纤维垂直固定于涂有黏合剂的基材上的方法	比如开植绒厂的明海，他的工厂位于庸市潮镇与桐乡市麻镇的交界处。他利用农村宅基地建厂房，厂里招收了三五个工人。这是典型的家庭工厂，妻子负责管账，姐夫或者小舅子负责带班
复合	复合面料是将一层或多层纺织材料、无纺材料及其他功能材料粘贴而成的一种新型材料。适合做沙发、服装等纺织品	比如林国开办的复合厂
染厂	染厂是一个资本密集型工厂，与一般的工厂有着不一样的经营逻辑。此外，染厂因环境污染问题，也格外受政府关注	比如坚强开办的染厂
拉毛	拉毛机是一个简易的圆形滚轴，上面有一些金属刺。家纺面料在上面滚过以后，会被摩擦出毛茸茸的效果	拉毛厂的投资门槛不高。林国在麻镇工业园区的厂房里建了一个拉毛厂，由他和他的表弟，以及海中一起合股投资

这些配套工厂的投资门槛一般都不高，许多工厂（比如烫金厂、复合

厂、印花厂）之前是在农村宅基地上搭建厂房进行生产。其生产管理也是依靠家庭成员，再雇用几个外地工人。很多配套工厂的厂房都不是在工业园区，而是在农村的家庭作坊中。近年来，出于环保的考虑，政府将烫金、复合、印花这些配套厂家统一搬进了工业园区。

此外，潮镇还涌现了一系列的后道服务厂商。比如负责窗帘打样的家庭作坊，一般是以夫妻店为主，他们专门帮人将窗帘布做成窗帘，用于布展。据一家经营打样的家庭作坊主介绍，潮镇这一带有近100家同类型的打样店。这家店还有三四个工人，规模比较大，这家店的厂房就是他们家的一间住房，主要的生产设备是缝纫机。

这些配套厂商的兴起，使得家纺产品的类型更为丰富和繁杂。拥有了这些配套厂商，潮镇便能够做出复杂多样的产品。这使得潮镇家纺的产业链条更为复杂，配合也更为紧密。

四　小结：乡村产业的生态系统

通过上文我们看到，潮镇家纺产业如何在家庭工业的基础上进行分化和发展，最终演化成为一个极为复杂的体系。

第一步，在家庭工业兴起的基础上，形成了一批稳定的销售队伍、"做布老板"，形成了销售者和生产者的分化。在全国各地闯荡的这群销售者成为老板阶层，发挥了组织生产的功能。在这个分工的基础上，潮镇在2000年前后形成了销售者外发订单给家庭工业户生产的经营模式。

第二步，老板阶层的继续分化。少数发展得好的老板向着"正规化"的方向发展，成为企业法人，并在园区购买土地建厂房。虽然这些"正规企业"具备了现代企业的一些特征，但是他们仍然有大量的订单需要依靠外发给家庭工厂生产。笔者将这类企业称为"无中生有"的企业。其余老板则大都延续着"开门店＋外发生产"的传统门店经营模式，他们甚至继续保持着工商个体户的经营身份，而没有在园区购置或者租赁厂房。总而言之，无论是"正规企业"还是"传统门店"，它们都没有脱离与家庭工业之间的联系。

第三步，伴随着市场变化，家纺产品的类型和工艺越来越复杂。为适应市场需要，潮镇兴起了一大批配套工厂。有的老板为了生产特定订单的产品会"上马"一个配套工厂，从而增强自己的市场竞争力。但是也有大量的配套工厂的开办者并不在市场上接单，而仅仅是替别人加工。

从这个演化的过程看，家庭工业是乡村工业发展的母体，乡村工业的发展就是在家庭工业的基础上不断分化出新的市场主体，不断适应市场的需求。但是这些新主体与原有的工业体系并不是竞争或相互替代的关系，而是互相依赖、互相配合的关系，每次适应性发展都是借用之前既有的平台和优势。潮镇家纺在不断走向时尚产业的步伐中，也将其原初的形态保留了下来。

这种既有的成熟体系使得潮镇家纺产业进入门槛低、发展快。"年轻人创业在潮镇是很容易的事情，他不需要买设备，设计成产品，就有人帮您投资、生产，你去卖就行了。"加工户的工资实行年结制度，这使得发包者还有一大笔流动资金。这套可以互相借鉴、互相依存的生产体系，给潮镇提供了一个"天高任鸟飞"的舞台。村里聪明、想法多、有能力的人去做生意，"有的人做蛮力，有的人经营能力强"，能力差的开织布机也能赚钱。每个人都能够从中找到自己的位置。这套体系推动了一大批人不断地往上攀爬，而下面又有一大堆人支撑着他。从社会意义上看，这套模式也真正起到了"先富带后富，实现共同富裕"的效果。

第五章　柔性网络和系统升级

潮镇家纺是典型的从土里长出的"草根工业"，是农民克服缺乏资金、缺乏技术的困难而自主发展起来的。那么，这种工业模式会不会是一种相对落后的生产形式呢？

潮镇家纺是农民办的工业，但市场并不会因为农民的起点低而同情农民。相反，家纺产业的市场竞争十分激烈，产品更新换代的速度非常之快，这给所有家纺产业的从业者带来了极大的创新压力。市场的快速变化逼迫着企业家不断对产品进行升级与创新。升级，就是不断提升产品档次，实现产品的提档升级；创新，就是不断推出新产品，使家纺产品的种类越来越丰富。产品的升级、创新，离不开机器设备的进步、生产工艺的改进和经营理念的创新，与之同时，潮镇产业的组织形态也在不断地演变。

也就是说，虽然潮镇的产业集群是从乡土中生长出来的，但它具有很强的"创新型发展"的能力。这个产业集群一直在不断地升级和发展，逐步成为全球纺织产业链条中极为重要的生产基地，家纺产业也逐步成长为"时尚产业"，并开始展望"打造五百亿产值的世界时尚产业集群"的宏伟蓝图。

潮镇产业的快速升级与机器设备的更新换代步调一致。在家纺产业的起步阶段，家庭工厂主要使用62式"铁木机"，这些机器主要是城市丝织厂淘汰的二手设备。后来机器逐步升级为K74型、K84型织布机。2000年以后，潮镇开始引入剑杆机，随后剑杆机进一步数码化、自动化。21世纪以后，织布机迅速被替换为每台价值50万~100万元的数码织机。机器设备的提档升级降低了工人的劳动强度，提高了工人的劳动效率，更为重要的是提高了产品的质量和档次，提高了产品的附加值。潮镇目前拥有将近5000台高档的数码织布机，一举成为世界上技术最先进、规模最庞大的纺织产业集群之一，奠定了自己作为世界高端软装面料供应基地的地位。

在生产织造能力不断提升的同时，潮镇的设计研发能力也在不断加强，从早期的简单代工生产（OEM），逐步向世界产业链、价值链中的更高端攀升。潮镇的许多企业具备产品研发、设计、打样、参展等方面的能力。近年来，它们不断参加国内外的各种展会，获得了各国客户的订单。目前，潮镇有相当一部分企业主要瞄准美国、欧洲等地区的高端市场，这些企业的产品广泛应用于超五星级、超豪华酒店的装饰。潮镇家纺产业在全球产业链中具有极高的知名度，美国、欧洲高端的家居软装品牌都会来潮镇采购面料，这些品牌与潮镇中的许多企业保持了长期的合作关系，按照春建的说法，"他们比我还熟悉潮镇哪家工厂生产什么产品"。

一　产品升级与创新

潮镇在产业发展过程中经历了很多次转型，其中表现最为明显、影响最大的有两次：第一次是20世纪90年代中期，潮镇家纺实现从丝绸被面转型为提花面料；第二次是2005年前后，潮镇人在提花布的基础上发展出了"复杂产品"。产业转型，不仅是产品门类的变化，还是组织形式和生产模式的系统变革。

潮镇家纺在产业兴起的初期主要是织造丝绸被面。但是好景不长，90年代以后，被套的兴起对丝绸被面造成了极大的冲击，也给刚刚兴起的潮镇丝织业带来了致命的打击。由此，潮镇的乡村纺织业被迫开始第一次产业转型，转型的结果是从丝织业转型为家纺产业，开始生产大提花面料的窗帘布、沙发布。到1996年，潮镇基本上完成了第一次产品转型。

到了2005年前后，潮镇又开始第二次产业转型，这次转型使得潮镇产业进入了"复杂产品"时代。"做布老板"为了适应市场需要，开始进行更为复杂的产品创新，在既有的大提花面料基础之上，逐步增加了植绒布、刺绣布、绣花布、复合布、烫金布等复杂的产品门类。产品复杂化的推动

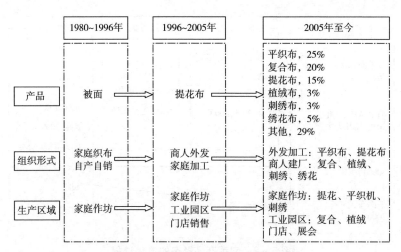

图 5 - 1　潮镇家纺的两次产业转型

力量是"做布老板"，这些老板在长期的经营过程中形成了敏锐的市场感知能力，能够精准地把握市场行情。

　　产品复杂化意味着更为复杂的产业链和更为复杂的分工协作。植绒布、刺绣布、绣花布、复合布、烫金布等复杂产品需要到江苏等地采购经编布，然后通过植绒、刺绣、绣花等工艺将经编布加工为窗帘布、墙布和沙发布。在产品复杂化的过程中，潮镇的生产协作网络也不再仅仅局限于潮镇，还在空间上拓展到了庸市周边的乡镇，并进一步与绍兴柯桥以及江苏等周边区域联合成为一个跨区域的合作体系，潮镇从此融入了长江三角洲的产业体系。

　　2005 年以后，潮镇块状产业集群的内部结构变得十分复杂，我们可以从布料来源、加工工艺、后道整理①和销售渠道四个环节对潮镇产业集群的内部结构进行总结（见图 5 -2）。

　　从布料来源看，潮镇家纺的产品主要使用四种布料。1996 年以后，家纺布艺面料的主流是提花面料（目前约占 15% 的市场份额）和平面布（目前约占 25% 的市场份额），这些面料依靠潮镇以及附近乡镇家庭织机户的提花机、平织机生产。2005 年兴起的"复杂产品"浪潮中，绣花布、刺绣布、植绒布、复合布、烫金布这些产品不再使用提花布料，而是一部分使用来

────────────

　　① 后道整理是指部分布料需要进行的水洗、砂洗、印染等加工环节。

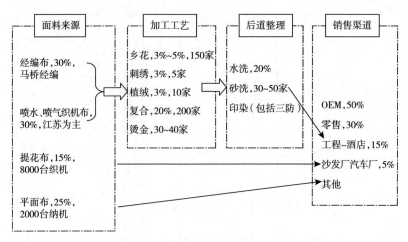

图 5 - 2　潮镇产品形态的演化过程

自江苏和桥镇（庸市另外一个乡镇）等地的经编布（约占 30%），一部分使用来自江苏的喷水喷气织机布（约占 30%）。

　　从加工的工艺来看，提花布和平面布基本都可以直接投入市场销售。两者主要是通过商人外发加工的模式生产，生产区域主要是村庄，生产主体是家庭工厂。但是，2005 年以后的"复杂产品"，则需要对经编布采取额外的工艺进行处理，这些产品的生产依赖一大批配套工厂，这就是图 5 - 1 所谓"商人建厂"的具体意涵。目前潮镇绣花厂的规模已经达到 150 家，绣花布在潮镇家纺所有产品中的占比是 3%~5%；潮镇有 5 家刺绣厂，刺绣布占比约 3%；潮镇在产业发展的高峰期有近 30 家植绒厂，目前由于植绒布行情不太好，还剩下 10 多家，植绒布占比 3%；潮镇的复合厂数量众多，大概有 200 家，复合布占比达到 20%。此外，潮镇尚有三四十家烫金厂，烫金布占比不详。

　　从销售渠道看，潮镇大部分的产品都是代工生产，尤其以外贸订单为主，粗略估计代工生产的比例达到了 50%。潮镇大概 30% 的产品是通过零售的方式出售，零售以国内市场为主，主要依靠潮镇开设在本地或者外地的门店；15% 的产品销往酒店、工程装修公司，主要用于酒店软装布艺；5% 的产品销往汽车厂商，用于近年来兴起的汽车内饰布。

二　柔性化生产链条

从潮镇产业转型的过程看，潮镇家纺的产品呈现出不断复杂化的趋势，在这个过程中，产品的类型不断丰富，产业的链条不断延长，生产的组织形式也不断复杂化。但是这个生产网络的演变过程并不是一个"正规化"的制度演化逻辑，产业系统分化的结果是形成了一个柔性的生产网络。

本研究所谓的"柔性生产"，具体可以从以下两个方面来看。第一，从纵向维度来看，产业链并没有走向生产链条的"纵向一体化"，反而是朝着生产链条的细碎化、专业化方向发展。第二，从横向的维度来看，潮镇家纺形成了所谓的"狼群战术"，即在潮镇经营一种产品的不是少数的垄断型企业，而是一批数量庞大的同质化企业。

（一）专业化细分

在产品类型不断复杂化的过程中，潮镇的产业链条有一个朝着生产环节的"专业化细分"方向发展的趋势。这在产业演化的历程中表现为，企业立足于产业链的某一个环节越做越细、越做越专业。

复合布是潮镇最为重要的家纺布料，几乎每一个卖沙发布的人都需要采购复合布。我们可以从林国兴办复合厂的过程来看复合产业链条的演化过程，以此描述本研究所谓的"专业化细分"。

2003 年，林国结束了自己外出开店的生活，从湖南湘潭返回潮镇经营沙发布生意。他在潮镇家纺城第一期租了一间 38 平方米的门市。这一时期的林国就是一个包买商，他研发不同花样的产品，做好样布。外地来家纺城的客户看中某款产品就给他下订单，他再把订单外发给加工户或者其他工厂代为加工（见图 5-3）。

2006 年，林国发现市场上兴起了一款新产品——复合布。所谓的复合布就是使用化学胶水，将经编布和圆织机织造的底布粘贴在一起，然后再进行印染、拉毛、水洗等后道处理，这种布既可以用于制作窗帘，也可以用于制作沙发。当时，复合布非常畅销，但是潮镇几乎没有人生产该产品。

图 5 - 3　林国早期的生产经营模式

看到这么好的商机，林国决定投资兴办复合厂。但是与传统的提花布相比，复合布的生产环节更多，也需要更大的协作网络。

2006 年，林国和表弟、海中三人合伙投资兴办了一个复合厂，成立"林国布艺"。他们通过熟人介绍，从绍兴高薪聘请了一个复合布师傅，并花 20 万元购买了一台复合机。复合厂的厂房就是林国自家的老房子，他们还在本地聘请了十几个工人。

林国创办复合厂时最初的设想是自产自销，通过他在家纺城开设的门店和遍布全国各地的客户资源进行销售。但是复合厂办起来以后，"林国布艺"复合布的销售渠道逐步多元化，这些复合布既通过自己的门店销售，也通过其他人的门店销售。随后，"林国布艺"也开始承接别人的订单。以复合布为例，因为复合布是制作沙发布的极为流行的布料，很多做沙发布生意的人也需要采购一定量的复合布。最终，"林国布艺"逐渐转型为一个专门为市场订单生产的加工厂。

复合厂生产需要采购复合底布，这种布是依靠圆织机生产的。复合布兴起的时候，潮镇并没有人生产复合底布。为了给复合厂提供复合底布，2006 年，林国购买了 4 台圆织机。此后随着产能的逐步扩大，林国的圆织机数量进一步增加，2009 年达到了 9 台。但是新的问题又出现了，随着圆织机数目的增加、底布产能的扩大，复合机又"吃不下了"。为了解决复合底布的销售问题，林国开始为市场上其他的复合厂提供复合底布。这个过程就是林国描述的，"之所以买圆织机，就是因为底布紧张，所以就买圆织机做底布。（本来计划）这个底布做出来全是自己用的。但是慢慢发现，自己要用肯定用不完，我认识的朋友他们也开复合机，问问他们，他们也需要的，大家都知道你在做这个布，人家也会来跟你买"。

复合布生产出来后还需要进行拉毛、定型两步后道整理工序。于是林国在 2014 年参股了一个拉毛定型厂，该厂位于紧挨着潮镇的麻镇工业园区。这个厂除了给林国的复合厂拉毛定型以外，也对外承接其他业务。

按照 2014 年以前的发展轨迹，林国似乎在打造一条围绕复合布生产的全产业链，并试图打造一个包括生产底布、复合、拉毛、定型到销售所有环节的"纵向一体化"企业。但出人意料的是，林国的产业布局并没有按照这个趋势往下发展。2013 年以后，环保政策越来越严格，根据浙江省出台的相关规定，潮镇的烫金、复合、印花厂必须搬到园区以便规范生产。2014 年，林国等三人合伙经营的复合厂成功搬入了镇级工业园区，复合厂也通过了环保验收，获得了继续经营的资格。可就在这时，林国和海中却退出了复合厂，交由林国表弟一个人经营。

2014 年以后，林国将主要精力放在了复合底布的生产上，圆织机的数量进一步增加到了 22 台。2016 年潮镇开始大力推进土地治理，拆除违章建筑①，林国也将工厂搬进了工业园区。2015 年，林国甚至关闭了在家纺城开设的门店，对拉毛定型厂也仅仅是参股不参与管理。也就是说，"林国布艺"从生产复合布的全产业链退回到了生产复合底布的单一环节。这个转变背后的逻辑是什么？

这与复合布产业链的市场特征有关——复合布面料的市场行情变化很快。林国说，"只有今天（推出）这个面料，明天（推出）那种面料，我才卖得出去"。但是面料的推陈出新，要求复合工艺也随之改变，因此需要不同的复合底布。这种产业性质导致的结果是，企业若想将复合布的所有环节从头做到尾，就需要很大规模的投资才能满足市场纷繁复杂的需求。按照林国的说法就是，"任何一个复合底布的规格、品种有很多，你不可能全部做齐的"。在这种情况下，如果一家复合厂想用自己生产的底布，就要买大量的机器才能满足市场对面料创新的需求。"复合底布有很多品种，我们只是做了其中一个品，比方说某一种面料下面的复合底布需要用到七八种底布，而我只是做了七八种底布中的一种。"

林国经营复合生产链的过程映射出一个生产链条不断专业化细分的过

---

① 关于潮镇的拆违和土地治理，详见第八章。

程。他最先建立了复合厂，这也是生产复合布产品的核心环节。但是后来他却放弃了复合厂，专心做复合底布，从终端产品（复合布）生产者退回成了专注于产业链的某一个环节（复合底布）的生产者。

产业链条在"专业化"的过程中逐渐走向"碎片化"。林国的复合厂一开始立足于自产自销，后来慢慢地变成为别人而生产；引入圆织机刚开始也是立足于自家复合厂的底布需求，但是慢慢地也开始为其他复合厂提供底布。在一定意义上，他从一个复合厂老板变成了一个辅料（复合底布）的专业提供商，在这个过程中，"林国布艺"逐步融入了潮镇整体的生产体系，复合底布厂也成为潮镇这个"大工厂"的一个组成部分。

最后，潮镇形成了一个柔性化的生产链条。柔性化的基础是专业化的细分，潮镇家纺协会的会长耀强将这个过程总结为，"就是在基础一样的前提下，从业者随着产品结构的裂变、细化，寻求最适合自己的盈利点"。耀强会长所谓"基础一样的情况"，是指从业者都是基于同样的起点、同样的条件投入到创业中。"裂变、细化"指的是每个人最后都是充分利用自己的经营优势和机遇去做一个专门的生产环节，但是这些具体的专门环节最后又汇聚成为潮镇工业的大网络。

（二）狼群战术

"狼群战术"是指从企业的规模看，潮镇的企业并没有形成垄断经营的效应，企业的规模始终很小。当然，"狼群战术"还有一层更深的含义，就是潮镇大量同质、同等规模的小微企业都依赖于彼此紧密合作的网络。"狼群战术"的说法出自JZM，他是潮镇家纺城的董事长，他在一次座谈会上生动地阐述了这个现象。

> 我们潮镇有个狼群效应，真正的大型企业一个都找不到，在某一个层次上有特别多各式的企业。如果一个企业得到一个大订单，他做不过来，他就会分给其他企业做。所以，潮镇没有"巨无霸"型的企业。（JZM，20160616）

根据2012年潮镇统计所的调查，我们可以比较全面地了解家纺产业体系的结构（见图 5-4）。2011 年潮镇家纺企业和个体家庭工业共计 9273 家，其中规模以上家纺企业只有 105 家，其他的 9168 家都是规模以下家纺企业和个体家纺工业户。在这 9168 家中，只有 439 家登记注册成为企业，剩余的 8729 家均登记为工商个体户。但即便是 2011 年统计显示的 8729 户个体工商户也只是潮镇家纺产业从业者真实数量的冰山之一角。还有大量的家庭工厂并没有进行工商登记。据 2015 年 6 月 17 日在潮镇镇政府的访谈，潮镇党委书记、镇长估计在潮镇现有的 25000 户居民中，除了集镇住户以外，"大概有 80% 的农户从事家庭纺织业"。

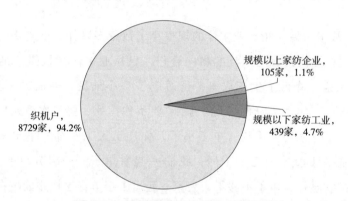

图 5-4 潮镇家纺产业从业主体的结构

潮镇综合执法局局长（WQB, 20150616）说，"潮镇基本上是家家都在从事家纺产业，全镇估计超过两万户家庭在从事家纺产业。其中大部分都是无证无照经营的，办了营业执照的工商个体户有 9800 户"。潮镇北部的几个村庄从事家纺产业的比例更高，比如益村、湾村、福村中几乎家家户户都从事家纺产业。

潮镇家纺产业大部分的产值都是由数量众多、分散经营、规模较小的规模以下企业和家庭工厂创造的，规模以上企业的产值只占了较小的比重。2011 年，潮镇家纺行业总产值为 209.17 亿元，其中规模以上企业的产值仅为 48.86 亿元，占全部产值的 23.4%。2012 年，庸市家纺规模以上工业的产值仅占 24.3%。

表 5-1　部分年份庸市家纺产业的产值

单位: 亿元, %

	工业总产值	规模以上工业总产值	规模以上产值占比
2008 年	170.60	51.50	30.20
2009 年	172.70	49.76	28.80
2010 年	185.60	59.30	32.00
2011 年①	209.17	48.86	23.40
2012 年	235.00	57.08	24.30

数据来源: 由庸市发展和改革局提供的关于 2013 年产业发展概况的资料。

"狼群战术"除了指产业主体的规模小、数量多以外,更重要的是表述这些市场主体之间形成的广泛的横向合作,以从业主体"抱团"的方式平衡了市场风险、降低了生产成本,也适应了"小批量、多批次、多品类"的市场要求。正如一位做布商人所言:"要不你撑死,要不你饿死! 单子大了,你加工不过来还得违约;单子小了,你连工人工资都发不出来。所以我联合了临平那边二十几个工厂,我们一起拿单子、一起分,单子大了,大家一起把它吃掉,单子不够了,大家一起出去接单,这样才能生存的。"

三　柔性生产与时尚产业

柔性生产网络是潮镇产业充分适应时尚产业市场需求的结果。家纺产业作为一个"时尚产业",已逐步从传统的批量生产时代走向了"订单量小、变化快、个性化需求高、多元化"时代。进入电子商务时代的营销模式进一步对产品创新提出了更高的要求。正如明海说,"最早的时候,2006年、2007 年做植绒布的时期,一个布(一种款式)做一年、做两年、做三年,现在一年要做 30 个布(款式)都不止。(如果能够)长期做一个布多容易呀,现在不行了,天天要开发、要花钱,不一样了"(明海,20200610)。

----

① 从 2011 年起,规模以上工业的统计口径由 500 万元调整为 2000 万元。

首先，时尚产业的特征是瞬息万变，这就对生产的快速转型提出了要求。发现了商机以后，需要迅速投产、抢占先机。深耕家纺产业多年的家纺城董事长 JZM 对此深有体会，"我觉得这是一个时尚产业，他变化太快，每个产品都不一样"，"不像那些批量生产的产品，如果我们的产品不行，放在那里很快就变得一分钱不值了"。但是生产设备的建设投产是需要时间的，"整个厂房造起来，买到设备，调试好，起码要两年时间"。等完成了这些投入和调试，产品说不定都已经过季了。所以，产品的时尚性要求快速投产、迅速抢占市场，而要快速达到这个目的，最好的办法就是利用市场已有的产能，这就需要不同的市场主体之间进行广泛的合作。

其次，产品的定制化、个性化需求很强，而订单批量很小。按照一个家纺老板的说法，目前的家纺生意已经变成了"剪刀生意"，以前是上千米地卖，现在是几米几米地卖。在这个情况下，自己经营门店需要提供款式多元的产品，自己办厂也无法同时满足如此复杂的产品需求。而如果工厂生产一款产品的量太小，成本就会很高，但如果大量生产，而自家的门店又无法完全消化产品。在这种情况下，还不如依靠"柔性生产网络"来扩展产能、创新产品，这样既节省了成本又降低了风险。

潮镇目前的生产体系恰恰是适应了市场转型需求的结果。用潮镇家纺城董事长 JZM（20160616）的说法是，"企业不是很大，不大有不大的好处。企业大的话，转型不好转"，"大了，企业反而适应不了"。在"时尚产业"时代，这样的生产模式反而适应了小批量、定制化、多样化的市场需求。工序如此繁复的产品，如果让少数大企业"一体化经营"，反而难以灵活地应对市场的变化。如此说来，专业化细分的产业链不仅不影响产业创新，对于时尚产业的发展来说反而是个优势。

> 我们虚拟一下，我们把潮镇所有的企业并拢一下，变成股份制了。那么整个生产运作模式还是要分散。因为他不是大批量地生产，而是小批量地生产。他的整个设计、研发、生产、营销这块，还是要分出去，一个小车间，一个小部门，才能做得好，不然也会倒闭。（JZM，20160616）

杰林是一个"80后"企业家，他已经充分认识到了上述道理。2014年，他去工业园区拍下了一块国有建设用地，也购置了一定数量的机器和设备。之后他开始反思，再投入这么多资金扩大产能究竟是优势还是负担？"接下来我想的就是不买（机器）了，我外发给工厂，生产是个低附加值的（环节）。""窗帘这个呢，多风格，小批量，多材料，这些东西很复杂"，而且成本过高，一台机器的成本就需要四五十万元乃至上百万元。随着产品线的增加，企业的生产成本、人力成本、销售成本都会快速上涨。最后，杰林总结道："所以我们扩张，只能去做创新路而不能走生产扩张的路。"

在这个意义上，柔性生产网络也是实现下一步品牌化战略和进一步提档升级的基础。潮镇家纺目前面临的重要挑战是没有建立知名品牌，潮镇家纺的从业者正在思考的问题是如何建立自己的品牌。关于企业发展的方向，春建认为，潮镇完全可以在既有的产业体系基础上进一步提升其在全球产业链中的地位，"潮镇完全具备生产欧洲产品的能力，缺的就是销售能力、包装能力，研发和创新能力"。春建的思路是充分利用既有的产能基础，企业则专门去做研发销售。"整个潮镇都可以说是我的生产部，我只要有订单就可以"，在春建看来，潮镇家纺产业转型的方向并不是要改变"分散"的生产模式，反而是要充分利用这个既有的体系。

四　系统升级与创新型发展

潮镇的工业是依托一群文化程度不高的农民发展起来的，农民办企业的起点很低，需要克服许多困难。但是通过柔性合作网络，家纺产业形成了"低门槛、低风险、低成本"的"三低"发展逻辑。这是农民办的工业能够在资源匮乏的情况下快速发展的重要因素，也是中国工业化得以飞速扩张的重要原因。

耀强将这个过程总结为"系统升级"："大家都会在不同的领域上有所突破，这样积累到一定时候，（就会形成）完整的、细化的产品结构，以及生产设备"，"你到这个厂里面就会发现，'噢，你有这个设备'，因为它随着整个（体系）在升级嘛"。

　　会长的话在一定程度上指出了潮镇的产业为何能够在"碎片化""狼群战术"的基础之上一次次成功地实现创新升级。"系统升级"就是产品的更新不是靠一个人、一个企业实现的，而是依靠一个产业生态系统。每一次创新升级都充分利用了既有的产业体系，从而达到事半功倍的效果。"你到这个厂里面就会发现，'噢，你有这个设备'"，这句话背后的意涵是：我可以利用你的这个设备，我投资别的环节就可以了。这样产业发展就可以以非常低的成本，承担非常低的风险，完成产品的开发，并让企业在不知不觉间实现转型。

　　很多企业家依靠既有的生产网络，形成了复杂的外发加工网络，在"柔性生产链条"的基础之上建立起了"无中生有"的企业。图5-5就是潮镇一个典型的"无中生有"的企业形态。这种企业在工业园区购买了土地，建设了厂房，但是他的主要生产环节需要依靠外发加工完成。以杰的企业为例，杰向市场提供三种产品，包括提花布、复合布和压花布。提花布外发给村庄中的家庭织机户生产，自己的园区工厂只负责前道整经、后道整理，在生意最好的时候，杰的外发加工户达到了300户。复合布、压花布的生产过程是从江苏采购经编布，然后外发给工业园区中的其他复合厂、压花厂完成生产。依靠这样一个跨区域、跨行业的"柔性生产"网络，杰能够为中东地区的客户保质保量地完成订单，他所需要承担的成本和风险也都非常低。

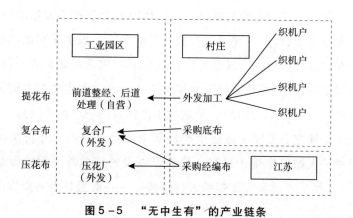

图5-5　"无中生有"的产业链条

潮镇家纺产业在演化的过程中，出现了很多类似于杰的企业。这些企业并没有走向所谓的"一体化经营"，而是维持着"无中生有"的经营状态。

> 我们现在的产业模式是不需要大的企业，而不是没有能力变成大的企业。如果以后没有了那么多的加工户，你就会做大。我有这个产业集群在，我管那么多工人干什么呢？多累啊。（JZM，20160616）

第一，"无中生有"的形式可以降低企业风险和投入。在分散化的生产模式下，企业不用雇工人，也不用花很多费用购置生产设备，而是通过外发的模式撒出去一张生产的网，并根据市场行情的变化灵活地调整网络的范围，从而降低市场风险、市场成本和经营门槛。对于企业来说，家纺面料的生产——织布环节，只是家纺产业的环节之一，而且生产环节的利润在整个家纺产品的产业链条中占比较低。对于企业来说，设计研发和销售环节的利润要大于织布环节的利润。更为重要的是，数码织机价格昂贵，一台进口的数码织机动辄上百万元，势必会增加企业的经营风险和市场风险。

> 我换了大量的设备，我有那么大的订单吗？我能保证我所有的机器都是开足了马力来生产，没有闲置吗？做不到，风险非常大。这样我们怎么做大呢？哪个老板愿意做？我也不会做。（春建，20160616）

第二，外发加工的工资结算制度，也帮助企业节省了大量的流动资金。正如一个做布老板所言，"在给老板加工的时候，一般都是年底结账，由于每个月都要付各种费用，所以也可以（在年底）之前问老板要一部分资金，这个是不固定的"。这种普遍的工资年结方式，有学者称之为"资金链的社会时间机制"（李英飞，2015），是这种生产体系的一种重要优势。

第三，能够充分发挥家庭在生产经营上的优势。深入分析家纺产业的生产过程——人如何作用于机器，我们可以发现订单外发制效率更高、质量更好①。家纺生产过程有很强的人性化特征——机器是由人操作的，操作

---

① 相关讨论请参见本书第七章。

者的投入程度对产品的质量和产量有至关重要的影响。这一过程没有办法标准化，也无法完全依靠技术解决。即使是世界上最先进的织布机，也无法完全自动化，无法完全排除生产过程中"人"的因素对质量和产量的影响。

在 20 世纪 80 年代，家庭工业就迅速战胜了集体经济模式。在时尚产业中，家庭工业与"做布老板"相互配合、相互依存，家庭生产模式比工厂制度更能控制好质量和成本，也分散了工厂的市场风险。工业园区的企业虽然也开始增加电子龙头机，但是它们都不是基于"换人"的目的，更不是出于将家庭工业变成"纵向一体化"的机器大工厂的想法。事实上，"换机器"并不能起到"换人"的目的，即便是数码剑杆机依然无法排除生产过程中"人"的因素。数码织机的出现并没有完全改变剑杆机的生产逻辑，它只是降低了出错的可能性，但并非不会出错，因而雇用经营与自雇经营会在产品质量上呈现出明显的差别。

五　小结与讨论

潮镇家纺的演化历程离不开一套柔性的生产网络。虽然这种柔性的生产网络在世界的其他产业集群中也是普遍存在的，比如经济地理学界研究的丰田汽车产业集群也是利用了柔性的生产网络形成的产业集聚（盖文启、朱华晟，2001），但是这种产业集聚的风格跟笔者这里讲的家纺产业集群还是有着很大的差别。

制度经济学用交易费用解释人类经济行动过程中的分工合作的组织形式，制度经济学厂商理论的核心问题是采用一体化经营还是依靠市场交换。交易费用的存在使得市场交易无法解决所有合作问题，从而必须借助企业内部的等级制（Coase，1937；Williamson，1979）。在制度经济学看来，工业生产形式从分散走向集中、从农村走向城市，是生产制度的重大进步。在对于西欧历史上存在于农村地区、以家庭生产为基础的包买制的考察中，许多学者认为包买制普遍存在着质量难以控制、技术创新困难、欺诈偷盗的问题（Berg，1983；Lazerson，1995）。威廉姆森（2002：298～321）比较一系列指标以后认为包买制被科层化的正式工厂取代，在组织效率的方面是历史的进步。

改革开放以后，许多农村地区兴起了家庭工业。刘玉照（2009a：165～184）在研究河北淀村塑料业时，认为建立在家庭工业基础上的乡村工业必然会走向"一体化"的经营模式。家庭经营受到人口规模的限制无法达到一定规模，因而为了连接市场，家庭工业要么选择雇佣经营，要么选择家庭协作。但是，无论是走向雇佣经营还是联户协作都会遇到交易费用的问题，从而出现少数家庭对各个生产环节的垄断，进而实现企业化的"一体化经营"。

然而潮镇家纺产业的发展没有出现上述"一体化经营"的趋势。从生产能力上看，潮镇拥有世界上最庞大，也是最为先进的纺织设备，但是这些设备却不是掌握在企业家手中，而是分散掌握在小微企业、家庭工业手中。从生产链条上看，很少有企业实现了包括设计、研发、生产、销售所有环节在内的"一体化经营"，绝大部分企业都是"无中生有"的企业——通过订单外发来织布。

潮镇家纺依然保持着传统的生产模式和生产要素——以家庭生产为主、在乡村中生产并依靠各个生产主体之间的协作网络。然而正是在这种传统的生产模式的基础上，潮镇家纺改变了传统时代乡村工业的面貌，具备了现代产业的一些特征：使用最为先进的机器、融入全球化产业链条、适应"时尚产业"和互联网经济的"小批量、多样化"需求。由此我们看到潮镇家纺虽然"小"，却不能被简单归纳为"低"和"散"。

"不低"是指它已经具备了时尚产业、现代产业的特征。而认为潮镇家纺产业"低"的观点，一方面是指单个企业的规模不够大、企业上缴税收不多；另一方面也是指潮镇家纺不具备"现代企业"的形式——干净明亮的厂房、纪律严明的工人和现代企业的管理制度。

而它之所以"不低"，是由于"不散"，是因为它内部有着复杂的分工合作关系。从生产能力上说，潮镇其实就是一个大工厂，许多规模不同、分工不同的经营者一起通力合作生产出了世界上最多、最先进的家纺产品。但是潮镇家纺达到这么强大的生产能力，并不是在一个"看得见的"企业家的指挥下完成的，而是依托在一定空间内集聚的众多小企业之间的社会性协作。

在 20 世纪 70 年代，潮镇进入了"后福特时代"，小生产者反而具备着生产上的优势。后福特时代是指大量的小生产者以柔性化的生产网络取代福特时代大规模的流水线生产模式，从而满足市场多样化的需求。后福特时代的柔性化生产体系，一般以一定空间范围内的产业集群形式表现出来（盖文启、朱华晟，2001）。而"柔性"一词，则体现了小生产分工合作体系的竞争优势，它能够适应市场小批量、定制化和多样化的需求。

后福特时代的"柔性生产网络"正是类似于潮镇这样的产业集群形式，学者对产业集群概念的解读主要是从聚集经济、分工与专业化、报酬递增、知识溢出等角度分析集群的形成机制（安虎森，2003）。这些理论都无法忽视产业集群最重要的因素——协作网络。正是通过这个网络，产业实现了内部的信息沟通、分工协作、资源共享，进而实现大规模的生产和创新，平衡产业集群内部的竞争与冲突。然而，这个协作网络是如何发挥具体作用的呢？（这将在后文分析）。

说潮镇家纺产业"散"，只是从正式企业制度的角度出发看到的"散"——参与主体众多而且生产规模小、生产环节分散而非一体化经营、空间分布分散。但是换个角度来看，潮镇家纺其实是一个紧密的整体。潮镇大大小小的家纺从业者之间绝不是各自为政、互不关联的关系，而是一个分工合作、互相配合的整体。

> 你如果把潮镇看成是一个企业的话，这个企业非常大。我们现在分散成很多很小的企业，但是我们现在更适应时尚产业的要求。（JZM，20160616）

这个"柔性生产网络"满足了乡村工业发展的低成本原则。潮镇的企业家每上马一个新产品，不会想着自己投资厂房、购买机器设备、招聘工人，而是充分利用既有的产能和别人合作。之所以这样，一方面是由于每个人起步时期的资金都很有限，另一方面是因为这样可以有效地降低投资金额，降低市场风险。

低成本策略降低了潮镇的创业门槛。2008 年，杰林仅仅贷了 60 万元就开始创业做生意了，并在很短的时间里营业额就达到了每年几千万元。这个低门槛逻辑背后的道理，正如林国 2018 年对笔者所言，"对于一个做布老板，最关键就是客户的问题。技术不是什么难题，关键就是客户。整套（生产链）都有加工的，只要你有单子，你有客户，只要他相信你，这里的产业链可以提供一条龙服务"。

最后，低成本奠定了低风险逻辑的现实基础。潮镇产业之所以有极强的应对市场波动的能力，关键就在于这套"柔性生产链条"。市场有淡旺季，如果这些工厂只供应自己的订单，就可能在旺季出现人手不足、产能不足的问题，而到了淡季又会面临着工人没有事情干、工厂运营成本很高的困境。

在这个意义上，潮镇模式的演化逻辑始终是一个在既有的生产基础之上的"分化逻辑"，是个增量逻辑；产业发展的过程不是想着怎样改变既有的产业体系，而是怎么充分利用现有的产业体系。每次演化都是在既有的逻辑基础之上进行创新，而这个创新的成本和风险非常低，因为有一套社会网络将创新成本平摊了。低成本、低风险、低门槛，使得潮镇人可以前赴后继，不断涌现出"后浪"去推动产业的升级换代，或在不同的方向上不断试错，探索全新的发展道路。

第六章　产业演化的社会过程

潮镇家纺产业的演化历程并非朝着"纵向一体化"方向发展，而是随着产业链条的复杂化，形成了所谓的"柔性网络"。这种高度分散的产业形态，也意味着产品更新换代的过程需要十分复杂的协作。

虽然潮镇产业的起点低，但是却能够孕育极强的活力，这与它扎根的社会基础有关。潮镇产业的演化历程也是一个立足于特定区域、特定社会基础的社会过程。在改革开放以来的产业发展过程中，潮镇的产业集群就像一个巨大的吸铁石，使得潮镇的人、财、物不断地融入一个生产生活的生态系统中。通过这个过程，潮镇产业能够克服乡村工业在资金、技术等方面的劣势，实现产业的创新和升级。这个演化的社会过程，具体可以从"带"和"滚"两个过程来看。

一　"带"：乡土社会的产业扩散

在乡村工业兴起的早期，潮镇经历了明显的"工业下乡"过程。乡村工业发展早期的技术传播路线是从大城市的国营纺织工厂开始，通过"星期六工程师"扩散到了乡村的集体工厂，再通过集体工厂的示范效应（刘玉照，2009a：155），进一步向农户扩散。少数农户兴办家庭工业以后，周围的农户就纷纷开始模仿，最终形成了广泛参与的产业集群。由此我们看到，在"工业下乡"的基础上，农村社会内部又进一步发生了产业扩散，这个扩散的过程就是典型的"带"的过程。

自改革开放以来，潮镇已经发生了很多次产业转型，当地人用"一股风"形容这一次次的转型过程。"一股风"的意思是潮镇能够在很短的时间内形成一股风气。受一股风的影响，分散经营的家庭、企业能够准确地把握市场行情的变动。就好像所有人都在一夜之间受到了统一的指挥，全镇大大小小的经营者都朝着一个方向努力，纷纷围绕着产业链的不同环节上马新设备、引入新技术。在"一股风"的传播过程中，个体分散的创新最后促成了产业集群的"系统升级"。

1984～1985年，潮镇家家户户开始创办家庭工业，这是潮镇产业发展的第一股风。"1985年的时候兴起了一股风，基本上有能力的都搞这个了（家庭织布业）。"这跟1984年政策的转向有很大关系。1984年，庸县县委提出"四个轮子一起转"以后，联户、个体纺织厂层出不穷。在这之前，潮镇农户已经很多年没有从事纺织业，农民既没有相关的技术和设备，又没有开办工厂所需的资金。但是令人吃惊的是，家庭织布业却能够借助"一股风"，在乡村一夜开花。

20世纪90年代初期，潮镇又兴起了一股外出开门店卖布的"风"。由于家庭织布业的兴起，本地市场开始饱和，为了开拓市场，潮镇人纷纷外出到全国各个城市开设门店卖布。"那个时候又是一股风。最早的是1992年，到了1994年已经有好多人在北京了。1996至1998年，我们一个村就有二十几个人在北京。"在这股风的影响下，林国在1993年也去了湘潭市卖布。"一股风"的作用是潜移默化的，林国说："为啥去湖南，我也不懂。"潮镇人的创业过程就是在某个社会氛围中，自然而然地跟风的结果。

20世纪90年代中期，又形成了一股风。潮镇迅速从生产被面转向生产窗帘布、沙发布。20世纪90年代，床上用品四件套开始抢占丝绸被面的市场，但是潮镇很快找到了出路，一些人开始探索利用织造被面的提花技术和设备转型为织造提花面料的窗帘布、沙发布等室内装饰布。在一小部分人开始生产窗帘布以后，全镇人又很快"跟风"转到家纺布的生产上。大概到1996年，潮镇的家庭纺织业就已经彻底完成了从丝绸被面向窗帘布、沙发布的转型。

2005年前后又兴起了一股风，许多在外地卖布的老板都纷纷返回潮镇创办企业，办起了从事烫金、植绒、刺绣等复杂工艺的配套工厂，最终形成了前文所谓的"复杂产品时代"。这些做布老板敏锐地把握到市场对新产品的需求，通过工艺创新将过去不能应用于家纺装饰布的面料（经编布）做成了类型繁多的窗帘布、沙发布。为了织造复杂产品，做布老板从外地引入了新技术和新设备，然后新技术、新设备又"一股风"似的开始在潮镇扩散。

潮镇的产业为什么能如此快地创新？又如何一夜之间在潮镇迅速扩散？产业兴起和创新的过程有一个十分复杂的社会机制，而这个社会机制又是基于特定的社会基础。

（一）"带"的逻辑

1993 年，林国只有 18 岁，他决定去湘潭开门店卖布。去湖南湘潭的时候，他甚至连怎么买车票都不知道。"为啥去湖南，我也不懂。"但是之所以能够去湖南，是因为有两个很重要的人"带"，一个是林国父亲的朋友，曾经跟林国的父亲在七号桥合伙开过门店，另一个是林国的表姐夫。和林国一样，很多潮镇人进入家纺行业是人际关系网络"带动"的结果。

很多学者都看到了中国经济活动的这个特殊现象，"同一区域的人群依托乡土社会网络，以非正规经济活动的方式，在乡土社会之外从事相同行业或属于同一产业链的经济活动"（吴重庆，2020），比如依靠亲属关系网络和地缘关系形成的湖南新化打字复印店行业（谭同学，2020）。"只要是同一乡土社会的人，都可以利用乡土社会网络加入某一行业"，"依托乡土社会资源降低经济活动的成本，是作为准公共产品和依托低成本运作的，体现了经济与社会互嵌的特征，自主创业、共同富裕的愿景触手可及"（吴重庆，2020）。项飙（2018：394）也详细描述了温州人如何基于人际关系的各种纽带来到北京，形成了"浙江村"。

"同乡同业"现象尤其广泛存在于海外华人之中，例如东南亚兴化人的早期移民过程，主要是经由同乡亲友或牵头人的介绍，前往南洋寻找谋生机会。芙蓉坡兴化人的商业网络，主要建构于同乡、同族、姻亲、师徒关系之上（郑莉，2014）。王春光（2000）详细描述了温州人如何利用各自的人际关系链，并且不断地将这一链条加以延伸，在国内外形成了一个信息传递、人员动员和互相援助的网络。但是"同乡同业"的讨论主要强调"在乡土社会之外"这层概念，在界定概念的时候，吴重庆（2020）特别强调了"在特定地点集中生产某种产品并在地批发销售的一镇一品、一村一品"不在讨论范畴。

与之相对的是，潮镇是基于本地的人际关系发展起来的同种产品的生产网络。李国武将之称为"无墙效应"，"在农村社区中，关系网络密集，亲戚朋友之间碍于情面，信息流动和技术传播的障碍很小，是无穷交易加关联技术的扩展"（李国武，2009：157）。在改革开放以后兴起的乡镇企业中，这种工业扩散现象十分普遍，乡土工业也正是在这个社会机制的基础之上形成了许多产业集群。

潮镇家庭纺织业的创业发展历程是一个互相带动的过程，"那时候我们创业的氛围特别好，大家带动一批"（耀东，20200608），这是李国武所谓"无墙效应"背后的社会基础。许多人进入行业，都是由别人"带"起来的。前文中的林国就是一个典型案例。

"带"的逻辑不光体现在创业过程中，在产业转型过程中，"带"的逻辑发挥的作用也很大。20世纪80年代，春建的父亲创办了家庭织布厂，到1990年春建接手时已经有四台提花机。1997年，春建购买了工业园区的土地，成为潮镇第一批进入工业园区的企业主。但是就在这个时候，春建遇到了巨大的危机和挑战。春建主要经营窗帘布，产品主要面向台湾市场。而随着窗帘布从业人员逐渐增多，市场竞争越来越激烈，加上企业搬入工业园区增加了生产成本和固定资产投资，这给春建带来了很大的压力，他不得不开始考虑企业转型的问题。

但是春建很快扭转了被动局面。他迅速从生产窗帘布转向生产沙发布，并将沙发布销往广州。而他迅速打开广州市场的关键是，"跟逸凡布艺的老板建明有很重要的关系。是他领我进了广东的这个市场，我们俩是邻居，他也是我的师傅"。

春建能够很快更换赛道，跟建明的"带"有很大关系。建明经营着"逸凡布艺"，主要产品是沙发布，当时建明的客户资源比较多，效益比较好。建明是春建的邻居，和春建的父亲还是"小朋友"。小朋友的意思就是

"发小"，他是跟春建父亲"从小长大的朋友"。同时，建明也是春建生意上的伙伴，春建家从 20 世纪 80 年代以来就一直给建明做代理加工。

根据春建的描述，当建明看到春建面临的困境，就建议春建试试沙发布，并把自己的花本和工艺都给了春建，让他自己去找市场，"你自己做，卖不掉的给我，我来卖"。由此，春建迅速从生产窗帘布转向生产沙发布，并在沙发布的基础上逐渐发展为面向整个家居软装面料的生产，企业越做越大。

"带"还有另一种形式可以称为企业的"裂变"。2007 年，明海通过一个开店的亲戚得知市场上的植绒布特别紧俏，客户都是拿着现金排队买植绒布。于是明海决定开办一家植绒厂，可他之前从来没有接触过植绒布这个行业。

国内最早生产植绒布的是东莞一家叫作"贰发"的企业。这家企业的植绒机器和技术是从德国进口的。后来"贰发"厂里有许多老师傅流动到了无锡等地，又进入了潮镇，植绒技术也就慢慢地扩散过来。明海说："沙发布，贰发是做得最早的，起先我们潮镇这里所有的师傅都是贰发过来的。"

植绒技术进入潮镇以后又经历了新的扩散，明海的植绒厂在发展过程中慢慢分化为三家厂，笔者将这个过程称为企业的"裂变"。2012 年，明海姐夫的外甥 A 自己分出去单干。2015 年，明海植绒厂的师傅 B 也分出去自己单干。在企业不断裂变的过程中，老的企业不断"孵化"新的企业。植绒行业从 2006 年开始，通过不断的裂变，企业的数目逐步增加，在潮镇植绒行业最高峰的时期拥有 30 多家植绒厂。

从旧的企业"裂变"出来开办新的企业，是潮镇很常见的一种企业家的成长路径。潮镇的很多企业家都有在某个企业打工的经历。在打工的过程中，他们学会了技术、积累了客户资源、掌握了加工户的信息，奠定了自己单干、创业的基础。杰、强、宇和达是潮镇有一定名气的企业家，潮镇人都会津津乐道他们四个人的发家史，许多人跟我说起杰、达在宇父亲的企业中打过工，后来都从这家企业"裂变"出来单干，创办了自己的企业，但是杰、达和宇一直维持着良好的私人关系。

在潮镇有很多这样的故事。平月在荣国的厂里打工，从他厂里学到了技术，积攒了客户资源。然后慢慢地就出去单干了，而荣国对他的这个决定也表示了支持和理解，还给了他很多帮助。现在平月见到了荣国都会叫他"师傅"。

成国在20世纪90年代开始跟着自己的表哥做布，2003年去了一家名叫雅意纺织的企业。成国去这家企业工作时就带有很强的学习的目的，他坦言，"这种大厂我从来没去过，我是做家庭作坊的，没这么正规。这个老板打了好几次电话给我，让我谈一下，我说真过去的话，我要从基层做起。因为这样我就懂了呀，到底做什么面料，怎么组织，有什么要求"。成国在雅意纺织的时候负责生产管理，但是实际上从外发加工、验布到销售，成国都要全程参与，甚至最后还要与英国客户打交道，"后来各种事（厂里的工人）都来问我"。成国实际上承担了厂长的职责。

> 我们相当于有一个团队，包括厂长、车间主任、小组长、发纱员、排单员，这个事情需要五六个人来做，一个人做不好的。还有染厂的事情也是我来协调。实际上我是做了一个生产厂长的职务，老板给我的钱很多，我自己也在进步。

> 我们厂里有外销业务员、内销业务员，他们的订单也要发给我。多少天能发货，要多少纱线，都要我来调控。比如说你接到一个订单，问我要多久，我说50天，合同里就这么写，要排多少纱线、多少机器，染厂要花多少时间，我全部都要掌控好。我来到厂里最开始的一年多主要是从事厂里的管理工作，以及调控生产方面的事情。

在这个过程中，成国成为企业的核心管理者和技术骨干，跟大量外发加工户建立起了熟悉、紧密的合作关系，这些成为他日后创业最为宝贵的资源。2010年，他从雅意纺织"裂变"出来，开始自己创业。但是成国"裂变"出来单干以后，依然与雅意纺织的老板维持了良好的关系。

"裂变"的过程也能够让我们更好地理解潮镇为何会有"狼群效应"。在潮镇，一个企业很难垄断一个产品的生产，因为企业总是在不断地"裂变"，产业链不断地"碎片化"，并最终形成了一个各主体参与度很高，从业者规模很小，但是合作网络紧密的产业体系。

（二）"带"的社会基础

那么，如何在潮镇的具体社会场景中理解"带"的逻辑呢？

首先，"带"的逻辑与产业的特征有关系。很多潮镇人跟我说的一个观点是，家纺产业"市场无限大"，"反正这市场这么大，你一个人又做不完"。"市场无限大"的具体意涵有两层。首先，因为产品的市场渠道是高度"碎片化"的，做布老板都需要依靠自己的实力和运气去市场上寻找客户和订单，谁也无法垄断一个产品的市场渠道，"任何人也不可能把一种产品所有的生意做完"。其次，作为一个时尚产业，家纺布艺的市场需求总是处于快速地更新换代的过程中，一款产品不可能流行很长时间，因此企业需要不断创新才能够满足市场需求。在这个意义上，每种产品的市场需求是单个企业满足不了的，还需要成千上万的企业共同去开拓市场、创新产品。于是形成了"我这个产品是做不完的，你也去做好了"的情况。在这个意义上，建明把自己的花本分享给春建，虽然在一定程度上会影响自己的生意，但是也不是很大的"牺牲"。

笔者在访谈中曾问过林国："你开复合厂，会不会不乐意别人也开复合厂？"意思是，他开了复合厂后，别人再跟进这个行业会不会对他的生意构成冲击。他回答说："理论上有可能（对他的生意构成冲击）。但是总体来说，市场这么大，你根本不可能做得完啊，刚开始没有几家做底布，现在多了。（但是也不必要考虑这个问题）毕竟市场需求量太大了，你一个人根本做不完，也不必要考虑市场竞争的问题。"

当然，企业"裂变"的过程也是需要遵循一定底线的，那就是不能去抢之前老板既有的客户。在这个前提下，如果身边的熟人想办厂，大家都愿意帮一把，这就是举手之劳，对自身经济利益的影响微乎其微。企业裂变就是这个逻辑，只要不抢原来企业已经有的客户资源，就不会给原来老板造成负面影响。至于开拓市场资源的增量部分，谁找到客户、获得订单那是他自己的本事。

其次，"带"的逻辑与"透明"的产业经营过程有关系。潮镇企业的经营管理大都采用"非正式"的形式，由于企业规模小，因此核心员工往往需要身兼数职，分工并不明显，因此很多环节都是透明的。正如明海所说，"如果我们是封闭式的话，比如有人负责接待客户，有人负责产品技术，他肯定出（裂变）不去的"。但是实际上，明海在经营管理中，"把所有东西都透明化了，老板也会把客户带过来给他认识，所有核心的信息都会跟他分享，于是他就知道了这个核心（工艺）怎么做，市场渠道如何建立"。

成国在雅意纺织工作的期间，也参与了产品生产的全过程，最后他甚至接触到了雅意纺织的核心资源——与英国客户打交道。成国说，"之后老板又有其他事情交给我了，因为当时碰到了一个接英国订单的南京的外贸公司，他们到潮镇找人打样、做订单，这个人现在跟我们关系一直都蛮好，是十几年的老朋友了。打样、报价这个环节需要一个人，老板让我来做，于是我就去负责对接外贸公司和成品厂。所以我就不做生产了，而是变成了业务员"。

最后，潮镇人有很强的自主学习能力，这降低了产品和工艺模仿的门槛。经过长期的摸爬滚打，许多人都具备了较高的产品设计和研发能力，可以轻松地仿冒生产某个花样。

需要指出的是，潮镇的技术扩散、企业裂变也并不是一个完全和谐的过程，实际上也存在许多冲突和矛盾。明海给我讲了很多亲戚朋友之间因为"裂变"闹不愉快的故事，"家家户户都这样，但分的故事中有分得好的，也有分得不好的"。虽然潮镇有很多企业家是从别人的企业"裂变"出来的，但这并不意味着在潮镇人观念世界中，"山寨"别人的产品是一种不会被道德谴责的行为。近年来，知识产权保护已经成为潮镇社会中的重要议题，潮镇也出现了越来越多的知识产权的纠纷。

在一次座谈会上，当在座的几个企业家被问到如果自己的产品被人模仿会怎么办的时候，在场的企业家这么回答道："要看什么情况，如果他们本身就是亲戚或者很要好的朋友，反正这市场这么大，你一个人又做不完，那肯定也会跟人家分享，就是说你们都可以做这块布，但是你有你的销售渠道。他有他的销售渠道。但是如果有一个跟你毫无关系的人仿冒你的产品，你肯定就生气了。"

在这个意义上，潮镇其实遵循着一套"内外有别"的知识产权观念，对不同关系的人模仿工艺有着不同的态度，即"不是随便什么人都可以仿布的"。

2020 年，笔者在潮镇调研期间，听闻有一个做布老板"山寨"了他叔叔的一款产品。叔叔特别生气，就跟侄子以及他自己的哥哥（即仿布人的父亲）吵了一架。最后这个事情闹得很大，两家人都不再来往。

当地人对这件事情的评价很有趣。一方面，大家都觉得侄子在未经叔叔同意的情况下仿冒叔叔的布是不对的；另一方面，大家又觉得这个叔叔太不顾及情面了，"你的布被你侄子仿了以后骂他，还能吵起来，没意思"。

由此，从经济的逻辑来讲，"带"是"市场无限大"和"生产过程透明"的结果。但是我们还可以发现它背后的社会基础。"带"的逻辑很多时候都发生在这样的场景，例如被"带"者家庭条件不是很好，也正是在这个意义上，大家觉得叔叔做得不对。因为在潮镇人看来，"毕竟是自己的侄子，不想着帮他一把，反而跟他吵，挺没意思的"。

二 "滚"：乡土社会的合作机制

潮镇在农民办工业的基础之上，能够快速发展、及时随着市场转型，其中一个重要的因素就是充分利用了一切可以利用的资源。"带"的逻辑使得潮镇人不断细化既有的产业链条，但是这个不断细分的产业链条也只有在建立有效的合作机制的基础上，才具有整体的生命力。笔者在潮镇发现，在产业发展过程中，人、财、物像滚雪球一般不断被吸纳进潮镇的产业体系。本研究将这个过程称为"滚起来"。

（一）滚起来

对于农民来说，兴办工业最大的挑战就是资金短缺（费孝通，1985b/2009）。为了解决资金短缺的困难，潮镇工业在早期都离不开家庭合作，就是所谓的几户人家"拼"。20 世纪 80 年代是家庭工业的起步阶段，农民主要购买城市丝绸厂淘汰的二手设备，虽然一台机器只有几千元，但是这也大大超出了当时家庭的承受能力，为了兴办家庭工业，农民主要依靠家庭联户经营的方式筹集资金。

随着产业的发展，这种家庭之间的合作更加普遍。有一天，杰国去朋友 A 的厂里聊天，发现朋友 B 也在，A 和 B 正在讨论复合布的生意，觉得办复合厂肯定有利润，但是苦于没有场地。于是杰国就说，"我有场地，在我厂里办好了"。最终，杰国提供场地、用厂房租金入股，A 负责买机器，B 负责复合技术和生产管理，一个复合厂就这样办起来了。

明海在创办复合厂之前养了六年甲鱼。在土地马上要到期的时候，明海从他姐姐处听闻植绒布特别紧俏，可以办个植绒厂。于是明海就和他姐夫合伙开办了植绒厂，明海和姐夫分别占股 40%，掌握技术的大师傅占股 20%（实际上大师傅只投了 10% 的钱，另外 10% 的股份是他的技术股）。

马大哥生于 1970 年，是潮镇团结村人。他在 2000 年从泥瓦匠转行去山东周村开店卖布，在周村待了 10 年。在此期间，马大哥主要从潮镇、绍兴等地采购沙发布料然后卖给家具厂。2010 年，林国联系马大哥，请他回潮镇帮忙。马大哥考虑到"在那里（周村）生意一般般，家里也需要人"，于是就回到了潮镇，之后就在林国布艺工作。马大哥说："林国买的机器，我也投了一些钱。厂里有活就要干，除了织布，包括倒纱在内的其他零散的活我也都要干"。目前，林国主要负责外出跑市场，马大哥则在厂里负责生产管理。

杰国在福州做生意的时候，生意特别好。后来，他逐渐把他的弟弟、表弟及老婆的弟弟和老婆的表弟都吸纳进来。人手多了以后，杰国就可以腾出手来专门在许村、桐乡、江苏一带组织生产；老婆、自己的弟弟、妻弟和老婆的表弟则在福州经营门店。可见，生意扩大的过程也是亲属关系不断"滚进"产业网络的过程。

家庭之间的合伙，对于潮镇产业的发展很重要。第一，合伙人可以发挥各自的优势。明海一直跟姐夫合伙开办植绒厂，他姐夫的资金比较雄厚；而明海则擅长企业管理，有很广泛的社会关系。第二，合伙人有各自不同的圈子，会给生意带来不同的市场渠道。正如前文所言，潮镇的市场渠道是高度"碎片化"的，各自的市场渠道都是依靠各自的朋友圈子。做布老板可能都面临着"一个人的订单吃不饱，两个人合作刚刚好消化订单"的情况。第三，降低起步阶段的风险。在产业发展的起步阶段，往往是通过合伙的方式分担了市场风险。

（二）资金的滚动

潮镇的乡村工业能够在改革开放以来取得飞速发展，很大程度上是由于社会内部有一套机制解决了资金积累的问题。"滚起来"的另一个重要的优势是可以帮助农民迅速解决资金短缺的问题。

首先，资金积累来自家庭积蓄的滚动。农户有很强的扩大再生产的积极性，赚了钱就用于购买机器，正是在这个意义上费孝通（1991/2009）说，"乡镇企业是农民的血汗造出来的"。很多家庭将几乎所有的积累用于扩大生产，正如国飞说的，"所有的钱都投资了"，基本上都滚进了家庭经营和扩大生产。家庭工业的发展是依靠家庭一边积累，一边扩大升级实现的。正如一户家庭织机户描述的，"前几年机器少，挣不了那么多的钱，机器我们是一年一年地增加，刚开始只能放两台，后面机器放不下了就扩建（住房）"。

其次，滚起来的资金积累还是家庭之间社会合作的过程。林国布艺由林国、马大哥和表弟三家合伙经营。在产业发展过程中，也不断将林国家、马大哥家、表弟家三家的资金积累"滚"进了产业生产中。他们几乎没有年底分红过，每年都是把新赚来的钱滚动投入到下一年的生产。通过这个机制，林国布艺实现了不断往前的"滚动"发展。

"滚起来"的资金合作有复杂的社会机制。林国三兄弟的合作企业好像一直在算"糊涂账"，林国说，"也没仔细地算账。没有清算过利润多少，也从来没有分过，都是家里要用钱就拿"，"只要（产值）增长就可以赚钱，没必要算得很清楚"。

这个工厂的经营过程与家庭生计"混融"在一起。虽然三兄弟每年不分账，但是如果他们家里有需求，就可以从公共账目上拿钱。马大哥现在每个月拿4000多元的工资，"要用钱就要拿，工资归工资"。这个工厂产生的利润并没有在年底分掉，而是不断投进了工厂，以至于马大哥心里也不知道该分多少，或者说他很少产生过分钱的想法。2019年，林国布艺拿出35万元为姐夫马大哥的儿子买了一台奥迪汽车，"因为孩子20岁了，我们都觉得应该给他买辆车，不然不好找女朋友"。

除了"算账"方面，我们还发现林国布艺的"股权结构"十分特殊。林国布艺投资总额为200万元，其中马大哥和表弟各投资了20万元，如果按照实际出资额计算，马大哥和表弟每个人只占股10%，但是事实上马大哥、表弟各自占有20%的股份。

那么，为何林国布艺呈现出"算糊涂账"的情况呢？第一，合伙人们的投资是逐步投入的，一会儿买机器，一会儿买纱线，一会儿买土地建厂房。在这个过程中，三家人的钱不断"滚"进了工厂，"要买几台机器，谁有钱谁出钱"，以至于最后搞不清楚谁具体投入了多少，变成了一笔糊涂账。林国说："我们没有均摊这个事情，买机器、买东西都是说不清的。到后来我跟他们说，给你们百分之二十的股份"，"何必每年都要算清楚呢？"这就是这个"股权结构"的来源，显然并不是完全按照实际出资额的多少来分配。

第二，如果每年分红的话，企业发展就会缺乏资金。林国布业是用圆织机生产复合底布，一方面需要从上游纺织原料厂进购大量纱线，所以每天都需要几万元的纱线投入；另一方面又需要为下游复合厂备货，一般下游客户几个月才会结账一次，由此林国还需要为下游客户垫付大量资金。由此，林国布业时刻都面临着极大的现金流压力。

第三，账目很难按照时间节点算得清清楚楚。因为产业一直是滚动发展，赚的钱都变成了库存的纱、布和应收款。即使这笔账算清楚了，也很难分钱。

那么是不是潮镇人或者说农民都是这样算糊涂账呢？算糊涂账是否意味着他们没有理性思维，所以才无法建立股权清晰的现代公司治理制度？当然，并不是。

林国大哥还与另外两个朋友合伙开了一个拉毛定型工厂，与前述模式形成鲜明对比的是，这个拉毛厂的每笔钱都算得清清楚楚，而且年底都会分红。当然，拉毛定型厂与圆织机厂有很大的不同，除了这个厂不需要每年追加投入之外，更关键的是这两个厂的合作者之间的关系有实质性的不同。林国十分清楚这点，"跟外人做生意，算算比较放心。因为有可能你不相信我，我不相信你"。

潮镇产业组织的复杂之处就在于不同的关系有着完全不同的相处模式和合作模式。之所以亲戚之间合作的厂可以算糊涂账，是因为都是自己人，"圆机厂只能和自己人一块做，跟外人做的话，合伙的模式行不通"。当然不算清楚账也不是说，林国布艺的每个人心里都没底，正如马大哥所说的"只要企业在发展，钱总是在赚的"。他其实心里很放心，所以"虽然没有明算，但还是能毛估出来的"。

"糊涂账"其实有家人互相帮衬的意涵，姐夫和表弟心里都很清楚这点，"我们说是合伙人，其实还是家人"。因此，按照林国的说法，"吃亏的话，过得去就行了"。林国说："我就只有一个姐姐，表弟是姨妈的孩子。表弟一开始在我这里打工，买了机器之后就入股了。他们也确实拿不出来多少资本，当时他们每个人只出了 20 万元，至于我自己一共拿了多少我也不清楚。"

林国布业的运作需要三个人的通力合作，缺了谁都不行。林国认为"每个人都派上每个人的用场"，林国在湖南开店的时候就跟表弟建立了合作关系——林国负责在湖南销售、表弟负责在潮镇组织生产、发货，林国和表弟的合作模式延续至今。马大哥则承担了管理工厂的重要职责，由于工厂的规模小，"工人做工是靠良心干活"，所以常常需要像马大哥这样亲力亲为、跟工人同吃同住的管理者，这是工厂正常运转的关键。

（三）算更细的账

为什么林国布业兄弟之间的合作看起来是一笔"糊涂账"呢？

费孝通（1948/2009）说："亲密社群中，既无法不欠人情，也最怕算账，算账、清算等于绝交之谓，因为如果互相不欠人情，也就无需往来了。"在亲密社群中，"账"根本上是算不清楚的，"亲密共同生活中各人互相依赖的地方是多方面和长期的，因之，在授受之间无法一笔一笔地清算往回，亲密社群的团结性就依赖于各分子间都互相拖欠着未了的人情"（费孝通，1948/2009）。如果硬要把"账"算清的话，其必然的后果就是伤害人情。潮镇亲戚之间因为做生意闹翻、吵架的情况也很多，亲戚之间翻脸比生意关系破裂的后果更为严重，甚至还出现了兄弟姐妹"拿刀砍"的案例。

这就意味着要保证经济合作的顺利进行，就需要慎重地处理合作者之间的关系。所以在关系维护的意义上，潮镇人非但不是"算糊涂账"，反而是要算"更为精明、更为细致"的账，也就是需要在经济活动中"曲尽人情"。人情是依托于行动者的具体行动、具体关系而存在的。维系这个差序格局的是私人的道德，而不是笼罩性的道德规范。私人道德要求人在行动中考虑具体的场景、具体的关系，而非用一个统一的标准要求别人。这就需要在具体的行动过程中，将事情纳入具体的关系中进行考察，所谓"曲尽人情"就是充分考量人与人之间的不同关系，进而采取有差异的行为方式。潮镇人"算更细的账"就是"曲尽人情"的一个具体的案例。

潮镇人"算更细的账"有具体而丰富的内涵，潮镇人会根据不同的关系形式确定经济往来的不同态度。成国的经历可以帮助我们理解建立在不同关系形式上的经济互动模式。

成国在雅意纺织的时候，老板对他很好，主动提出给他涨工资。但是成国通过将心比心，能够感受到老板对他的照顾和善意。所以他回应老板的方式是提出"工资一年一发"，想以此回报老板的善意。虽然老板坦诚表示"大厂工资都是一个月一发"，但是成国还是坚持说，"没关系的，就一年一发"。

在潮镇，经常会遇到"一厂两制"的工资结算制度。最典型的是杰的工厂，他的工厂由工人和加工户组成。首先，他雇用的70个工人是按月结算工资，"工资不能欠"。其次还有大量的加工户，但是杰一直强调"加工费并不是工资"，他其实是想说，潮镇加工户和外发老板之间的关系并不等同于雇主与工人之间"资本主义式"的劳动组织关系。本地加工户与老板的资金都是"年底结算"，这种结算方式帮助老板节约了大量的流动资金，而加工户在某种意义上是吃了一点亏的，所以成国的做法可以理解为一种善意。还有一个例子是，杰林造厂房时面临资金短缺，许多加工户知道了，主动表示可以先不结算加工费，以帮助他渡过这个难关。

加工户在年底结算加工费，所以他们平时的生活花销就得靠上一年的积累。当然，如果平时生活开支比较大，或者家庭急需用钱，也可以找老板预支一两万元。而如果家里没有发生急需用钱的事情也不会提前去拿钱，"加工户不会做了一万元，在年底之前全部拿完"，更不会"做一万元拿两万元"。李英飞（2015）将这种加工户资金年结的形式称为"时间机制"，这种时间机制可以让老板用较少的资金盘活整个企业的运转。

也就是说这两种工资结算方式，背后依托的是两种不同形式的社会关系。因此，要深入理解不同结账形式的社会学意涵，需要深入认识特定情景下人与人对关系的不同定位。所谓的"大厂"即上了规模、较为正式的企业，很多"大厂"雇用了外地人，工人的工资一般按月结算，"加工费不是工资，工资是不能年结的"。但是，"年底结算"离不开熟人社会的关系网络。谢国雄（1992）细致讨论了台湾代工家庭和发包方之间的关系，在谢看来，双方对彼此的关系有不同的定义，但他们都认为彼此之间不是雇佣关系，因此在工作条件方面不会有太多要求，代工家庭也愿意配合发包方赶工。类似地，由于潮镇加工户和外发加工老板之间的熟人关系和亲戚关系，这种依托于社区网络和亲属关系的产业形式，也可以成功动员全部人力资源以弥补经济起飞阶段资金的不足。社会基础则是这种产业形式的基础，"加工户不怕老板跑路，即使老板跑了，总要回来的，家产在这里嘛"。在调研过程中，笔者遇到过一个老板跑路的案例，这个做布老板由于经营不善，拖欠了加工户十几万元工资。但是他却很难赖掉这笔钱，"有的（老板）欠了加工户，也是一年一年地付清"。对于加工户来说，追讨加工费有很强的道义基础，"哪怕十年二十年，只要你付清就行，不付清肯定不行，都是靠着这个吃饭的，四台机器，一年十几万元，你跑了他们怎么办？正好又遇到了他们家娶媳妇，你知道的，这里娶媳妇要花很多钱"。

三 产业演化的生命历程

将"带"和"滚"的过程结合起来，我们可以发现潮镇产业呈现出一个独特的演化历程。"带"的过程就是，每当潮镇出现"一股风"以后，很快就会有人跟上来，他们或者依靠自己身边的亲戚朋友带动，或者从以前工作的厂里"裂变"出来，学会技术、掌握了市场渠道，不断细分着这个行业。由此我们看到越来越多的人参与到了产业中，形成了一个越织越紧密的生产网络。这样，潮镇的产业体系越滚越大，技术和生产工艺也不断地扩散。

"你带我，我带你"，最后的结果就是"滚"，就是潮镇的人、财、物都滚进了产业体系中。到最后，几乎所有潮镇人的日常生活都围绕着家纺产业展开，形成了基于既有社会关系的复杂的合作网络，潮镇每个人都被编织进了一个巨大的社会关系网络，构成了熟人社会的工业生产。

潮镇的产业体系是在家庭工业的基础之上不断演化的结果，是一个不断复杂化的分化历程。从经济活动的角度来看，这是一个行业的发展和转型，但是从社会的角度来看，带的逻辑基础是具体的人的生命历程和人们之间的关系。通过这个生命体的演化，实现了产品的不断丰富，又进一步带动了组织模式的不断演进和发展。

在这个生命体的演化过程中，不断有年轻人加入进去，也不断有老人退出这个体系，形成了一个代际接力的过程。1990 年，春建从他父辈手中接手了四台提花机，接手以后就开始了第二次创业，他很快去园区购买了土地，兴建了厂房。在这个意义上，可以说每代人都在创业，因为每代人都面临新的经营挑战。但是年轻人有独特的优势，可以凭借自己的敏锐度创造新的产品和模式。沈总接手父亲的家庭工厂以后，差不多用了十年时间，最终将家庭工业发展成为潮镇最具发展潜质的企业。

潮镇的做布老板已经明显可以分为三代：老一代、新生代和接班代，每个年代的企业家有不同的思维模式和经营策略，也引领了不同的时尚潮流。起步于 20 世纪 80 年代的做布老板可以看作是老一代；杰林作为新生代的代表，代表了"80后"创业的一批人。近年来，潮还成长出一批更年轻的"接班代"企业家。

很多企业家也意识到了代际接力的创新现象。成国基本上把厂子全部交给儿子经营；杰国就处于半交班状态，经销环节已经交给子女打理，花本设计也部分地交给子女处理。这两位老板不断强调自己的经验、能力已经不太适应当前的市场需求了，自己的眼光、审美与年轻人的"胃口"差别越来越大。

产业体系中的分工其实是不同人的分工。也就是说一个依托社会基础成长起来的产业体系，背后的社会基础乃是人与人之间的组合关系。依托既有的产业基础创新，既不用很大的投资，又降低了创新的门槛。杰林的创业历史大概就是这个过程，"我接到了订单以后，我就可以充分利用既有的工厂，包括绣花厂、烫金厂、复合厂，然后我把这个订单发过去"。"我一开始就是借用了（既有的生产网络），（在潮镇）年轻人创业是很容易的、条件非常好的。"由此，这种产业模式在无形之中降低了进入的门槛，潮镇人以极低的成本前仆后继地加入到了家纺产业中。

四　小结

当然，潮镇的乡村社会生活已经与费孝通所言的乡土社会产生了很大的不同。由于"撒出去的销售网"，村庄的人际关系在空间上突破了传统的地域界限，不断将触手伸向了全国各地，形成了一张"全国流动性的经营网络"，这与费孝通强调的稳定、传统的农业生活中的人际关系有巨大差异。然而，在另一方面由于家纺产业的"小生产"特征，这些外出的网络又与潮镇保持了紧密的联系，亲属关系和朋友关系因为生产的需要反而比过去更加紧密。

因为我们潮镇现在有两万多人分散在全国各地，自己生产出来的产品销往世界各地。自己亲戚朋友里面，有人在办企业，有人在跑市场。这样的话，它就联动得非常快。市场需要什么东西，它马上就能

生产出什么东西。（JZM，20160616）

在项飙（2018）的浙江村中，浙江人虽然离开了固定的村落，但是依然延续了乡土的人际关系模式。吴景超（1991）的研究描述了由移民到美国、东南亚的华人组成的社区，它们也是通过一个个小圈子复合而成：宗亲会、同村、同乡和同方言会。靠着诸多社团的相互重叠，造就一张整体的社会网络。

很多学者看到了社会经济活动沿着人际关系网络铺展的现象，"带"和"滚"的逻辑本质上也是这样一种现象。但是潮镇案例的特殊性在于经济活动与社会网络的关系不是那么机械的、一一对应的关系。很显然，村子里的人不可能只跟自己熟悉的人做买卖。"亲缘关系而建立的合作圈子并不是封闭的，它在村庄内部具有相当的开放性"（折晓叶，1996）。

乡村社会商业化和工业化的过程，也意味着传统人际关系在地理空间上的扩展，形成了项飙（2018）所谓的"全国性流动经营网络"。"进入同乡同业形态的数码快印业，仅依靠在亲缘关系网络范围内组织资源，是远远不够的。虽然经营打字复印店较多依靠亲戚，但在外部资源配置上根本无法离开同乡关系，就整个行业来说则更是如此"（谭同学，2020）。

在工业生产时代，人们合作的关系形式，必然要从亲属、熟人"推"到地缘关系甚至到陌生人。尤其是在市场化过程中，传统的人际关系发生了扩展，亲属与新的生意关系不可能在同一个圈层，由此项飙（2018）提出了"系"这个概念，试图去处理传统人际关系的逻辑和生意的逻辑的碰撞。显然，要认识这些新现象，还需要我们创新社会学的理论和方法。

在研究乡村工业兴起的过程中，折晓叶（1996）强调村庄中的"合作主义"，"它既是村民在经济上和保障上联合与互益的一种行为规范，又是一种强调社区内部的社会关系、情感和长期利益的价值取向"。折主要将村庄作为一个整体的行动单位和研究单位，讨论村集体的行动，这种"合作主义"也是以集体行动为主体的合作主义。"超级村庄"的故事，本质上是一个"离土不离乡"的形态，比较适用于集体工业的形式（折晓叶、陈婴婴，1997；折晓叶，1997），但是潮镇的产业形式却是基于家庭经营和小微民营企业形成的产业集群。

讨论关系对经济行动的影响，更要看传统人际关系的实质，而非仅仅讨论关系的形式。谭同学（2020）提出的地缘"文化亲密"机制认为，"文化亲密"机制对于中国人生意关系的扩展十分重要。身处在巴黎的温州人"更注重人际交往中能否相互依托和信任这一点"，这说明中国人看重关系，是因为传统关系身上有着重要的精神实质（王春光，2000）。"同乡同业"流动的中国人，其中很多人都是离土又离乡，但是他们依然在社会关系网络和人生归属的价值层面保留了"乡土社会"的行动逻辑。这是我们中国文化的独特性，也是理解经济行为的重要抓手。

在这个意义上，关系的伦理精神比关系形式本身更为重要。理论创新的关键就是去理解这个关系的实质。如此，我们才可以理解身在巴黎的温州人在建立社会关系网络的过程中为何更加重视友谊、缘分和情感，以及为何共同的重要经历对他们营构社会网络的作用变得越来越重要。"友谊、缘分和情感"的具体内涵是什么？外国人并非没有亲属、朋友这些关系，但是作为不同文化中的人，他们在关系上赋予"友谊、缘分和情感"的精神和伦理内涵不一样，因而也就产生了不一样的社会后果。

第七章　工业化的家庭

　　家庭工业在浙江的城乡经济格局中占有十分重要的地位。根据浙江省调查总队的抽样调查，2005 年浙江全省拥有家庭工业 64.28 万家，从业人员 373.3 万人，上缴税费 83.35 亿元。浙江省从事家庭工业的人员占全省就业人数的 1/8，占工业就业人数的 1/4（浙江省委政策研究室，2007）。

　　浙江的家庭工业分为五种类型：（1）市场依托型，家庭工业依托市场，比如潮镇家纺装饰布；（2）产业配套型，家庭工业为龙头企业的产品配套生产，如永康小五金；（3）产品协作型，家庭工业围绕产品的加工生产相互协作，如慈溪小家电、庸袁华太阳能；（4）来料加工型，家庭工业根据市场订单展开简单加工，如衢州玩具组装；（5）农副产品加工型，如青田石雕（浙江省委政策研究室，2007）。

　　而就潮镇的实践来说，家户经营是潮镇家纺产业发展的基础，家庭工业塑造了潮镇独特的经济生产形式和城镇化样态。首先，潮镇正是在家庭工业的基础上衍生出了整个生产链条和生产体系，可以说家庭工业的孕育和分化导致了目前复杂的生产组织形态；其次，就目前来说，家庭工业仍然是潮镇整个工业生产体系的主要生产单位，正是家庭工业支撑了整个家纺产业；再次，潮镇几乎家家户户都在从事家庭生产。

　　讨论家庭工业有着重大的理论与现实意义。在理论上，家庭的地位与功能经历了一个逐渐演进的过程。随着工业化和现代化的加强，家庭的功能逐渐单一化，家庭被剥离了经济功能而成为一个单一的生活单位。（斯梅塞）在前工业革命时代，欧洲历史上出现过各种不同的家庭形态——农业家庭、家庭工业家庭、行会家庭，它们都是生产与生活不分离。欧洲在工业化以后形成了所谓的"雇佣工人家庭",其重要特征就是家庭不再是一个生产单位、经济单位,而完全成为一个劳动力再生产的单位。西德尔(1996)发现欧洲"早期工业化"阶段在农村地区兴起了由城市包买商主导的家庭工业,并且家庭工业与农业生产形成了紧密的配合。然而在工业革命以后,欧洲工业生产组织的形式发生了巨大的变化,工业生产由农村转移到城市、由分散走向了集中。而在这个过程中,家庭也失去了其作为工业生产组织单位的历史地位。

实际上,在经典理论家笔下的工业化进程即是大工业生产摧毁传统社会组织的过程,才有可能使得经济生活按照一种全新的样态展开。波兰尼在《大转型》中,农民失去土地而成为资本主义市场上待售的劳动力。

潮镇家庭工业的繁荣意味着家庭这种传统的社会组织参与到了社会生产中。观察经济生活如何在家庭、社区共同体的基础上建构起来,这才是所谓"嵌入性"的本质讨论,从而超越格兰诺维特及受其影响的社会学家将经济关系与社会关系进行机械比较的形式分析。首先,经济行动无法脱离其所处的社会背景;其次,经济行动的参与主体有着特殊的性质,而非简单的原子化个体——笔者将在此基础上讨论这些行动主体之间结成了什么样的社会网络。

从现实的角度,或者在政策层面上讲,对待家庭工业的态度,在学术界和政策制定过程中存在一定的争论。浙江省政府也一直在提所谓"现代家庭工业"概念。时任浙江省委书记的习近平对调研报告作出批示:"家庭工业是否已过时,答案是否定的。要实事求是地对待家庭工业问题,明确发展思路,加强服务指导,出台政策措施,促进家庭工业健康发展。"(浙江省委政研室,2007)

一 企业与家庭的配合

就潮镇来说,家庭工业首先在和集体经济的竞争中取得了胜利。其次,在家庭工业自身的分化过程中,虽然形成了许多大企业、龙头企业,但是从生产的角度讲,分散的家庭工业与集中的工厂制相比,不但不处于劣势反而具有明显的优势。因而潮镇的大企业不但没有完全吞并家庭工业，反而与其形成了互相合作的共生关系。潮镇的大企业正是在家庭工业的基础上发育起来，也是在家庭工业的基础上维持自己的繁荣。

为了说清楚这个问题，我们需要进一步进入家纺的生产环节仔细讨论：为何规模生产没有效率？为什么织布必须以家庭作为经营单位才最为高效？

本章论述的前提是，前文已经交代了家庭工业复兴和发育的过程。2000年前后，潮镇兴起了外发模式，同样由家庭工业起步的乡村工业，一部分专门去做市场，另外的小部分企业去做配套，而剩下的大部分企业则继续在家里织布。这些经济活动的参与者互相配合，形成了目前的合作分工模式。

改革开放以后，家庭工业复兴并产生了一定程度上的分化：有能力的家庭纷纷争取到上游去拓宽市场，而将生产环节留给其他家庭。很少有企业家会自己去扩大生产能力。许多规模较大的家纺企业其实是一个包买商——从外面接单，然后将订单外发给村中的家庭作坊加工。

工厂为何没有纵向一体化，进一步将家庭织布环节统合进来？对于企业来说，自己购买机器生产是不划算的，因此只有少数企业会自己购买机器。这些极少数自己买机器的老板，往往是因为做欧美外贸订单，客户需要来验厂，所以如果没有机器他便无法获得订单，但是暗地里他还是会把自己的订单外发。上游企业一般只拥有少量的剑杆机，比如 YXW 的工厂是自己买机器打样、核算成本。

企业之所以不选择自己生产首先是因为"自己厂里的工人，无论是用电子龙头还是剑杆机，其实都无法与家庭作坊的产能和质量媲美"。其次，企业受到土地条件的限制。家庭织布既是一个劳动密集型环节，又是一个土地密集型环节，工业园区化之后的土地成本进一步提高。再次，受工资年结，即所谓资本缺乏下的时间机制的影响（李英飞，2015）。在上述因素的综合作用下，企业往往选择外发给家庭加工，而非自己买机器生产。

在此过程中，家庭工业户演变成了纯粹的加工户。它的订单来源于两个方面：原来家族中出去卖布的人（包括在潮镇家纺城或者其他布料市场开门店的亲戚朋友），以及有研发设计能力而"无中生有"的企业。在这个基础上，他们建立了一种分工合作模式。其中，门店、企业专门做营销和品牌，负责设计。这种分工合作对于企业来说是十分有利的——企业家不需要把自己的产能无限扩大，以此降低市场风险和经营成本。

以前个体工商户交纳税收的时候都需要在工商部门登记，因而政府对家庭工业有详细的统计，但是后来取消了个体和家庭工业的税收以后，就很难统计出个体和家庭工业的具体数目。在纺织工业比较集中的地区，几乎家家户户都从事家庭纺织业。潮镇的家庭和个体工业有近一万家，它们大部分都从事家纺产业。

由此可见，在潮镇发挥极大作用的是家庭工业。家庭工业是很多家庭主要的经济收入来源。尤其对于北部的三个村来说，几乎家家户户都有织机。

家庭加工户的订单来源至少有三个途径：商户订单、大公司的订单、外发户。外发户是指将订单外发给其他家庭生产的家庭工业。这类家庭掌握了市场渠道，而且他们家里一般都有纤经机。2011 年潮镇有纤经机的家庭是 943 户，其中，自己完全不生产而完全依靠外发给其他家庭加工的外发户有 800 户；另外 143 户则是一部分由自己生产，一部分依靠外发。

绝大多数个体家纺工业户是为别人加工的，这类占所有加工产的 59.33%。这个数据来源于 2012 年 11 月潮镇工商分局的"抽样调研"①。根据笔者的实地观察，这个比例似乎大大低于实际情况，这与调研的样本选取有关。但是这至少可以说明大部分家庭工业是以加工为主。笔者从另一个角度推算，即用外发户的数量（800 户）÷家庭工业的数量（8834 户），可知外发比例仅仅为 9.1%。然后我们再根据自产自销的比例，就能推算出纯粹加工户的比例。

潮镇政府基于 2012 年的调研数据算出自产自销的比例为 0.37%。而笔者也通过下述推算得出了相似的结论：2011 年潮镇有纤经机的家庭是 943 户，而有纤经机就意味着掌握了市场渠道；这些家庭从市场获得订单后可以选择外发（即 800 户外发户）。剩下的 143 户可以粗略认定为自产自销户，用

① 该报告声称"调查随机抽取了潮镇地区 27 个行政村的 270 户个体家纺工业，回收有效问卷 268 份"。虽然根据笔者的了解，这个调查样本的选取过程并非严格按照统计学的抽样要求，但是这份数据仍然能够在一定程度上说明一些问题。

其除以个体家庭工业的总数，可知自产自销的比例大约是 1.6%。最后可以计算出，纯粹加工的家庭工业户占家庭工业总户数的 89.3%（见表 7 - 1）。

表 7 - 1   2011 年潮镇家庭工业的分类和数量

家庭工业类型	数量（户）	备注
外发户	800	有市场渠道的家庭工业
自营自销户	143	
纯粹加工户	7891	无市场渠道的家庭工业

加工户既为外发户加工，也为企业加工，即上文所说的 407 家家纺成品企业。因而，如果考虑到企业之间的关系，就会发现规模以下企业和个体家庭工业对整个产业体系的影响更大。因为规模以上企业的成品生产必须依赖个体家庭工业加工，他们自身并没有生产能力，甚至可以说潮镇家纺的生产主体是个体家庭工业。

二   家庭工业的生产过程

（一）家庭工业的经营形态

"100 平方米可以放四台传统的剑杆织机，夫妻两人劳动一年可以获得比在工厂打工稍高的收入。"这是潮镇个体家庭工业的典型模式，而本节的核心任务就是要分析这种模式的合理性及其性质。

从雇佣经营的形式上看，潮镇的家庭工厂可以分为三种形式，具体如表 7 - 2 所示。

表 7 - 2   潮镇家庭工业的用工形式

类型	规模	备注
自雇模式	6 台以下	潮镇大部分的家庭都采取这种模式。潮镇家庭工厂拥有机器数量的众数是三四台。
半雇模式	6~8 台	以 QDF 为例
全雇模式	8 台以上	以 A 老板为例

（1）自雇模式。潮镇的绝大部分家庭采取自雇模式，即一个家庭中的夫妻俩作为主要劳动力而非雇佣工人，他们在自己的家庭住宅中生产。白天，男人负责接单、架布、送布，女人负责开剑杆机；晚上，男人接替女人开剑杆机。剑杆机一般是24小时运转，有时候也会在夜间停机休息一两个小时。自雇模式中机器数量的上限是6台，一旦超过6台，其劳动强度就超过了一对夫妻、两个劳动力的承受极限。一般情况下，潮镇家庭工业的规模以三四台最为常见。在2012年潮镇工商局统计的数据中，家庭织机户平均占有剑杆机的数量是3.75台。

（2）半雇模式。半雇的典型案例是QDF。QDF是湾村人，是林国的邻居。QDF家里有12台织布机，但一般不会全开，笔者调研时观察到开了一半机器。QDF家雇用了1个工人，工人每年的工资是8～9万元。这个工人在他家工作了14年，而她之所以能够坚持下来，是因为这个女工需要养活家庭。

（3）全雇模式。全雇就是完全雇用挡车工进行生产。以湖州A老板为例，A老板是湖州人，之前一直在潮镇当挡车工。2010年，他承包了工厂经营，2013年，原老板转做布生意便把自己的厂房卖给了A。A在原有基础上又重新购置了新机器，形成了现在的规模。

在2010年至2013年承包期间，原厂主给承包者的加工费是每梭0.14元，而原厂主只负责接单和提供厂房。后来A买下了整个工厂并租用原厂主表弟的厂房，厂房租金是一年6万元。工厂的主要收入是代加工费，去年该厂共收到加工费70多万元。

固定资产投入，主要是机器购置成本。

日常的主要开支如下。

电费：一台机器一天的电费是20～30元，去年该厂共付电费八九万元。

工人工资：采取计件制，每个梭节工人的工资是0.052元。大概相当于加工费的1/3。工人工资是每个月7000元左右，每年大概开工十个月，那么一个工人一年的工资应该是7万元。

其余的成本包括修理费、打头费等，这些费用很难精确地计算，粗略估计是每台机器每年 1 万元。

（二） 家庭工业的生产要素

第一，设备来源。潮镇家纺产业起步于 20 世纪 80 年代，与传统纺织业最为重要的区别在于，它在复兴初期就采用了完全不同的机器设备。传统时期的纺织机器一般都是纯手工机器。而 20 世纪 80 年代之后，潮镇的家庭纺织工业与传统的纺织工业已经处于一个完全不同的起点上。

早期机器的来源与城市工业向乡村的转移有密切的关联。这个过程开始于社队企业时期，到了 20 世纪 80 年代中期，杭州、上海的城市国营纺织厂开始改革，更新机器设备，淘汰了许多 62 式剑杆机。这些淘汰的织机大部分都被周边的乡镇企业低价购入。据 JZM 回忆，"当时这些机器，村里拉过来就是几个木头、几个皮带，就这样弄弄"。

后来随着乡村纺织业的发展，潮镇又陆续引进了 K74 式织机、82 式织机，机器获得了更新换代，目前剑杆机占据了主导地位。后来城市的纺织工业彻底衰败了，农村纺织工业就彻底取代了城市纺织工业。

在乡村纺织工业发展的早期，机器购置费用依然是一个难题。这个难题也一直是乡村工业发展的重要问题——启动资本。在 20 世纪 80 年代，集体经济在一定程度上解决了这个问题。根据湾村 QCQ 的回忆，湾村的织布业复兴于 20 世纪 70 年代，当时村中有一个人在杭州服务市场工作，借助这层关系，村里从杭州引进了两台织布机以发展村庄的集体经济。事实上，这个集体开办的织布厂效益一直不好，但是引入的机器却在一定程度上奠定了后来家庭工业发展的基础。随后，个体经济在 20 世纪 80 年代取得更大的发展，当时主要是依靠承租集体工厂来获得机器的使用权。随着家庭经济的胜出，集体工业的机器也通过承包或者出售的方式纷纷搬进了私人庭院。

目前，购置机器所耗费的成本在企业的整个生产经营过程中只占较小的比重。近年来，剑杆机的价格一直在下降。以笔者访问过的 A 老板为例，

2010年每台剑杆机的价格为8000～9000元，到2016年只需要两三千元。机器价格的下跌主要是由于很多人向外出租或者出售剑杆机。

剑杆机需要精心维护和修理，机器的日常保养会影响到它的生产速度和效率。笔者在一个家庭工厂看到一条贴在剑杆机上的纪律要求：

> 下班时提前半小时对机台卫生清理。
>
> 有问题及时反映。

机器的修理也成为家庭织布作坊日常经营中的重要问题，在很多人看来，户主是否具备机器修理能力会在很大程度上影响机器的产量。道理很简单，因为机器都是二十四小时开着，如果机器半夜坏掉了，自己又不会修理，那么只能任由机器停在那里。那么，对于那些机器稍多的家庭作坊，是不是可以雇一个机器修理师傅来负责修理作坊的机器呢？这种做法在许多人看来也是不划算的，因为机器坏掉以后，工人不一定愿意立刻起床修理，尤其是在半夜或者其他特殊情况①。如果是雇工，这就很难进行监督管理。

第二，土地来源。个体家庭工业主要利用农户自家的宅基地建厂生产，只有极少数的人会选择租赁土地。根据潮镇工商局2012年11月27日公开的统计报告，潮镇家庭工业中利用自有土地生产的占92.16%，而租赁（包括自有加租赁）占5.23%，另有2.61%未知。

所谓"自有土地"，一般是指自己家的宅基地。当然也有通过其他手段获得土地的案例，比如林国在2006年购买了村民小组的鱼塘，填了鱼塘后建成了目前的厂房。总体而言，免费或者以极低的价格获得生产用地，是家庭工业能够发展起来的重要原因。

家庭的土地资源在很大程度上决定了个体家庭工业的经营效果。一台机器的占地面积是25～30平方米，加上过道，4台织布机需要占地160平方米。

---

① 林国家倒是雇用了一个机器修理师傅。这位湖北师傅在林国家享有和雇主在一个桌上吃饭喝酒的权利，并住着由雇主提供的住房。提供住房这件事情，当然也是考虑到他需要二十四小时在厂里修理机器。但是在大多数情况下，为了剑杆机的维护专门雇用师傅是极不划算的。

少数没有自有土地的经营者，必须通过租赁厂房的形式获得生产空间。A 老板租了原老板表弟的厂房，租金每年 6 万元，能够放置 20 台机器。

可以作为参照的是工业园区的土地租赁价格。根据对潮镇工业副镇长凌的访谈，在潮镇工业园区买地最低规模是 20 亩，每亩价格不低于 40 万元；每亩地的投资额不低于 300 万元，产值不低于 500 万元。显然，这对于一般家庭工业的经营者来说是很难承受的。

但是实际上，政府设置了更高的门槛，一般的家庭工业根本无法进入园区租地。"两创园区最小的厂房是 5000 平方米，年租金约 50 万元，并且要一下交三年。"（海峰）这与政府正在推行的产业升级转型的目的是一致的——倒逼家庭工业关停。

第三，电费。根据对 A 老板的访谈，A 老板去年缴纳了 8 ~ 9 万元电费。按照沈宇的算法，一台机器每天需要 20 ~ 30 元电费。按照每户一家四台织布估算，每户每个月的电费是 3000 多元。如果按照每台机器每天 25 元电费计算，那么，20 台机器开工 10 个月的电费应当是 15 万元。所以，要么是该老板没有全开机器，要么是沈宇对电费的估计过高。

结合下文所述的"机器越多订单量越少"的事实考虑，更有可能的情况是 A 老板的机器没有开全。而沈宇估算一台机器开一天的电费是 20 ~ 30 元，这是符合实际情况的。

第四，订单来源。家庭工厂主在做布老板处接单，做布老板向家庭作坊主支付加工费。加工费的计算方法，在一般情况下是固定的。一般按照梭节计算，而不同产品加工费的计算方式不一样，需要考虑产品的类型和花样。

普通布的加工费大约是 0.16 元一梭。所谓多少梭，就是在一公分长的布上织有多少根纬线。所谓 29 梭的布，是指在一公分长的布织有 29 根纬线。具体计算起来就是 29 × 每梭节的加工费。比如每梭节加工费是 0.16 元，那么一米布的加工费就是 29 × 0.16 = 4.64 元。

梭数越高，布就越难织，一般 60 梭的布，其每梭的加工费可能达到 0.6 元。当然，加工费还与产品的用料和复杂程度有关。有一位老板说，他有一种产品是 59 梭，而且用到了一种银皮丝——这种丝很容易断。因而虽然加工费出价很高，但也没有人愿意织。

实际上，家庭工厂拥有织布机的数量会影响到其接单能力。因为机器数量越多，就越难以保证质量。那些对产品质量要求高的做布老板，宁愿出更高的价格去寻找机器较少的家庭工厂。

第五，税收。按照2014年出台的《浙江省个体工商户税收征收管理条例》，个体工商户应按照下列规定缴纳税款：

（一）从事销售货物或提供加工、修理修配劳务以及进口货物的，应按照税收法律、法规规定缴纳增值税；（二）从事生产、委托加工、进口消费品或销售首饰，按照税收法律、法规规定应缴纳消费税的，必须缴纳消费税；（三）从事交通运输业、建筑业、文化体育业、娱乐业、服务业等和转让无形资产、销售不动产的，应按照税收法律、法规规定缴纳营业税；（四）从事生产、经营所得的利润，应按照税收法律、法规规定缴纳个人所得税；（五）按照税收法律、法规规定应缴纳的其他各税。

在实际运作中，潮镇对年产值在3万元以下的工商个体户实行免征政策，大部分的家庭工业都很少缴税，即使是经营规模很大、已经注册成为企业法人的做布老板，他们在日常经营过程中也很少开具发票（尤其是做内贸的做布老板）。因而税务部门很难准确地估计其每年的经营产值，所以在实际执行过程中，只是按照估计的每年的固定产值缴纳税收。

三 家庭工业的生产能力

家庭织布作坊的收益率与家庭织布机的数量有很大关系。笔者在很多场合和潮镇人讨论过这个问题。2015年5月20日在林国家的一次讨论中①，参与者均认为一台织布机每年能够拿到的毛收入（即能够拿到的加工费）是5万元左右；勤快的家庭甚至能够达到7万元。但是我们却看到A老板有20台织机却只拿到70多万元加工费，即平均每台织布机只有3.5万元的毛

---

① 参与者有林国夫妇、海中和一个桐乡的老板。

收入。是 A 老板隐瞒了收入还是别人的说法有问题呢？然而陪笔者同去的沈宇能够印证 A 老板没有隐瞒加工费，因为沈宇就是负责给 A 老板发放加工费的人。那么为什么规模会与产值成反比呢？我们从以下方面分析。

第一，加工费的获得与织机的规模有密切关系，织机数量越多，订单总额反而越少。A 老板不是仅仅为一个做布老板生产，也就是说，没有形成一种固定的"做布老板－加工户"的纵向整合。加工户与包买商之间是一种流动性、临时性的关系。订单的细碎化跟技术、市场订单来源有关系，因为大部分包买商每个批次的发货量都很少。市场订单的高度细碎和灵活导致家庭工业不适合规模化生产。

一旦机器的规模增加了，家庭工业主的接单能力就会面临新的挑战，经营的风险也会增加。QHZ 对此有一个形象的说法，"养两只鸡，可能天天有两个蛋。但是养一百只鸡，一天就不可能有一百只蛋"。

第二，家庭织布在技术上面临一定的限制。纺织机器需要定期维护和修理，不然会经常出问题。要保证机器的正常运行，平时就需要精心护理。这些工作也可以由雇工来完成，但肯定没有自家人上心，而且雇工晚上也不会加班修理夜间出故障的机器，这在很大程度上会直接影响产量和质量。一般情况下，家庭作坊的男主人负责修理织布机，但是如果织布机的数量过多，就需要雇用一个专门的修理工，在这种情况下，家庭作坊就失去了竞争优势。

第三，质量和数量不可兼得。家纺产业的生产过程高度"个性化"，如果工人不投入或者少投入就会导致产品在产量与质量上存在很大的差别。这个特征不仅仅表现在织布机的维护和修理上，更表现在纺织工人的劳动过程中。

剑杆机在织布的过程中很容易断线，而工人开机器的重要职责就是接线头。老式的剑杆机遇到纬线断了的情况：机器无法自动停止，所以需要工人牢牢地盯住机器；现在纬线断了以后，新式机器会自动地停下来，这在一定程度上减轻了工人的工作难度。然而目前的技术仍无法完全替代工人接线头的工作，即使是最为高档的电子织机，它在断线的情况下也需要人工接线，只是这种机器断线的可能性较小一些。所以在织布作坊里，工人劳动的场景就是在机器之间走动，随时准备接上断掉的纬线。

一方面，工人的认真程度会影响织机的生产速度。如果断线后，工人不马上去接好纬线，并手动启动机器，那么机器就会一直停在那里进而影响产量。另一方面，工人的认真程度还会影响产品质量。虽然现在剑杆机断线后机器会自动停下，但是挡车工的认真程度依然会决定布的质量。也就是说，设备好并不一定能保证产品质量好，关键还得看线头怎么接。"做布都是细节问题"：牵经是不是对齐、接经丝接头的方向是否正确。

下面是笔者在一个家庭工厂的机器上看到的注意事项：

> 每次换花本前必须封头 30cm，不封罚款 5 元！
>
> 除人丝外，其余纬纱一律禁止泡油，违者罚款 20 元！

第四，工人的劳动能力。一个挡车工能够开几台机器，取决于以下四个因素。其一，机器能否正常运转，这与平时能否得到精心维护或者机器能否得到及时修理有关。其二，产品的难易程度，这与家庭工厂主同上游做布老板的关系有关，关系亲近就更容易获得梭节价格好、花纹简单的订单。其三，工人自身的素质，这一方面表现为工人技术是否熟练，另一方面表现为工人愿不愿意吃苦。当然，还有一个更为重要的因素是对产品质量的要求。按照 YXW 的看法，一个人开两台机器能够保证最好的质量。但是一般人家都是开三四台，那是因为自己作为劳动力，愿意投入最大的精力。每个工人分配的机器的数量会直接影响产品的质量，因此，如果工厂超过了一定的生产规模，就必须雇用工人来开机器。当然，也有极少数家庭作坊是一个人管理 6 台剑杆机。要达到这种极限，不是牺牲了对产品质量的要求，就是家庭劳动者付出了极大的辛苦和努力。

第五，雇工与效益。从劳动力使用的角度上看，可以将潮镇的家庭织布作坊分为三类：自雇、半雇和全雇。如果上了一定的规模，就需要雇工生产。从雇工的角度，也可以进一步把家庭工业分为半雇工和全雇工两种模式。但是自雇、半雇和全雇三种模式的界限是模糊的。

家庭工业最为普遍的规模是三四台剑杆机。这种规模或者小于该规模的家庭一般是自雇模式，主要以家庭成员作为劳动力生产。家庭织布作坊一般的分工模式是，男主人负责机器修理、架布和送布，并和女主人轮流开机器。

半雇是指少数规模在四五台剑杆机的家庭也会雇一个工人，从而降低自己的劳动强度。半雇最为常见的模式是，一个家庭的织布机超过 6 台，但是又没有达到很高的规模，比如 6~8 台，那么会雇一个人，称之为半雇工。半雇工的家庭分工模式是男主人负责机器修理、架布和送布；女主人和雇工轮流开机器。在半雇模式下，工人的工资采用包月制，女主人和雇工一起劳动，能够直接监督和管理生产过程。笔者见到的半雇情况是 QDF 家（QDF 生于 1987 年），他有 12 台织布机（但是并没有全开），雇用了一个工人协助 QDF 的妈妈一起开机器。

如果剑杆机的数量继续增加到一定规模，就会变成全雇模式；但是这种模式只是极少数，在笔者调研中只见到了一个案例——A 老板。在这种模式下，女主人也从直接的一线生产中脱离出来，主要从事后勤服务和管理。在全雇经营的情况下，一般采取计件制，以梭节为单位计算工人的工资。A 老板每个梭节给工人的加工费是 0.052 元。

从家庭织布的劳动过程中，我们可以看到家庭织布业的劳动强度很大。家庭织布的生产一般是两个工人"两班倒"轮流开机器，需要工人全身心地投入。此外，雇主对织布机的工人还有一定的年龄要求，因为工人如果年纪太大则看不清线头，而且一天工作 12 个小时，还经常值夜班。

近年来，我国制造业日益面临着劳动力短缺的问题，因而需要达到一定的工资水平才能吸引到工人。以 A 老板为例，工人工资占加工费的 32.5%，一台机器的加工费是 3.5 万元，但是需要两个人分班倒去开，那么一个工人一年开一台机器可以获得工资收入 0.56875 万元，他开四台机器一年的收入只有 2.275 万元，这种工资水平必然无法雇用到一个满足要求的工人。而开十台机器，一年大概获得 5.7 万元，这样的工资才会有足够的吸引力，使工厂在招工难的情况下找到工人。另外一个雇工经营的案例是 QDF，他家工人的工资是每个人每年八九万元，但是要开 10 台织布机，这个工人在他家工作了 14 年。

为了保证一定的工资水平，就不得不让一个工人开很多台织机。但是这样做的后果往往是牺牲了质量要求。外发订单的做布老板深谙这个规律，比如 YXW 明确地表示，他不会把自己的产品外包给 6 台以上规模的家庭作坊加工。之所以是 6 台织布机，是因为超过了这个数目，家庭工业就需要雇用工人。只有那些对产品质量要求不高的包买商才会选择把订单外包给雇工经营的家庭工作。

织布机数量与产品质量的关系，一方面限制了规模较大的家庭工厂的订单来源；同时也限制了这种类型家庭作坊的订单单价。而其中起关键作用的因素就是雇工模式。

四 家庭工业的最优规模

对于一个家庭的最优经营规模，CYJ 认为是 6~8 台机器，这种模式使用 1 个雇工、女主人、男主人三个劳动力。YXW 则认为是 4~6 台，这个规模既是潮镇最为普遍的，也是理论上最为划算的。我们可以从生产成本上比较几种生产模式（见表 7-3）。

表 7-3 潮镇家庭工业的经营形式

单位：台，万元

模式	机器数量	总加工费	厂房租金	雇工工资	电费	修理、衬子以及其他	总成本	总收益	每台机器的收益
全雇	20	70	6	22.8	15	10	53.8	16.2	0.81
半雇	6	30		8.5	4.5	3	16	14	2.33
	8	40	0	8.5	6	4	18.5	21.5	2.69
	10	50	0	8.5	7.5	5	21	29	2.90
自雇*	4	20	0	0	3	2	5	15	3.75
	6	30		4.5	3	7.5	22.5	3.75	

* 实际上，在自雇模式下家庭会取得更高的订单收入。而此处统一按照一台剑杆机每年 5 万元的加工费计算，应该是低估了自雇模式的收入。

我们看到，对于一个家庭工厂，其总成本 = 厂房租金 + 雇工工资 + 电费 + 其他。其中，电费和其他费用都是按比例增加的。当生产达到了一定规模（6 台），就会雇用工人，而再增大到一定规模，又增加了土地费用。

而正是土地和雇工导致生产成本在生产规模达到 6 台以后迅速扩大，这消耗掉了家庭工业的大部分收益。

更重要的是，雇工还会改变整个家庭工业的产品质量。雇工一方面降低了整个家庭工业的利润空间；另一方面由于无法克服的管理问题，也会降低产品质量并导致家庭工业的接单能力下降。所以，家庭工业机器规模的上升，会减少总加工费，从而急剧地降低总收入和每台机器的收入。

下面我们将具体讨论这三种家庭工业模式。通过这个讨论，我们可以发现潮镇家庭工业在理论上达到什么规模最赚钱，更为重要的是，这三种模式在本质上有什么区别（见表 7 - 4）。

表 7 - 4　潮镇家庭工业的三种模式

织布机规模	4 台以下	4 ~ 6 台		6 ~ 12 台	20 台
类型	自雇	自雇	半雇	半雇	全雇

自雇。自雇模式下每台机器的纯收益是 3.75 万元，并且随着规模的扩大，每台机器的收益水平不会有改变。在理想模式下，织布机越多越划算，但是在使用自有劳动力的情况下，家庭织布作坊的机器数量不可能超过 6 台。有两个因素限制了自雇模式的规模：第一，劳动者的劳动能力，这个因素前文已经详细讨论过；第二，土地的限制，这点需要在此处进一步论述。

几乎免费的土地成本是潮镇家庭工业的重要优势。根据潮镇工商局 2012 年调查了 268 织布经营户，其中 247 户使用自有土地，占 92.16%。而根据笔者的实地调研，只有一些规模较大的家纺企业会进工业园租地经营，而且工业园区的企业厂房要么是仓库，要么是印花、砂洗等配套工厂。

A 老板的厂房租金大概占到了总成本的 11%。仅就纯粹的织布生产环节而言，租地、租厂房是极为不划算的，一般家庭都使用自有宅基地作为生产厂房。但是考虑到织布机占地面积大，按照每台织布机占地 25 ~ 30 平方米计算，加上过道，4 台织布机就得占地 160 平方米。由于剑杆机很高，导致了家庭织布作坊不能够和住房合在一起，因而普遍的情况是农民将自己的老住房作为厂房，在前面再新建一栋住宅。

如果有 4 台剑杆机，那么生产附属用地加上住宅所占的宅基地就达到了

280平方米（潮镇宅基地标准是每户落地118平方米，稍微放宽标准可以到120平方米），这已经远远超过了政策允许的标准。如果有6台织布机，那么生产厂房的面积至少要达到210平方米。为了支持潮镇家庭产业的发展，潮镇放宽了对农民生产生活用地的限制，目前默许占地330平方米，但是实际上许多家庭远远不止这个数目。这个现象引发的一系列问题已经成为潮镇政府与农民关系中冲突和矛盾的根源，笔者将在后文详细叙述。

半雇。半雇模式相比于自雇，增加了工人的工资这一项支出，从而压低了每台机器的纯收益。半雇一般采取固定工资制，潮镇工人的一般工资水平是每月5000元。但是QDF家实际支付给工人的工资是每年8.5万元。这个工资水平相对于家庭织布的繁重劳动来说，并不算太高。QDF说，他们家为了留住这个工人可谓大费周折。

半雇模式下，电费、机器修理和其他费用的成本较低；而工人工资保持不变。那么，半雇模式的家庭工厂规模也似乎是越大越好。然而，半雇模式依然受到工人劳动能力和家庭所能容纳的厂房面积的限制。一个工人开10台剑杆机已经达到了极限。

那么可不可以再多雇一个工人呢？雇两个人，加上女主人，三个人轮流开可以吗？有两个原因使其不可行：第一，一个人不能一下子开10台以上机器，所以要雇人也是要雇3个人（加上女主人，四个人两班倒）；第二，即使雇两个人，其成本也难以承受（雇两个人工资支出是17万元），这已经超出了一个家庭工厂的承受力，遑论雇3个工人。

更为重要的是，半雇模式也面临着土地上的限制。10台剑杆机，需要占多大面积的土地呢？按照一台剑杆机占地25平方米计算，10台机器加上过道，厂房面积至少300平方米。这已经大大超过了一般家庭的土地条件。潮镇家庭工业发展，一般是利用自家房前屋后的闲置土地来搭建厂房。如果需要购置土地才能建厂房以发展家庭织布业，绝对是亏本的事情。

全雇。全雇模式极大增加了成本支出——除了半雇模式所需要的工资成本之外，还要加上土地支出。前面的分析已经指出，全雇模式采取计件制，工资支出占总加工费的32.5%，这要求全雇模式维持在一定的经营规模。而加工费又随着规模的增加而减少，20台剑杆机的加工费约70万元。

那么一个工人开 10 台机器，一年可以获得大概 5.7 万元，这样的工资水平才会有吸引力，使公司在招工难的情况下也能招到工人。又必须有 4 个工人，以便轮班。所以，20 台机器、4 个工人已经是规模经营的最低配置了。

但是从收益上看，这种规模并不划算。所以，我们看到全雇模式，成本最高，但是收益却是最低的。家庭工业要扩大生产规模，就需要冒极大的风险，有很高的投入，而最终只会获得较低的收入。A 老板就对他的这项投资叫苦不迭，那么 A 老板为什么要投资呢？他是没有办法，因为他不是本地人，缺乏自雇的条件——简单地讲就是他的家庭不在这里，无法获得"免费"的土地和劳动力。

家庭是潮镇最为重要的生产单位。前文详尽地分析了家庭生产模式在经济上的合理性。自雇模式投入最少、风险最低，同时也是单位产值最高、收益最优，也是最能保证产品质量的生产组织模式。

五　家庭工业的社会学意涵

自雇和雇工模式（全雇、半雇）是两种生产逻辑完全不同的生产组织过程。自雇模式利用自己家的住房、利用自己的劳动力，和农业时代的家庭生产经营逻辑没有本质上的区别。

但是半雇模式和全雇模式对家庭工业提出了另一个要求，即需要一定的资本量，正是这件事大大改变了家庭经营的性质。全雇模式对资本量的要求最高，最为典型的例子是 A 老板由于需要雇工而大大提高了经营成本，每年的成本达到了 53.8 万元。相对而言，在自雇模式下，除了电费几乎没有其他成本。

表 7-5　对三种家庭经营模式的分析

	资本	土地	总成本	总收益	单位收益
自雇	☆	☆	☆	☆☆☆	☆☆☆
半雇	☆☆	☆☆	☆☆	☆☆☆☆	☆☆
全雇	☆☆☆	☆☆☆	☆☆☆☆☆	☆☆☆	☆

注：☆的数量反映了三种经营模式对资本、土地这两个维度的依赖程度。本研究用☆的数量来比较三种经营模式在总成本、总收益和单位收益上的区别。

资本要求低，既意味着风险低，也意味着进入门槛低。这正是潮镇家纺产业能够迅猛发展的重要原因。很多经营者一直抱怨生意不好做，但是潮镇的家纺生意却一直能够继续下来，并且有着很强的适应性而不断地发展和进步。其中很重要的原因就是家户经济的低风险和灵活性。

（一）"大不了停机"

20 世纪 80 年代是家纺产业的起步阶段，家庭工业和农业经营相配合，起到了降低创业风险的作用。起步阶段，各方面的因素导致了当时的家纺产业选择了"风险最低的办法"。创业初期的家纺产业作为家庭副业出现，而且进入门槛很低。机器设备从集体工厂租赁或者联户购买；生产厂房利用自己家的住房。少数创业者利用村、小组的公共房屋，这样做并不是为了利用共用土地，而是为了以"联户经营"的名义降低政治风险。联户企业解散以后，创业者纷纷将机器搬回了自己家里生产。当时唯一的风险是政治风险，但是到了 1984 年以后，这个风险也不存在了。

（如果生意不好）我们就停机嘛，那时候搞农活也有，我们将近一亩地啊一个人，几亩地还是要搞一下。对，很灵活的，有钱赚你就去搞，没钱赚停掉也不要紧，那时候买一万多块钱，一年也能赚回来，赚回来就无所谓了。（LWT，20150617）

在创业初期，每个家庭有将近一亩土地，工业在一定程度上只是家庭经营诸多选择中的一种，农民抱着一种"大不了停机"的心态开始创业。"有钱赚你就去搞，没钱停掉也不要紧"，正是这种灵活性的表现。发展家庭织布业的门槛很低，农民不必冒很大风险，几乎家家户户都能办。

家庭经营除了能够降低创业初期的风险，还能够最大限度地抵御市场订单的波动。在市场行情不好、没有订单的时候，家庭工业可以半年停工、半年生产。这是集中生产的大工厂根本无法想象的。有了这种风险的分担，即使行情再差，潮镇家纺产业也只可能出现衰退而不会坍塌。

但是一旦采用雇工模式，性质就变了。许多家庭以前还雇佣工人，但是最后都因为市场风险而停止了。

　　我们那时候招五六个工人啊，怕到时候不好弄，就全部停了。我们
这里雇工人，说好一个月多少钱，不好少的，每个月都要发的。你来了，
我肯定给你工资。（LWT，20160617）

　　雇工与不雇工，这是讨论家庭工业的第一显著特征。家庭工业其实就
是依靠自家劳动力进行低成本运作。"大不了停工"的生产模式正是建立在
自雇的基础上。

（二）农户家计与工业生产

　　由于雇工不划算，潮镇家庭工业主要依靠家庭自有劳动力进行生产。
在一定意义上，潮镇的农户已经不从事农业生产了，与恰亚诺夫笔下的俄
国农户相似，但是他们依然沿用了农业时代的模式在从事纺织业。

　　恰亚诺夫（1996：29）分析的是俄国 20 世纪初期商品化背景下的小
农，这种家庭农场与资本主义企业有着截然不同的区别。[①] 恰亚诺夫认为有
两个关键的因素。其一，农户依靠的不是雇佣劳动力，而是自家劳动力。
其二，农户经营的农场并非完全是为了实现市场利润最大化，而是受"劳
动消费均衡"原理的限制。家庭农场会在家庭成员客观的劳动程度与主观
的消费的满足感之间取得均衡（恰亚诺夫，1996：60）。家庭农场的组织过
程受到家庭结构与劳动消费均衡的限制，而表现出与资本主义完全不同的特
征。家庭农场通过投入劳动力、土地、资本来获取一定的收益。然而对于家
庭农场来说，由于它不能自由解雇家庭劳动力，就必须按照"劳动消费均衡
原理"组织劳动生产。结果，家庭农场往往能够承受比资本主义农场更低的
边际收益，只要家庭总收入没有达到满足家庭基本消费的程度，农民就有很
强的欲望通过"自我剥削"的方式投入大量劳动力以获取额外收益。

　　当然，我们应该进一步看到潮镇家庭工业的自雇模式能够存在的宏观
背景——几乎免费使用的土地，农民可以在自己家里利用住房生产。这是

[①]　恰亚诺夫的理论建立在对家庭农场这样的假设基础上，"农民农场是一种家庭劳动农场，
在这种农场中，家庭经过全年劳动获得单一的劳动收入，并且通过与所获得的物质成果的
比较来对劳动的耗费做出评价"（恰亚诺夫，1996：9）。

潮镇家庭工业的第二个特征。

家庭工业的上述两个特征，导致了"潮镇家庭工业中生产生活不分离"的现象，这就是有学者所谓的家户经营决策过程的"不可分性"（刘玉照，2009b）。在笔者看来，最重要的就是生活与生产的不可分离。这意味着家庭的住房既是生产资料又是生活资料；家庭成员既是劳动力又是消费者；资金既是生产资本又是消费资金。

"传统剑杆织机100平方米可以放4台，夫妻两人劳动一年可以获得比在工厂打工稍高的收入。"这是潮镇个体家庭工业的典型模式，而这句话有着深刻的社会学含义。潮镇家庭工业的经营过程，既是一个经济行为，又是一个与日常生活高度"混融"的社会行为。其中，100平方米是指住房面积，也是指生产厂房的来源；夫妻两人是指劳动力的来源以自雇为主。

潮镇的绝大部分的家庭工业都是以夫妻俩而非雇佣工人作为主要劳动力，并在自有住房中生产。白天，男人负责接单、架布、送布，女人开剑杆机；晚上，男人接替女人开剑杆机。剑杆机24小时运转，或者在夜间停机休息一两个小时。自雇模式的上限大概是6台剑杆机，一旦超过6台，其劳动强度就超过了夫妻两个劳动力的承受极限。根据调研收集的信息来看，潮镇家庭工业规模以三四台最为常见。2012年，潮镇工商局统计得出，家庭织机户平均每户占有剑杆机3.75台。

自雇模式下，每台机器的纯收益是3.75万元，并且随着规模的扩大，每台机器的纯收益不会改变。理论上应该是织布机越多收益越高。但是，在使用自有劳动力的情况下，家庭织布作坊不可能超过6台。两个因素限制了自雇模式的规模：第一个因素是劳动者的劳动能力，这个因素前文已经详细讨论；第二个因素是土地的限制。

在潮镇，普通工人的工资水平大致是3500元，但是挡车工由于工作强度大、工作时间长，工资水平要高于这个平均值。一般开剑杆机，每天工作12小时的打车工，月工资为4500元左右，也就是说一年能够获得5万元左右的收入。而家庭工业的夫妻俩总收入是15万~18.5万元，那么人均收入是在7.5万~9万元。所以在这个意义上可以说是比打工稍微高一点的收入。据云姐说，有些开进口机器的挡车工月工资也可能达到七八千甚至上万元。QDF 家挡车工年工资达到了七八万元，但这是以极大的劳动强度为代价取得的，而且这也并不是普遍情况。

潮镇的家庭工业收入是一个综合均衡的结果。潮镇家庭工业"生活生产不分离"，其结果就是夫妻在从事织布业的同时也兼顾了家庭生活。因而这 15 万 ~18.5 万元的收入背后还有一个隐含的收入。这样的话，家庭工业虽然年收入只有 15 万 ~18.5 万元，但是因为家庭工业同时兼顾了家庭生活，因而其实具有比生产生活分离更高的效用，因为这个收入背后其实是隐含了一定的社会性收入。正如 HJX 所说："我们如果到外面去打工呢，挣的倒也是这点钱啊，但是我们家里有小孩。所以我们那边基本上都是这样的，坐在家里做这个。"

（三）家庭经营与代际更替

在潮镇生活的那段时间，每次跟潮镇人聊天，他们都会充满感慨，"潮镇人苦啊！在潮镇，开剑杆机的家庭，夫妻两个人看剑杆机，24 小时不停"。在潮镇经常会有人告诉笔者一个诙谐的说法——这里家庭织布的夫妻都是"楼台会"。意思是，夫妻 24 小时两班倒，只有在交班的时候能够在上楼的楼台上见到面。但是两人都是睡眼蒙眬，简单交代两句就各自忙碌了。

笔者曾经在潮镇湾村林国家里住了一个月，我的卧室下面就放着织布机。这一个月，我耳边总是伴随着轰轰的机器声响。而潮镇的这 30 年（1985 ~2015 年），就是机器轰鸣的三十年，和我一辈或者比我年龄稍小的这代人就是在这机器的轰鸣声中长大的。

潮镇家庭工业之所以愿意承担这么高强度的劳动是一个综合考量的结果。恰亚诺夫用劳动消费均衡来分析家庭劳动的组织过程，认为家庭对消费的主观认定取决于两个因素：其一是家庭成员结构，也就是家庭劳动力和纯消费者的比重；其二是家庭消费意愿，潮镇经济的不断发展，推高了当地的经济消费水平，从而增加了家庭的生活压力。

对于潮镇人来说，其生命历程是围绕两个事件展开——建房子和为子女操办婚事。而这两个东西归纳成为一个东西，其实是一个面子，也就是在村中的地位和尊严。

我 17 岁结婚，现在干到 50 岁了，儿子这一块儿弄好了，就是成功的。接下去他自己怎么活，不是我掌握的了，是他们夫妻两个的事情了。大的目标是把儿子的事情弄好，没有债务给他，这个我就要付出很大很大的努力了。（国飞，20160616）

2012 年，本地的家庭工业达到高峰，随后出现了一些新的变化。原来都是这里的农户自己在家里面加工。现在有越来越多的家庭工业开始退出家庭织布业。而为了填补损失的生产能力，一种新的趋势出现了：外地人到潮镇来租机器和厂房生产，A 老板就是属于这种情况。此外，潮镇周边的乡镇农户开始替补进入家庭织布业，最远已经扩展到了绍兴、桐乡、余杭等周边地区。

潮镇家庭织布户的减少，首先与从业者的不断分化有关，即前面所说的从生产环节转到了销售环节。家庭工业户不断分化出经销户，到家纺城或者外地市场开门店。

然而更为重要的原因是家庭工业户中家庭人口的代际更替。目前经营织机的主力是 35～40 岁的夫妻，"就是 30 岁以下，本地的挡车工几乎是没有"。年老的和年轻人都不再从事家庭织布。年老的劳动力，主要是由于身体承受不了家庭织布的劳动强度，同时老眼昏花也不能看清楚线头。

家庭企业永远是个作坊，你再怎么做也扩大不了。这个生活质量很差的，一天到晚咣咣咣的，很影响睡眠质量的。响着睡不着，停了（机器坏了），又睡不着。这我能让我儿子干吗？我现在也不想这么干了，太累了。挣不了多少钱。（国飞，20160616）

在年老的劳动力退出家庭织布业时，年轻的子女却不愿意继续从事家庭织布，按时任潮镇党委书记的祝书记的说法，"潮镇 70% 的子女不会接班从事家纺产业"。而早在 2012 年，潮镇工商分局和统计中心针对潮镇个体家纺工业现状所做的调查显示，仅有 22% 的家纺从业者愿意自己的子女继续从事家纺产业。

潮镇家纺面临着"家纺二代们"如何接班的问题。作为家纺产业的中坚力量的子女，他们多是大学毕业，基本不会继续从事父辈的家庭织布业，因为这个太辛苦了。不但"家纺二代们"不愿意，他们的父辈也不希望自己的子女从事这样的职业。

正如一位家庭织布户在访谈中所说的，

> 问：那他有接班的想法吗？
>
> 答：我不指望他接班。
>
> 问：他愿意吗？
>
> 答：他也没说愿不愿意，但是我不希望他接班，太累了。我真要是这几年能干点儿成绩，慢慢地把生活改善一下，我还指望他能够弄个稳定的工作，不用那么累。

潮镇家纺处于特殊的时代背景下，但是家庭工业在这样的工业生产时代，不但没有消亡，反而取得了适应性发展。家庭在中国社会中，是一个重要的组织单位，也是中国人伦理观的起点（梁漱溟，2005：15）。家庭在生活中扮演着重要的角色，是一切社会生活的起点。在潮镇我们看到，家庭作为一个生产单位也在工业化进程中发挥了重要作用，也塑造了我国产业发展的独特逻辑。

第八章 政府行为与乡村工业的 产业治理*

一 政府行为与乡村工业化

基层政府行为是影响乡村工业发展和转型的重要因素，潮镇家纺产业的兴起也与特定历史时期的政府行为有密切关系。潮镇产业的兴起和发展受到了制度环境的深刻影响，因而基层政府行为是讨论潮镇产业的重要维度。我们需要进一步在县域治理体制中理解乡村产业的发展与转型。

20世纪70年代末的改革开放，通过为诸领域赋予一定程度的自主权，释放了基层社会的活力（渠敬东等，2009）。改革从中央政府的放权让利开始，地方政府由此能够大胆地去探索符合地方特色的发展道路。"白猫黑猫，抓住老鼠就是好猫"，搁置意识形态的争论，中国的"渐进式"改革在实践中很多时候都是以"不争论""变通"的方式进行的（孙立平，2002）。这个经济改革和社会转型的过程，赋予了地方政府很大的积极性和主动性。

20世纪80年代以后，中央与地方政府关系调整，形成了长达十余年的财政包干制。这一时期的包干制，既不同于平等的市场关系，又不同于计划体制下以上级指挥为主的命令关系。在包干制下，地方政府拥有自由活动的权限，中央政府只对最后的经济总量和财政收入做出要求，地方政府

*　本章的部分内容曾发表于《开放时代》2020年第5期。

成为有明确自身利益的行动主体（渠敬东等，2009）。

中央和地方关系的调整，也深刻影响了政府与社会的关系，这是本章需要讨论的重点问题。在财政包干的体制下，地方政府（一般是县、镇、村三级）为了扩大预算内和预算外的财政收入来源，纷纷大办乡镇企业，从而出现所谓"地方政府企业化"的现象，各级党和政府与所辖的企业形成了一个类似大企业的利益共同体（Oi，1992）。而这个观点也能解释为何在分税制改革以后乡镇企业纷纷倒闭（周飞舟，2006b）。戴慕珍后来进一步将私营企业整合进入"地方法团主义"，认为地方政府与私营企业之间结成了一种"庇护关系"，进一步涵盖了政府与私营企业的"共生关系"（Oi，1998）。基层政府为了鼓励发展地方经济，采取"放水养鱼"的策略，通过各种手段促进了乡镇企业的发展。学者们将这种现象总结为"地方法团主义"（Oi，1992）、地方公司主义或者地方市场社会主义（Lin，1995；Walder，1999）。

（一）"放水养鱼"与产业兴起

从历史发展的具体情形来看，浙江省乡村工业的发展在一定程度上得益于地方基层政府的庇护与支持。地方政府与地方社会之间结成广泛的庇护网络，可以追溯到计划经济时期。潮镇福村的发展历程就是一个典型。

20 世纪 80 年代中期以后，潮镇家庭工业的兴起与蓬勃发展，与地方政府的支持有很大的关系。20 世纪 80 年代中期，潮镇的家庭工业已经呈现出迅猛的发展势头，而地方政府首先遇到的问题就是政策上如何对待新兴的家庭私营企业。为此，嘉兴市委在潮镇召开了"四个轮子一起转"的会议，确定了对潮镇家庭工业采取支持和鼓励的政策。

随后，1986 年 12 月 8 日，庸县县委召开全县家庭工业种养业专业户座谈会，决定推广潮镇经验，推动和发展家庭工业。时任县委书记的田永昌在会上强调："农村家庭工业和种养殖专业户还要有一个较大的发展"，会议还在土地和税收方面制定了相应的扶持政策。

"在税收政策、使用土地、电力供应上给予照顾。财税部门按机台包干对家庭工业征税，大大低于乡、村办工业的税额；乡镇企业按利润的 10% 上交社会性开支，也低于全县 13% 的水平。家庭工业和种养殖专业户，土地管理部门批准其建造非永久性生产用房的土地。在电力供应上，个体经济同集体经济一视同仁。"（祖一良，2017）

正是上文所述，"家庭工业和种养殖专业户，土地管理部门批准其建造非永久性生产用房的土地"，在土地制度上为家庭工业的发展开了"口子"。1990 年政府进一步在土地政策上给予优惠，允许潮镇农户在宅基地之外，每户多占用 100 平方米土地作为生产用地，鼓励农民利用"房前屋后"的土地建厂房发展家庭工业。

正是在这"额外"的 100 平方米的基础上，发展出来了"一百平方米可以摆放 4 台织布机，夫妻俩辛苦劳动一年能获得比打工稍高的收入"的家庭工业。鼓励农民利用"房前屋后"土地建房的政策持续到 2008 年前后。这一时期的"放水养鱼"还表现在税收政策上，政府对家庭工业征收的税收金额很少。

几乎免费使用的土地，极为宽松的税收政策，"生产生活不分离"的家庭生产模式，家庭成员的自我雇佣——这几个因素构成了潮镇家纺产业保持较强竞争力的主要原因。

（二）乡村产业的土地利用

土地方面的优惠政策促进了家庭工业的迅猛发展。但是这个口子一开，就形成了土地利用失控的状态。根据福村在"三改一拆"之前对全村土地使用情况的摸底，仅福村 5 组 114 户，生活用房平均占地面积就达到了 139.1 平方米，最大住宅占地 237 平方米；生产用房最大占地面积达到 602 平方米，平均生产用房占地面积 150.57 平方米。此外，许多家庭还有"一户两宅"问题，"一户两宅"违规的总面积为 630 平方米。

改革开放以来，土地以特殊的方式参与到我国的工业化进程中。廉价甚至是免费的土地资源是改革开放初期乡村工业能够快速发展的重要因素之一。当然，不同区域的不同土地利用形态塑造了乡村工业不同的产业形态：珠江三角洲地区主要以出租集体土地的方式发展"三来一补"加工业；

浙江的乡村工业则依托家庭工业、民营经济发展块状经济，在改革开放初期鼓励农户利用宅基地和"房前屋后"的空地搭建生产性用房。

几乎免费使用的土地资源是家纺工业能够持续发展的重要因素。大部分的家庭工厂都是利用自有土地生产，只有极少数的人租赁土地。潮镇家庭工业的厂房有以下类型。第一种是"建新不拆旧"。随着经济的发展，潮镇兴起了一股建"豪宅"的浪潮，但是大部分村民建了新房不会拆旧房子，旧房子就成为家庭工业的厂房。第二种是利用"房前屋后"，搭建简易厂房。"房前屋后"这个概念最早可以追溯到《农业合作社工作条例》，"在屋前屋后种植果树、竹木和其他作物。这些作物永远归社员所有"。到了改革开放以后，庸市又鼓励利用房前屋后的"闲置土地"发展家庭工业。第三种是少数做布老板"购买"村集体土地建造厂房。比如林国 2006 年"买了"① 村里的鱼塘，建造了占地 2600 平方米的厂房。当然这种"购买"集体土地的行为肯定是不合法的，但是在中国农村却普遍存在，也在大多时候发挥着实际的效力。

潮镇人建设住宅的热情加剧了土地的违法使用问题，他们将自己辛辛苦苦赚的钱"毫无理性"地投入到造房子中去。农民建造房屋完全是"一股风"，每隔一段时间都会兴起一股"拆旧房子、建新房子"的热潮。新建的房子都由三部分组成：第一部分是三层或者四层的住宅，装修豪华；第二部分是厨房；第三部分是生产用房。

实际上，不光是潮镇，似乎中国农民都有这种类似的建豪宅的热情（Sargeson，2002）。从现实的角度来讲，在城镇化进程中，农民建房子可以作为货币保值的手段，他们期望借此在城镇化过程中获得更多补偿的途径（朱晓阳，2011：147）。但是这个理由无法解释为什么偏远地区的农民仍然有极大的冲动去建造房屋。实际上，农民的建房热还有更为深刻的文化意

---

① 按照林国的叙述，2006 年他给村里交了一笔钱"买下"了这个鱼塘。但是根据我国的相关法律，这种土地买卖是不合法的。按照村里的说法，当时林国是交了一笔委托拆除费，村委会对这件事的解释是：在集体土地上擅自建房是违规的，但是你可以先使用，等需要拆除的时候，我就用你缴纳的这笔钱把你的房子拆掉。但是对于大部分村民来说，这个过程恰恰被理解成了"我交钱了，我买下了这块土地"。

涵。很多情况下，"村庄的居住空间总是处在一种构建差异空间作为秩序维系的过程中"（朱晓阳，2011：125～127）。简单地说，农民建房也是为了"争气"，证明自己不比村中其他人差。

我国的土地法律和管理方式也经历了不同阶段的历史演化。改革开放初期允许农民利用集体建设用地兴办工业，随后农村土地转用制度日益严格，1998年的《土地管理法》明确取消了乡村利用集体土地进行工业生产的权限。

从政府行为的角度看，地方政府对农村土地的管理经历了从"放水养鱼"到严格执法的转变。乡镇企业的"异军突起"作为20世纪七八十年代农村改革的"意外后果"，与改革开放政策调整以后的"放水养鱼"逻辑有着极为重要的关系。在这个背景之下，浙江省的基层政府纷纷鼓励农民利用宅基地和"房前屋后"发展家庭工业，这成为浙江家庭工业兴起的重要制度背景。

90年代中期经历税费改革以后，中央与地方关系调整的影响层层传导到了基层，也导致了政府与企业关系的调整。之后乡镇企业纷纷转制，从集体所有制逐步变成了民营经济，"政府开始退出企业经营"。在这个背景下，地方政府开始纷纷探索政府职能转型，浙江省"大致从2000年开始，政府将自身定位逐步从发展型政府向公共服务型政府转变"（郁建兴、徐越倩，2004）。

要完成从发展到治理的转型，其中一项关键任务就是处理"发展型政府"遗留的治理问题。在"放水养鱼"阶段，许多改革都是以"制度变通"的方式实施的。由于土地制度的模糊以及出于"地方法团主义"的地方利益，地方政府采取了模糊治理的策略，导致了普遍的违法使用土地的现象。如何规范发展、建立依法治理的秩序是东部地区社会治理的重要任务。正是在这个背景下，浙江省基层政府开始通过行政执法的方式规范农村土地利用。

土地制度的变化明显反映了地方政府行为、政府与农民关系发生的变化。土地是工业化的重要生产资料。然而在中国特殊的工业化道路中，土地发挥作用的方式极为不同，也塑造了特殊的工业化途径。这种土地使用方式，与一系列的历史传统与民情基础有很重要的关系。从这个角度来看，在东部地区的工业化过程中，土地、劳动力和资本等生产要素都有着很强的社会性。

（三）"三改一拆"与发达地区的土地治理

"100 平方米可以放四台传统剑杆织机，夫妻两人劳动一年可以获得比在工厂打工稍高的收入"，这个生产模式建立在家家户户都"土地违法"建房的基础上。"放水养鱼"阶段的土地利用模式导致了浙江省土地资源的紧张，2013 年，庸市的土地开发率已达 28%，这意味着能够被继续开发的土地面积已经很少了。

土地政策一直处于逐步完善的过程。从湾村村委会的档案来看，在 1988 年和 1989 年，村委会就已经开始对村民建房进行审批管理。1992 年出现了对村民违法占地行为的处罚。但是在"三改一拆"之前，地方政府对于土地管理的主导思想依然是"放水养鱼"，对农民利用"房前屋后"的行为采取了默许甚至支持的态度。

"三改一拆"行动的实施，标志着地方政府对待乡村工业态度的重大改变。所谓"三改一拆"，是指浙江省从 2013 年开始的一项旨在"改造旧住宅区、旧厂区、城中村，拆除违法建筑"的专项行动。根据《浙江省人民政府关于在全省开展"三改一拆"三年行动的通知》（浙政发〔2013〕12号），开展"三改一拆"行动是贯彻落实党的十八大及浙江省第十三次党代会精神和省委干好"'一三五'、实现'四翻番'"的决策部署，加快推进物质富裕、精神富有现代化浙江建设的重要举措，是推进新型城市化、改善城乡面貌、优化人居环境、建设美丽浙江的迫切需要，是加强城乡规划建设、促进节约集约用地、加快转变发展方式的有效途径，是加强和创新社会管理、构建和谐社会的客观要求。

截至 2016 年 3 月，庸市累计完成"三改一拆"2376 万平方米，其中"三改"1260 万平方米，拆违 1116 万平方米，拆违总量连续三年居嘉兴第一。潮镇又是"三改一拆"的重中之重，2014 年非农违建拆除了 80 万平方米建筑，其中有的区块是成片违建的，连片面积最大的达到了十几万平方米。

祝书记说："在拆除的过程中，社会矛盾是有的，但是总体是平稳的。"

按照前期的摸底调查，潮镇占地330平方米以上——住宅和生产性用房的落地总面积在330平方米以上——的家庭数量是4800户左右，占潮镇总户数的20%。宅基地加上生产厂房的落地面积在660平方米以上的户数，全镇有363户（其中福村15户，湾村有22户）。为了治理潮镇的土地违章，潮镇采取了"逐步推进"的办法。2013年，拆除了全镇700多户"一户两宅"。2014年，拆除了占地面积1000平方米以上的家庭违建，其中林国就包括在内，林国的厂房占地面积2600平方米，被拆到2100平方米（2018年拆到了330平方米）。2015年，拆除了占地面积660平方米以上的家庭违建，全镇有363多户。此后拆违逐步推进到了占地面积330平方米以上的家庭违建。

从理论上说，即使拆完了潮镇所有"330平方米以上的房子"，潮镇的土地违法问题仍然没有解决。根据《土地管理法》第六十二条第一款的规定："农村村民一户只能拥有一处宅基地，其宅基地的面积不得超过省、自治区、直辖市规定的标准。"而《浙江省土地管理法实施细则》（2020年）关于农村宅基地的规定如下。

第三十五条　农村村民建造住宅应当符合乡（镇）土地利用总体规划、村庄和集镇规划，尽量使用原有的宅基地、村内空闲地和村周边的丘陵坡地；鼓励自然村向中心村集聚；鼓励统建、联建和建造公寓式住宅；严格控制占用耕地建造住宅。农村村民一户只能拥有一处宅基地，宅基地的面积标准（包括附属用房、庭院用地），使用耕地的，最高不得超过一百二十五平方米；使用其他土地的，最高不得超过一百四十平方米，山区有条件利用荒地、荒坡的，最高不得超过一百六十平方米。农村村民宅基地的具体标准，由市、县人民政府在前款规定的幅度内根据当地实际确定。

第三十六条　农村村民建造住宅用地，应当向户口所在地的村民委员会或者农村集体经济组织提出书面申请，经村民委员会或者农村集体经济组织讨论通过并予以公布，乡（镇）人民政府审核，报县级人民政府批准。农村村民建造住宅使用农用地的，应当依法办理农用地转用审批手续。农村村民经批准易地建造住宅的，原宅基地应当在住宅建成后交还村民委员会或者农村集体经济组织，并由土地行政主管部门注销原宅基地的土地使用权；属于建新拆旧的，地上建筑物应当自行拆除，拒不拆除的，由土地行政主管部门责令限期拆除。

庸市的农村宅基地标准是每户 105 平方米的住房加上 13 平方米的生产用房，总计 118 平方米。在实际操作过程中，基层政府"闭个眼睛"，也可以默许 120 平方米。因而，我们看到潮镇无论是拆到"660"还是拆到"330"，根据现行的法律和庸市的地方法规来看，实际上仍然是不合规的，它只是"权衡"各种现实因素的结果。正如祝书记所言：

> 其实，660（平方米）是参照一亩的标准，一亩是 667（平方米），我们先定了 660（平方米），我们打个对折。如果按照这个 330（平方米）减到 120（平方米），还有 200 个平方米。

> 目前（2016 年）正在对农民的宅基地进行确权发证，即使拆到了"330 平方米以下"，也不能说老百姓的这个土地面积是合法的，也是不能真正确权发证的。也就是说，即使是拆到了 330（平方米）以下，依然留下了许多问题。

二　地方政府行为视野下的土地治理

在改革开放初期，浙江省普遍采取了"放水养鱼"的政策鼓励发展乡村工业，在具体政策上打了许多"擦边球"，客观上留下了许多问题，其中最为突出的是环境问题和土地违建。

浙江省从 2014 年开始全面推行"腾笼换鸟"，加快工业产业转型升级，并先后出台了一系列的文件：《关于进一步整治提升"低小散"块状行业深化"腾笼换鸟"的意见》（浙转升办〔2014〕39 号）、《关于合力推进"低小散"块状行业整治提升工作的通知》（浙经信产业〔2015〕11 号）、《关于全面推行企业分类综合评价加快工业转型升级的指导意见（试行）》（浙转升办〔2015〕13号）。

为此，浙江省制定了具体的工作任务，并部署了十大专项行动①，力争到2017年，每年确定10个以上重点行业，整治提升"低小散"企业（作坊）较多、环境污染和安全生产隐患较大的集中区块100个左右，淘汰设计企业1000家以上，整治和淘汰各类低端落后企业（作坊）10000家以上②。

> 据各地对"低小散"块状行业进行的拉网式调查，截至2015年2月12日，全省11个市共有"低小散"块状行业集中区块119个，涉及企业（作坊）约6.2万家，从业人员近150万人（其中外来务工人员约85万人），其中存在安全生产、环保等方面问题的企业（作坊）约2.3万家。这些企业（作坊）中，安全生产不达标的占54.8%，环保不达标的占40.9%，节能降耗不达标的占26.1%，涉及落后产能的占24.2%；约有50%的企业（作坊）都存在两个及以上问题。（刘乐平，2015）

潮镇家纺产业的升级转型是重中之重，庸市市委市政府部署了一系列"组合拳"，全面落实省委省政府关于产业转型的一系列行动——三改一拆、五水共治、要素改革，其目的就是要"倒逼"传统产业转型。为了进一步给高新产业"腾出"发展空间，自2013年至2015年，浙江省在全省深入开展旧住宅区改造、旧厂区改造、城中村改造和违法建筑拆除（简称"三改一拆"）三年行动。"三改一拆"成为"腾笼换鸟"的重要手段，其主要

---

① 根据浙江省委省政府的相关要求，省转升办、省经信委、省环保厅、省质监局、省安监局印发《关于进一步整治提升"低小散"块状行业深化"腾笼换鸟"的意见》（浙转升办〔2014〕39号），省经信委成立由主要领导任组长、有关领导为副组长的"低小散"块状行业整治提升工作领导小组，按照"改造提升一批、整合入园一批、合理转移一批、关停淘汰一批"原则，在联合环保、安监等部门做好环境治理、安全生产等专项整治的同时，全面实施"低小散"块状行业整治提升十大专项行动，致力建设新型工业化产业示范基地。

② 《我省实施"十百千万"工程》，https://china.huanqiu.com/article/9CaKrnJIPz7，最后访问日期：2020年6月30日。

目的是盘活存量建设用地。2014 年，庸市总拆迁拆违面积 742.85 万平方米，其中旧住宅区、旧厂房、城中村改造总共 127.28 万平方米。市区涉及国有土地上房屋征收的项目有 29 个，共 34.90 万平方米，其中涉及住宅 1225 户，共 9.98 万平方米。

（一）倒逼家庭工业

潮镇作为"三改一拆"行动的重点实施区域，工作的重要任务是"拆违"。仅以潮镇湾村执法中队为例：湾村执法中队成立的 8 个月间，拆违 18031.7 平方米，腾退土地 17.6 亩，其中涉及 660 平方米以上违建户的共 7142 平方米；涉及最新发生的违法建筑 25 户，共 2565 平方米。

然而，令人奇怪的是，潮镇的拆违最终并没有增加土地指标。一是因为违章建筑本身的性质是农业用地，无法通过复垦验收的方式变成新增建设用地；二是家家户户分散的违建即使已经转为了农村建设用地，也由于地块分散很难复垦验收。湾村执法中队腾退的这 17.6 亩土地，大部分来自 6 个沙场的拆除。换句话说，"拆违"在大多数情况下不能拆出土地指标。祝书记把这个问题说得很清楚：

> 其实我们再把话挑明了说，到底政府有无利益？政府几乎没有利益。这部分占的田原来都是农田或者农户原来的自留地。当然按照要求是必须复垦复绿的，但是复垦出来对于政府来说能干吗呢？我也没有土地指标进行收地啊。无非是恢复了原样，而非把建设用地改成了农田。（祝书记，20160616）

为什么还要下这么大力气去拆违呢？正如祝书记所说，"拆违"的关键是"怎么推动家庭工业转型，改善家庭工业的发展，特别是'低小弱'的家庭工业，如何通过改革措施促进家庭工业的改革升级"。

换句话说，这么严格地执行土地政策，主要是为了实现产业的升级转型。也就是通过土地政策淘汰落后产能，"倒逼"产业升级。为了倒逼家纺产业升级，庸市采取了一系列政策：机器换人、三改一拆、综合执法。拆违之所以可以跟产业升级联系起来，是因为在庸市政府看来，潮镇家纺产业的发展形式存在着诸多问题。

第一，环境问题。潮镇的家纺产业确实对环境带来很大的影响，但是这个问题值得深入地辨析。事实上，家纺产业只有特定的生产环节——烫金、印染、复合等，会对环境造成较大危害。通过开展家纺行业的环保专项治理行动，潮镇关停了居民区（村庄）所有污染小企业，合计有40至50家。按照目前的政策，这类企业必须进园区，而且要通过技改达到政府制定的环保指标。另外，印染一直以来都是环境治理的重点行业，由于印染厂的规模一般比较大，而且数量比较少，因而很早就经过了技改，这在一定程度上控制了印染环节的环境污染问题。除此之外，潮镇大部分的家庭工业的织布机是不会对环境造成污染的。因而把家庭工业关停，或者让家庭工业搬入园区本身与环境治理并没有直接关系。

第二，外地人的管理问题。潮镇内的外地人口占全镇常住人口的比例在1/3左右。外地人聚集在潮镇有两个主要的原因：一是家纺产业发展过程中，很多配套工厂和企业雇用了大量外地劳动力；二是潮镇靠近杭州余杭区，这里的房租便宜，导致了许多人"挣钱在杭州，居住在潮镇"。

人口大量聚集，虽然能够带动当地消费、拉动经济，但是潮镇的环境承载能力差，无法消化这么多外地人带来的环境污染问题。虽然潮镇已经完全非农化了，但无论是村庄的基础设施还是村庄的管理，依然沿用了传统农业社区的模式。外地人涌入，但是基础设施和社区管理却没有做出相应的调整，这便导致了一系列的环境和社会治理问题。

> 我们本村的居民只有4000多人，土壤本身是有净化能力的，现在人口一下子增长之后，污水啊等等没有办法自我净化了，河道湖泊就黑啊、臭啊。
> 目前亟须解决的就是污水治理问题，为此推行了"生活污水全覆盖"行动。（埠村）1118户人家，平均下来，前一池一管，中一池一管，后一池一管，包括相应的路面修复，平均下来一户一万元。这笔钱需要市级财政、镇政府、村级组织和村民共同承担。但是潮镇村级集体经济较为薄弱，根本出不起这笔钱。（埠村，20160617）

另外，外地人在潮镇也会带来一系列社会管理问题：登记造册、暂住证发放、计划生育、治安管理等，这都需要投入大量人力物力。如何解决这些劳动力密集型产业所带来的外地人问题，也成为产业升级的重要考量。"十大专项行动"中的"机器换人"，目的就是通过机器换人，挤压劳动密集型产业的空间，从而起到压缩外地人规模的目的。

第三，为家纺企业创造公平竞争的环境。笔者在调研过程中发现，有一种观点认为之所以要"倒逼"产业升级，是因为家庭工业在村中，不交税、不需要承担土地使用成本，这样其实对园区企业的发展很不公平。但是园区企业与农村中的家庭工业并不构成一个竞争关系，而是一个互相依靠的关系。园区的大部分企业自己没有生产车间，最多进行后道整理和包装，它们更多的是作为仓库，这些园区企业都要依靠家庭工厂加工。

第四，土地问题。将家庭工业赶入工业园区就能节约土地吗？或许对于政府来说，面临的最为棘手的问题恰恰是没有建设工业园区的土地指标。

第五，"三合一"问题。所谓"三合一"，是指厂房、住房和仓库不分离。"所有的生产生活要分离，家庭式的要关掉。"因为这种生产方式不规范，存在着各种安全隐患。

从上面列举的问题我们可以看到，地方政府试图通过拆违的方式"倒逼"家庭工业，从而实现发展园区工业的目的。这种做法是建立在对产业形式的不同看法的基础之上。

> 目前的情况下，我们的政府动不动就是高新技术产业，大量的资源、财富、政策优惠都集中到这块。但是我们的传统产业，已经不是过去的传统产业，我们现在有很高的科技含量，也有很时尚的品味，已经不是原有的传统产业了。然后我们每个地方每个产业的发展模式也不要一味地强求，贪大求全。因为与我们老百姓生活息息相关的产业，贪大求全的结果就是统一标准、统一格式，单一。但是和老百姓息息相关的东西不可能是单一的。你看现在流行的东西，年轻人都穿一样的衣服？（JZM，20150607）

庸市的家纺产业已经是时尚产业而非"传统产业"了，它只是在形式上依然表现为"小"和"散"。但是这种"小"和"散"却并不意味着"低",这是 JZM 强调的核心意涵。

> 不要老是戴着有色眼镜看传统产业,传统产业不一定是低档的、消耗大量能源的、污染很大的。不一定是这样的,传统产业为什么能生存到现在,它有它生存下来的理由,存在的就是合理的。目前的情况是,我们的政府动不动就是高新技术产业,大量的资源、财富、政策优惠都集中到这块。但是我们的传统产业,已经不是原有的传统产业了。

正如斯科特(2011:4)批判的极端现代主义——对科学和技术进步的盲目甚至僵化的迷信,"其目的都在于清晰化和简单化。在所有这些过程中,官员都将极其复杂的、不清晰和地方化的社会实践取消,……而代之以他们制造出的标准格式,从而可以集中地从上到下加以记录和监测"。所谓的极端现代主义,就是对标准化下的"直线进步、绝对真理和对理想社会秩序的理性计划"有着特别强烈的信念。在这套现代主义的观念下,小规模的、以家庭为生产单位的产业必然被认为是落后的,这种生产模式必然被要求进化到工厂制、规范化的阶段。

(二) 产业进工业园区

在潮镇,拆违的主要目的就是倒逼家庭工业转型,转型的后果就是家纺产业进园区。在拆违的同时,庸市开始大力发展"两创中心",每个乡镇都有两创中心,而潮镇的两创中心总共建立了约 50 万套标准厂房。在潮镇可以看到这样富有张力的局面:一方面在轰轰烈烈地拆违,另一方面在轰轰烈烈地建设工业园区,"拆违拆出家纺产业的明天"。

"工业园区政治学"在发达地区普遍盛行,地方政府试图通过一系列的手段去形塑地方工业发展的地理空间形态。庸市政府有各种办法将企业"迁移"到园区:三改一拆、五水共治、两进两退、要素改革、亩产效应、清三河行动。

正如斯科特(2011:5)所言,"那些持极端现代主义的人倾向于以视觉美学的观点来看理性的秩序。在他们看来，一个有效率的、被理性组织起来的城市、村庄或者农场是一个几何学上显示出标准化和有秩序的城市、村庄或农场"。而工业园区的逻辑就是要整合看起来乱七八糟的家纺产业的空间布局，从而提升产业的档次。

家纺企业进入园区也可以增加政府税收。许多企业在村里基本不缴税，但是进入了工业园区就可以实现"规范化管理"，从而管住那些不开发票或者少开发票的逃税行为。

> 做内销的话，因为不开票，产值都不体现出来，占用了这么多的资源，土地、用电，但是你数字体现不出来，我们至少用一个倒逼的手段让它体现出来。像皮革，我们有很多企业的，但是只有100多家体现出来（意思是只有100多家规模以上企业，而其他小微企业都不能在数字上反映出来），实际数字应该是远远超过2000万元的（意思是好多企业实际上的产值应该是超过2000万元）。

但是，仔细分析上面这段话，地方政府倒逼家纺产业进园区的根本目的不是为了收税，而是为了"出数字"。这与政府的统计口径有关，统计报表只会统计规模以上企业（产值在2000万元以上的企业）。我们看到，"腾笼换鸟"十大专项行动中有这样的规定：

> 六、"小升规"专项行动。推进小微企业"小升规"，加大对"低小散"块状行业重点集中区块"小升规"工作指导，进一步扩充小微企业培育数据库，推动"低小散"企业通过"升规"不断做大做优。配合抓好"个转企"，积极发展小微企业。

倒逼家纺产业进园区并制定较高的入园标准，其实就是为了逼着企业"上规模"。对于潮镇的家庭工业，考虑到"规模不效益"的现实，政府鼓励几户企业采取联合的办法进入园区租厂房、组成一个联合企业。

谈起目前的"三改一拆"，笔者熟悉的几个"做布老板"的态度很有意思。QZW、YHM认为"从长远的角度看，是有好处的"，"林书记（时任庸市市委书记）也是想把这个地方治理好，只是治理的手段有问题——太急了、太粗糙了"。尤其是林国，他家的房子之前有 2600 平方米，通过各种努力勉强保留到了 2100 平方米，还有可能继续拆。然而，林国还跟老婆争论，他老婆说政府拆房子不对，而他说政府这样做从长远来看还是正确的——这件事降临到他身上，他觉得很不幸，但他在内心深处知道自己确实是违法了。

事实上老百姓都知道，从法律上讲自己确实是占用了过多的宅基地，林国正是其中的典型代表。但是大家又觉得法律也是可以灵活处理的，比如前几任政府班子与现任政府班子就对土地违规这个事情有不同的态度；即使是现任政府班子也对市内东西部地区采用不同的政策。更重要的是，邻近的桐乡市依然对土地违章采取"放水养鱼"的政策。

"农民辛辛苦苦赚一点钱，就是搞点房子。"一方面房子是老百姓多年的积累，另一方面它也是老百姓未来收入的指望，拆掉了房子，老百姓就失去了生活来源。除此之外，他们认为政府过分的地方在于——你即使浪费土地，你也不愿意让我来赚钱。"你拆迁拆掉了没用，你田也种不了，荒废了也可惜，我们经济收入肯定没有了。"

在"放水养鱼"阶段，政府对于农民利用宅基地发展工业采取了默认，甚至是鼓励的态度。到了 2006 年前后，土地政策依然不是十分明朗。当时林国如果"踮起脚尖"，也是勉强可以在工业园区买地的。但是抱着侥幸心理，他给村里交了一笔钱，"买下"了目前厂房的地基，但现在却成为拆违的重点对象。2006 年林国交到村里的那笔钱，按照村里和镇里的说法是叫"委托拆除费"。可是，在老百姓看来，"我给你钱，你让我造了房子，这难道不是买了土地吗？""我们有政府签字，还盖了公章的，可他们又说不算了"。

三 产业治理的过程

潮镇的工业化和城乡一体化对乡镇政府的社会治理能力和公共服务供给的能力提出了新要求。然而，从乡镇行政体制改革的总体趋势来看，乡镇政府一直在趋向于能力"弱化"。浙江省自 20 世纪 90 年代以来经历了四轮乡镇机构改革：1992 年的改革主要是"撤区扩镇并乡"，减少行政管理层次；1998 年的改革主要是裁减机构编制，精简行政编制；2002 年的改革重点是转变行政职能，同时精简行政编制；2006 年在全国性的农村综合行政体制改革浪潮中，浙江省也统一规范了机构设置，形成了"五办三中心"的组织架构。

乡镇政府在实际运作中面临许多问题，除了人员编制和财政能力不足以外，更为重要的是"权责不一致"，尤其是行政执法权限的缺失。乡镇政府虽然面临着许多由"非农化"和"城镇化"带来的新治理任务，但是却没有相应的行政处罚权限。这种局面被形象地总结为："看得见的管不着，管得着的看不见。"这样，乡镇政府自身也无法解决产业发展带来的土地违建问题。

在乡镇政府结构弱化的同时，村级自治组织的治理能力也十分弱。潮镇各个村社的集体经济普遍都很薄弱，大多数村都没有稳定的村集体经济收入。"现在是村民很富，集体经济没钱。"在这种情况下也无法依靠村庄的内生秩序规范土地利用，当然更无可能依靠村庄治理土地违法的事实。

由此，我们看到这样的局面：发达地区乡村治理的任务很重，但是又面临着基层治理体系弱化的问题。那么在这样的情况下，如何实现"通过土地治理"呢？为了推行"土地治理"、倒逼产业转型，庸市采取了"下乡执法"的做法。

首先，成立综合执法局，解决执法过程中各个部门面临的"执法孤岛"问题。庸市在市级成立了综合行政执法局，集中了县直属部门的行政执法权限。在此基础上进一步将执法权限"下沉"到乡镇，在乡镇或街道设立综合行政执法中队作为县（市）综合行政执法局的派出机构，挂"镇综合行政执法办公室"牌子。

庸市综合行政执法局有 14 个综合行政执法中队，派驻到各个乡镇、街道、景区和经济开发区。潮镇又是土地治理的重中之重，21 个有执法权限的县级直属部门下派了 61 名工作人员到潮镇，潮镇本级配套了 25 名同志，86 名执法人员共同组成了潮镇综合执法局。通过县级直属部门派工作人员到潮镇进行土地治理，潮镇综合执法局实现了"享有市级部门同等的执法权限",获得了包括税务、工商、环保、土地等各个方面的行政执法权限。

其次,土地执法的关键是要"下乡执法",即执法力量入村。既有的研究都是讨论经济发达镇的综合执法,关心镇区的治理任务如何通过综合执法的方式解决。对于潮镇来说,综合执法最主要的执法对象是乡村中的家庭工业。为此,潮镇划分了11个责任区,派驻镇综合执法局的工作人员驻村工作。比如湾村执法片组就负责湾、桥和庄三个村的行政执法。在拆违行动的高峰时期,仅这个执法片区就有5个工作人员,分别来自税务、交通、国土、环保四个县直属部门。

执法力量入村以后,重构了既有的乡镇与乡村治理体制。第一,加强了基层政府的治理能力,综合执法整合了县级政府的执法权限,使其拥有了土地、环境、税务、食品药品等行政处罚权。第二,大量的执法人员进入乡村,在组织制度上整合、加强了乡村既有的社会治理力量。表8-1展示了潮镇湾村下乡执法的具体运作模式。

表8-1 潮镇湾村拆违工作的包干制度

违建户序号	总占地（平方米）	已拆除（平方米）	完成率（%）	执法单位	村负责人	镇包干人员	包干人员所在单位
7	2198.8	1020	66	税务	LJQ	SJY	执法办国税
8	992.8	52	16		LSG	FY	计生办
9	971.8				LSG	LLQ	镇领导
10	910.3	130	52		LSG	WQY	经服中心
11	860.0	205	103	税务	CYH	LJN	村镇办
12	809.1	30	20		GZP	CHL	综治办
13	855.0				LJQ	DYF	执法办交通
14	915.8				LJQ	WYQ	经服中心
15	1949.6	365.4	28		GZP	SWG	执法办国土
16	890.6				SFL	耀东	执法办交通
17	948.4				GZP	耀东	执法办交通
18	780.6				GZP	FY	计生办
19	1416.0				LJQ	DYF	执法办交通

违建户序号	总占地	已拆除	完成率（%）	执法	村负责人	镇包干人员	包干人员职务
20	1042.0	286	75		GZP	LJN	村镇办
21	943.5				SFL	CHL	综治办
24	862.0	202.2	100		CHY	ZX	执法办环保
25	866.5	208	101		CHY	ZDH	村镇办
26	803.3	159.3	111		SFL	ZDH	村镇办

注：根据当地相关部门提供的资料整理。

从表 8 - 1 来看，成功的拆违行动都采取了县、镇、村三级干部联动的方式。县、镇、村三级的工作人员组成一个小组来协调某一个违建户的拆违工作。由于县级直属部门的工作人员来自不同行政部门，带着不同的执法权限，因此他们进入乡村也使得国家治理力量直接深入乡村。

乡镇政权在结构上的弱化和行政执法权限的缺失，加上乡村社会内生秩序不足，使得治理问题无法在既有的科层制框架内解决。土地治理是通过县级政府派驻直属部门工作人员下乡执法，其制度设计可以概括成"在综合执法的基础上进一步下乡执法"，这一做法改变了既有的治理体制。

下乡执法改变了县域政府既有的条块关系，它整合了县级部门的板块，然后将之深入乡村社会。它也改变了县域治理体系中的县乡关系，县级政府通过县直部门的下乡执法力量，统筹整合了乡镇和村庄内的治理力量。这个过程极大地增强了基层治理的能力，也进一步整合了基层政府既有的治理资源。从国家与农民的关系来看，它也意味着国家权力比以往更加深入地进入乡村社会。

四　以模糊治理模糊

要实现治理现代化，其中最为关键的就是要把乡村社会的各项事务纳入依法治理的轨道。从制度设计的角度看，行政执法有着很强的制度化逻辑，表现在两个方面：第一，执法的高度专业化，每个执法人员都需要有执法资格；第二，执法过程的高度程序化，执法人员需要严格遵循程序的正当性。那么下乡执法的过程是不是实现了乡村治理的专业化、制度化，是否有助于基层治理的法制化呢？

（一）历史和现实

为了规范农村宅基地的使用，潮镇在不同的历史时期采取过不同的办法。1991 年开始实行宅基地有偿使用制度，1994 年为了减轻农民负担取消了这一政策。此后，农民建房又处于失控的状态。进入 21 世纪以后，为了治理违规建房行为，潮镇又开始实施农民建房交押金的办法，如果老百姓违法建房就要被扣钱。但是到 2006 年，为了避免加重农民负担又取消了交押金的制度。不过，2006 年，潮镇整治农村违法用地，又采取了收取罚款、作价回购、收取委托拆除费的方式。当时大部分违建的村民选择了交委托拆除费，而这最后变成了村民通过缴纳委托拆除费的方式获得集体土地建房的"模糊治理"。

由此，我们看到在长期的土地管理过程中，政府行为的实际运作逻辑呈现出典型的"模糊执法"特征。法律在基层社会的"模糊执法"，一方面是回应既有社会基础的结果，另一方面也是法律执行受到政府行为影响的结果。在 2013 年"三改一拆"之前，土地利用的主导思想依然是"放水养鱼"，地方政府对于农民利用"房前屋后"的行为采取了默许的态度。基层土地治理由此呈现出一个矛盾的局面，一方面在治理土地违法，另一方面又默许农民利用"房前屋后"发展乡村工业。

2013 年，"三改一拆"通过"下乡执法"的方式得到严格执行，那么大量的执法力量下沉到乡村开展严格的土地治理是不是就能改变"模糊执法"的情况呢？实际上，要改变这种土地治理模式有很大的难度。

首先，土地执法面临着普遍的违法行为。家纺产业建立在宅基地普遍违法使用的基础之上，相当比例的农户都存在着宅基地违法的事实。这导致了治理成本高、难度大。

其次，拆掉了家庭工业的违法建筑会让产业体系陷入危机。潮镇的产业模式是在既有的土地利用形态上形成的一个有机的生态系统，家庭工业利用宅基地生产一方面节约了土地成本，另一方面又可以兼顾家庭生活。因此，家庭工业很难进入工业园区，一方面是家庭工业承担不了工业园区的土地租金；另一方面，家庭工厂的劳动过程也无法脱离家庭生活。家庭工厂一般的劳动模式是，夫妻两人参与劳动，保证织布机 24 小时不停运转。家庭工业高度嵌入家庭生活，"家后面开着织布机，自己还能在家里烧饭，带着孩子"，如果搬进工业园区，"孩子谁带？"

最后，农民难以理解政策的巨大转变。潮镇家家户户的违法建筑本身就是在基层政府的鼓励之下兴建起来的。许多农户都保留着 20 世纪 80 年代基层政府鼓励农户利用房前屋后兴办家庭工业的记忆。从鼓励家庭工业到拆违的巨大转折，让一些农户难以理解。

2006 年采取的收取委托拆除费的措施更是为土地执法带来了许多纠纷。许多农户通过缴纳委托拆除费的形式获得了事实上的集体土地使用权，而这些土地在理论上大多都是违法使用的。但在农户看来，当时给村委会交了钱，还获得了盖有公章的收据，这就是买了土地。可是没想到在拆违行动中，这些土地上兴建的厂房成了违法建筑，成了土地执法的对象。一位村民的说法很有代表性，"我们有政府签字，还盖了公章的，他们又说不算了"。这种情况深刻反映了模糊治理带来的困境。

（二）土地的"治理逻辑"

面对如此复杂的局面，拆违的具体过程也只能采取"治理"的逻辑，即通过各种手段摆平老百姓从而达到拆违的目标。从土地治理的过程来看，"通过土地治理"并非完全以"土地违法"为法律依据；从治理结果来看也没有完全达到法律规定的宅基地标准。在这个意义上，"通过土地治理"并没有解决土地治理的模糊性问题。

首先，为了拆除农户的违法建筑，潮镇采取了由简而易、"逐步推进"的办法。2013 年，全镇拆除了 700 多户"一户两宅"，因为"一户两宅"明显违法，也更容易动员村民拆除。2014 年，拆除了违建面积在 1000 平方米以上的农户。2015 年，拆除了 363 户占地面积 660 平方米以上的违建户。2016 年继续拆除了 330 平方米以上的违建户。从大户开始拆违是考虑到这些违建大户一般都是产业大户，他们承受经济损失的能力强，与政府的关系也比较密切。

其次，"先礼后兵"。先派村干部去做思想工作，再让行政执法人员上门宣传法律知识。通过思想工作，大部分家庭都自行拆除了违建。2015 年拆除的 365 户 660 平方米以上的违建，有 349 户是通过做思想工作自行拆除的。

再次，"综合执法"。遇到了万不得已、非得动用执法手段的时候，执行人员也能够通过"综合执法"的形式实现拆违。具体而言就是通过工商、环保、地税、国税查账甚至停水停电的方式，"倒逼"违建户拆除违建。

这样，"综合执法"变成了基层政府行使治理任务的工具。一位执法人员总结这个过程是，"一般的话我们是先礼后兵。两次三次做工作，我们都会态度很好，农户一般会自行拆的。他要是坚持不拆，我们就要动用一些必要手段。这样的话，一般都是拆的，很快的"。

最后，从下乡执法的结果来看，现有行动并没有完全从根本上解决土地违法问题。从理论上说，即使拆完了潮镇所有占地 330 平方米以上的房子，潮镇的土地违法问题仍然没有得到解决。庸市的农村宅基地标准是每户 105 平方米的住房加上 13 平方米的生产用房，总计 118 平方米，"闭个眼睛"也可以默许 120 平方米。政策执行的后果只是"权衡"各种现实因素的结果，即使将潮镇所有农户的宅基地都拆到了"330 平方米以下"，仍然有许多潮镇人的宅基地面积不合法，也不能确权办证。

总之，从土地治理的过程和执法的结果来看，土地治理过程中的执法依然是"以模糊治理模糊"的过程，而并不全是遵守行政执法的制度化逻辑。之所以依然是模糊执法，一方面是因为历史因素造成的普遍违法；另一方面是土地执法依循了"依靠土地进行治理"的思路，行政执法不仅仅是为了法律的执行，还是实现"通过土地治理"的工具。

土地治理的初衷是为了纠正产业发展过程中"变通"执行制度的现象，进而在乡村社会建立现代的治理体制。但是从行政执法的过程来看，又陷入了这样一个悖论，即为了达到执法的目的又不得不让执法过程采取"变通"的形式。综合执法增强了基层政府的行动能力，并将这种能力深入乡村社会，"这么一个执法局，这么多的功能，这么多项的执法的权力在，你随便抓抓，我肯定给你找到漏洞"。

五　产业治理的政策后果

我们看到土地治理以下乡执法的形式进行，由于"通过土地治理"的内在逻辑，土地治理在具体实践过程中变成了"以模糊治理模糊"的实践过程。那么，这种运作模式会造成什么后果呢？

（一）国家与农民关系的新变化

从土地治理的实践过程来看，浙江省的基层政府并不仅仅是"制度提供者"或者"公共服务提供者"的角色，还在采取各种手段积极地干预乡村社会事务。在基层政府的中心任务由"经济发展"转向"社会治理"的背景下，基层政府不但没有脱离乡村社会反而更为密切地进入了乡村社会。这与中西部的基层政府行为形成了鲜明的对比。

然而，基层政府密切干预乡村的过程却是在特殊的国家与农民关系格局下发生的。改革开放初期，地方政府在产业发展上顺应了乡村社会的自发逻辑，由此地方政府与乡村社会形成了利益一致、发展方向一致的"共生关系"。但是从"放水养鱼"到"通过土地治理"的转变导致了基层政府与乡村社会的这种"共生关系"破裂。

首先，共生关系的破裂表现为基层政府与乡村社会发展逻辑的分离。潮镇的产业模式是地方政府顺应了乡村社会自发逻辑的结果，模糊的土地管理塑造了特殊的土地利用形态和产业发展样态，形成了一套独特的生活生产体系。但是"通过土地治理"的核心内涵就是基层政府通过治理土地的办法倒逼家庭工业进园区，进而彻底改变乡村社会既有的产业格局。

其次，共生关系的破裂表现为基层政府与乡村社会在利益方面的分离。模糊的土地管理是历史上基层政府为了鼓励乡村工业发展而采取的"庇护"行为，老百姓通过发展家庭工业获得了实实在在的利益，在家庭工业和乡村工业的基础上迅速改变了城乡面貌。

但是拆违给农民带来了巨大的利益损失。一方面，违建户也不能得到政府的经济补助；另一方面，拆违进一步影响了产业的经营过程，农民使用自己的宅基地搞工业不需要承担土地成本，但是进入园区以后就要承担高额的厂房租金。倒逼家庭工业进园区，实际上是通过厂房租金的形式剥夺了家庭工业的部分利润。从土地利用的现实看，土地拆违以后这些土地无法利用，甚至也没有复垦，事实上造成了土地浪费，以至于老百姓认为基层政府成心要跟农民作对。一位镇政府工作人员坦言："老百姓质疑什么呢？说我以前有一栋房子，一年还产生多少收入。政府甚至还没有这么大财力把拆掉的地方复垦、复绿，只是残砖断瓦放在那里，你们宁肯把它搞成了这个样子（也不肯让我挣钱）。"

在基层政府严控土地利用的情况下，由于不同村民占有的土地资源不同，还产生了巨大的社会分化。第一，淘汰了大量的家庭工业，普通农户一旦被拆违就只能去打工，因为纯粹的织布环节进园区肯定承担不了厂房的租金。第二，"掐尖儿"，违建的大户都是产业发展较好的农户，一旦被拆违就会跑到没有严格土地执法的周边地区去发展。第三，形成了一个"食利群体"，早期购买工业园区土地的人成为既得利益者，他们可以通过出租园区厂房轻轻松松赚钱。显然，拆违对于潮镇的产业和社会发展来说，客观上提高了行业的经营成本，加大了社会分化。

潮镇的治理悖论恰恰又在于，基层政府在"共生关系"破裂的同时又必须与乡村社会保持更加紧密的联系。在发展型政府时期，许多基层政府直接发展乡镇企业，既是市场主体又是规则制定者。那么政府职能的转型过程，是不是意味着地方政府从乡村社会中退出呢？

从浙江省乡村土地治理的实践看，我们发现政府不但没能退出，反而需要在乡村承担更多治理职责，需要更加强有力地进入乡村。如同调研过程中一位村民所言，"以前我根本不知道市委书记是谁，现在好像老太婆都知道他"。土地治理过程呈现的是基层政府以更新、更加强势的方式进入乡村社会——县级政府的执法力量深入乡村，即本书所说的"通过土地治理"。

首先，"通过土地治理"的运动式治理模式在制度上面临着巨大挑战。

浙江省的综合行政执法体制改革，通过派驻机构的方式赋予了乡镇政府一部分县级政府的行政管理权限，这可以看作是调整县乡权责关系的一次尝试。但是行政执法权限的下沉采取"权随人走"的方法，是在既有制度框架下的一种"变通"方式。换句话说，并不是从制度和法律上赋予乡镇政府相关的权限，而是向乡镇政府派驻具备相关执法权限的执法人员，这本身就是一种运动式治理的思路。

其次，下乡强势执法与村庄自治组织弱化之间存在着张力。国家法律和国家权力如何在村庄实施一直是学术界关心的经典话题，保障其运作的重要力量就是村庄中的各种代理人，土地执法使得这个问题更加复杂。村干部既是企业家，又是村里人，这使得他们在执法过程中有许多顾虑。所以在执法过程中，他们经常扮演"唱红脸"的角色。一位综合执法队员描述这个过程说："村里（干部）跟我讲啊，那个人家死不拆。我们平时在一起配合工作，一个唱白脸，一个唱红脸，说好的，你去做思想工作，我来吓他。"到了真正采取执法手段的时候，村干部往往会选择靠边站。强硬的执法手段也得十分慎重地使用，"这种事情（执法）也是不得已啊，就是思想工作做不通，但是也不能常用，不然像我们村干部下次还有什么事情需要动员村民就难办了"。

最后，"通过土地治理"与治理体系现代化之间存在着张力。基层政府从发展转向治理的一个重要任务就是要纠正"变通"的政策执行模式，在乡村社会建立规范发展的秩序。但是我们看到目前进入县级直属部门的执法力量依然遵循的是"治理逻辑"。土地执法根本上是为了倒逼产业转型，并没有完全遵循行政执法的制度化、专业化逻辑。执法的后果也并没有实现土地利用的实质合法，而只是权衡了各种现实因素。政府行为在表面上看从"放水养鱼"变成了土地治理，但是实质上依然是"以模糊治理模糊"的思路。从治理的效果看，并没有完全达到规范秩序的目标。

（二）土地治理与产业转型

家纺产业是在各种历史条件综合作用下成长起来的乡村工业，有着自己的运行逻辑——以家户为单位生产、采用乡土合作模式、充分利用乡土资源。这个生态系统依赖一定的政策环境——"放水养鱼"政策、免费的土地、自雇的劳动力和很低的税负。

"放水养鱼"的政策在特定历史阶段发挥了重要作用，极大地调动了地方社会发展经济的活力，但是也带来发展不规范的问题。进入新时期以后，随着政府由"经营"走向治理，政府与地方社会的"共生关系"开始破裂。在一套"现代主义思路"的总体原则下，政府开始进入地方社会，开始"引导产业转型"和地方社会的综合治理。

但是在东部发达地区的产业治理和社会转型过程中，地方政府往往采取"政治账"的策略，采取十分猛烈的方式，希望见效快、立竿见影。这种算政治账的行为方式，加大了政府和百姓的冲突，也增加了政府的行政负担。

笔者已经深刻地感受到了潮镇家纺正处于巨大的时代变革中，如果不思考转型问题而故步自封，在不久的将来就可能面临巨大的危机。实际上，潮镇家纺产业的从业者已经从事了许多有益的探索。

同样，也不能否定政府在经济发展中的作用，从中国乡村工业化的历史和现实来看，政府行为对于经济发展有着十分明显的作用。费孝通的"乡土重建"就热切期盼一个"热心为人民服务"的政府在乡村工业发展过程中扮演重要角色。潮镇家纺在 21 世纪之前的发展都得益于政府的默许和支持。正是在一个强有力的政府的主导下，浙江经济才取得了很大的发展。在目前的状况下，家纺从业者也在呼吁政府对家纺产业给予更多的支持。

以"现代主义意识形态"为指导、以"算政治账"为行动导向的产业转型升级行动形塑了浙江省的经济社会转型形态。这段故事能够帮助我们更好地理解，"要证明社会和自然多样化所具有的弹性，还要证明我们对复杂的和活生生的规则的了解是十分有限的"，而"实践知识、非正式过程和在不可预见的偶发事件面前的随机行动的作用是不可替代的"（斯科特，2011：7）。

第九章 工业下乡与乡村工业的
社会基础[*]

我国长期延续的乡村工业经历了民国时期的手工业、人民公社时期的社队企业、改革开放时期的乡镇企业等几个阶段,有着深厚的历史和文化基础。乡村工业植根于城乡的经济关系之中。一方面,乡村工副业是从农业里长出来的,依赖于农业、农民和农村,这是其发生的基础;另一方面,它又依靠着村、乡镇、县城三级城乡体系,这构成其发展和繁荣的条件,可以说乡村工副业是城乡互动的果实。乡村工业有着顽强的生命力,而这种生命力来自中国社会和文化。

近年来,在浙江省偏远乡村兴起的来料加工产业就是一种典型的乡村工业形式。浙江省经济发达地区的产业进一步向欠发达地区的乡村扩展,通过来料加工的形式,发达地区将订单发往一些欠发达地区,从而利用闲散劳动力进行生产。来料加工发展迅猛,几乎遍布浙江省所有欠发达地区的乡村,并进一步向部分省外地区扩散(冯俊江,2017)。2015年,浙江全省的来料加工点已达到2.2万个,有经纪人2.38万人,年发放加工费近100亿元,共有140多万人从事来料加工(丁蓝之、金蕾,2015)。

来料加工作为一个典型,生动反映了乡村社会的韧性。首先,来料加工与历史上的包买制、代工制、散工制相似(傅春晖,2014),具有悠久的历史和深厚的根基。其次,在改革开放后浙江模式兴起的过程中,来料加工是带动小生产者(小作坊、家庭工业或者小企业)的重要方式,也是

---

　*　本章部分内容曾发表于《中国社会科学》2018年第6期。

"温州模式"主要的生产和商业形式，可以说是中国乡村产业的典型代表之一。最后，来料加工广泛存在于中西部落后的乡村地区，由于其吸纳就业的能力强，而且吸纳的往往是出于各种原因无法进入正式工厂的劳动力，因而经常被用作贫困地区的重要扶贫手段。在浙江省偏远乡村来料加工的兴起过程中，乡村积极利用特色资源和丰富的劳动力，承接发达地区的产业转移，繁荣和丰富了乡村业态。

通过来料加工，发达地区与落后地区紧密联合，乡村劳动力与沿海城市紧密联系，乡土工业通过沿海城市与全球市场紧密相连。来料加工成为带动乡村产业兴旺、实现乡村振兴的重要力量，来料加工也在一定程度上推动了城乡融合发展，并让乡村社会融入了全球化生产链条。

乡村社会除了为产业提供了廉价的土地、劳动力和原材料之外，更为重要的是，乡村的社会关系和文化传统还为产业发展提供了重要的社会基础。只有深入理解乡土社会具体的历史传统、社会关系和文化伦理，才能理解为何乡村工业能够以各种形式在中国广大的乡村地区此起彼伏地出现并经久不衰，也才能深入理解乡土社会的内在发展逻辑和独特的转型路径。认识乡土社会与乡村工业、乡村产业的关系有助于理解诸多的本土社会学现象，构建中国本土社会学的概念与研究路径。

来料加工的生产过程正是依靠参与者之间"不言而喻"的默契完成的，行动者之间"将心比心""曲尽人情"，如果不这样就"不好意思"。这涉及行动者基于具体关系而产生的不同"态度"（费孝通，2003）。社会基础正是通过这些微妙的交际过程发挥作用，如果没有这样的心态，即使具备同样的外在条件，来料加工也难以发展起来。

对于这些现象的理解不能站在局外人的角度，而是要通过"内省"的方法，在田野调研和分析材料时进行"设身处地""将心比心"式的理解（周飞舟，2017）。同时，人际关系中"意会"的部分与中国人特有的心智结构有关，是特定行动伦理的产物。费孝通认为这与儒家传统的"推己及人"有着内在的关联，儒家理念"顺着人的自然感觉，顺着中国乡土社会的人情世故，从草根社会中生产出来、提炼出来，又提升到了圣贤的高度"（费孝通，2003/2009）。因而重返"历史维度"也有助于我们理解具体关系中的行动者为何会生发具体的情感和特定的义务。

本章以浙江省 L 市偏远地区的来料加工为案例，详细呈现来料加工得以铺展的具体关系，更重要的是要从伦理意涵的角度理解乡村产业的社会基础。笔者于 2012 年 7 月赴浙江省 L 市 J 县进行实地调查和访谈，于 2013 年 1 月对浙江省 L 市 Q 县进行实地调查和访谈，并于 2014 年底赴 L 市进行补充调研。在 2012 年的调研过程中笔者还访谈了义乌市小商品市场中的 4 家商户。

L 市的来料加工产业起步较晚，但取得了迅猛发展。2013 年，L 市有 19 万人从事来料加工业，其中一级经纪人有 1800 多人，全年发放的来料加工费突破 13 亿元。2015 年，加工费达到 17.45 亿元，从业人员达 20.05 万人，年人均加工费达到 8400 元。J 县位于 L 市东北部，笔者调查了其中三个镇来料加工的发展情况，即方镇、渡镇、洋镇。在为期 7 天的调查中，笔者所在的研究团队共访问了 21 个经纪人和一些散户。Q 县位于 L 市西南部山区，笔者访谈了该县 10 个经纪人和若干散户，并对该县 4 个规模最大而且从业时间最长的经纪人进行了重点访谈。在实地调研中，笔者还对相关的政府部门进行了访谈。

一　工业下乡与来料加工兴起

改革开放以来，中国发挥比较优势，依靠劳动密集型产业取得巨大经济成就，以来料加工、进料加工为表现形式的加工贸易占据我国对外贸易的半壁江山（马强，2005）。近年来，受劳动力成本上升等因素的影响，沿海地区劳动密集型产业的生产组织形式发生了变化。一方面开始在城市采取"厂外分包"（黄岩，2012）和"炒工"（刘爱玉，2017）等生产形式，另一方面在空间上通过"工业下乡"的形式向更为偏远的地区转移。浙江省 L 市乡村地区的来料加工正是在这样的背景下兴起的。

J 县的来料加工兴起于 20 世纪 90 年代中后期，是义乌等地产业扩散的直接后果。与 J 县相比，Q 县更为偏远，Q 县的来料加工产业兴起于 2003 年以后，并且与当地政府的推动有直接的关系。2003 年起，Q 县县委县政府提出发展来料加工，派遣 6 位科级干部到义乌挂职，考察市场并向县内引进来料加工，于 2004 年成立县来料加工领导小组并出台相关的扶持政策。

如图 9-1 所示，L 市的来料加工是全球生产链条中的一环，其订单来自浙江省内的发达地区，尤其是义乌、温州等地的商品市场，产品销往世界各地①，比如 Q 县加工的围巾主要销往中东地区。在这个全球化生产体系中，义乌、温州、杭州的嘉湖地区等省内发达地区的专业市场主要起组织生产的作用，具体说就是获取海外订单、采购原材料、组织和协调生产等，劳动密集型的加工环节转移到省内的经济落后地区，比如本研究提到的 L 市 J 县、Q 县。在欠发达地区发展来料加工的过程中，乡村地区涌现出一大批来料加工"经纪人"，这部分人负责从义乌、温州等地的专业市场接单②，然后在乡村组织劳动力生产。

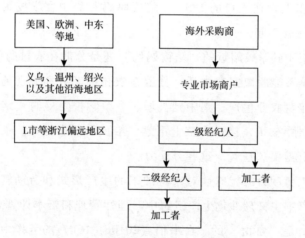

图 9-1 浙江来料加工生产组织网络

乡村经济、社会结构的变化为来料加工提供了特殊的劳动力。中国劳动力从农业向非农产业转移是"半城市化"的过程（蔡昉，2001；王春光，2006），在劳动力跨区域向城市大量流动的同时，其家庭成员留在农村从事

---

① 当然，也有少量产品内销，网络经济时代的 B2C 销售模式增加了来料加工产品的内销比例，但依然以外贸出口为主。

② J、Q 县也出现少数的经纪人直接从国外订货商接订单。

农业生产，形成一种新的"半工半耕"的家庭分工模式（夏柱智、贺雪峰，2017）。L 市是典型的劳动力输出地，据 L 市统计局提供的内部资料和第六次人口普查的数据，L 市常住人口 211.70 万人，其中外出人口为 40.94 万人。然而外流的劳动力大都是青壮年男性，农村家庭依然保留部分家庭成员，主要是留守妇女、儿童及老人。来料加工的劳动力就是乡村中的留守妇女或者超过工厂招工年龄的中老年人。

集中在中心乡镇和县城的"陪读妈妈"也是来料加工重要的劳动力来源。浙江农村普遍实行的"拆村并校"政策，导致学校集中在少数中心乡镇和县城。另外，农村家庭将子女送到条件较好的县城上学的情况越来越普遍。许多农村妇女进入中心乡镇或县城陪读，她们居住在中小学附近，被称为"陪读妈妈"。"陪读妈妈"的年龄一般为三四十岁，属于适龄劳动力，由于需要照顾小孩而不能外出打工。以 J 县洋镇为例，"陪读妈妈"占到镇上常住人口的 1/3。"陪读妈妈"集中在学校附近，导致加工点在学校附近兴起。

不论是集中到学校附近的"陪读妈妈"还是分散在农村的妇女、老人，其主要特征是不能脱离家庭生活。分散在农村的老人和妇女的主要任务是照顾家庭，兼营农业生产；集中到县城、乡镇学校附近的"陪读妈妈"的主要任务是照顾孩子，接送小孩上下学、给孩子洗衣做饭。来料加工产业在组织形式上需要"迁就"这些劳动力。

来料加工劳动力的特殊性对来料加工的生产形式和劳动管理产生了很大影响。在资本主义理性化生产组织中，理性管理和资本计算之所以可能，是因为劳动力是"自由"的。在韦伯（2010c：161）的著作中，这种"自由"是摆脱了各种"传统"的束缚，生产与家庭分离、与传统关系脱离。在来料加工中，无论是处于乡村中的妇女，还是集中在县城的"陪读妈妈"，依然保留着农村中的土地和宅基地，与农村生产和生活保持密切的联系。这与马克思（2004：797）笔下西欧资本主义原始积累时期，农村失去土地和房屋而举家集中到城市和乡镇的"农村过剩人口"有着截然的区别。更为重要的是，她们都是通过特定的社会关系进入到来料加工生产体系，生产过程和管理过程也都按照乡土伦理行事。

二 "嵌入"乡土的生产过程

(一)依靠社会关系铺展的生产网络

来料加工经纪人是来料加工的重要组织者,经纪人采取灵活的生产组织形式和非正式的雇佣制度,将散布在浙江落后山区的村庄、乡镇和县城的各类劳动力组织到全球化的生产体系中去。

经纪人根据不同产品的生产过程,采取分散加工、集中加工以及"分散+集中"三种组织形式。对于一些工艺简单、不需要使用机器的产品,经纪人接到订单后,把原料或者半成品分给工人,让工人带回家分散加工。一些需要机器加工的产品或者工序需要配合才能完成的产品,则在某个加工点集中加工。由于劳动力有着"不能脱离"家庭的特征,即使集中加工也尽可能将加工点开设在离劳动力居住地近的地方,比如"陪读妈妈"聚居的学校附近。此外,有些经纪人在开办集中加工点的同时也会把一些加工环节或者一部分订单外发加工,从而形成"集中加工+分散加工"相配合的情况。

下表是 J 县 21 个来料加工的生产组织情况①,可以帮助我们理解来料加工的生产组织形式与管理过程。

表 9-1 J 县来料加工的生产组织情况

单位:万元

案例编号	生产产品	加工方式	劳动力人数	劳动力性质	全年加工费
case 01	竹制品	集中+分散	集中6人,分散20多人	分散加工者为老人,集中加工者为年轻人	

---

① 本研究共访问了 31 个经纪人,除了呈现在此表中的 21 个 J 县经纪人,另有 10 个 Q 县的。Q 县的来料加工主要从事围巾加工,同质性较强,均是"集中+分散"的模式。围巾加工分为两种加工过程:一种是点钻,需要用一种超声波机器,以集中加工为主;另一种是缝珠(即手工将珠子缝在羊毛衫或者围巾上),以分散加工为主。经纪人一般同时承接这两种产品,在加工形式上既有集中加工又有分散加工。

续表

案例编号	生产产品	加工方式	劳动力人数	劳动力性质	全年加工费
case 02	竹制品	集中 + 分散			
case 03	竹制品	集中 + 分散			
case 04	竹制品	集中 + 分散			
case 05	竹制品	集中 + 分散			
case 06	洗碗巾	集中 + 分散	集中 60 人，分散 30 人	年龄为 30 多岁	100
case 07	串珠头饰	分散	150 人	"陪读妈妈"，以及老人、小孩	100
case 08	毛线编织物	分散	150 人	老人	
case 09	服装	集中 + 分散	30 多人	"陪读妈妈"	120
case 10	茭白叶				
case 11	手套	分散	300 人	留守妇女	100
case 12	服装	集中 + 分散	100 人	年龄为 40~50 岁	100
case 13	手提包	集中 + 分散	500 人	老人	200
case 14	发卡	分散	60~70 人	老人（也有七八十岁的）	
case 15	电子元件	集中			
case 16	首饰	分散	500 人	年龄为 30~40 岁	140
case 17	鞋帮	集中	120 人	年龄为 30 多岁	160
case 18	鞋花	分散	100 人		127
case 19	服装	集中 + 分散	20 人	年龄为 30~40 岁	
case 20	服装	集中 + 分散	20 人		300
case 21	鞋业	集中	30 人	年龄为 30 多岁，以妇女为主，有少数男性	200

从来料加工生产网络的搭建过程看，生产网络沿着既有的社会关系扩展。经纪人在起步阶段，一般都是选择关系最为亲近的朋友、邻居、村里熟人作为最初的加工者。一方面，是考虑到有赚钱的机会必须先照顾最亲近的人；另一方面，也是因为此时经纪人还没有与上游建立稳定的合作关系，订单小但对质量、工期的要求却很高，带有"试单"的意味，这时加

工者的技术也不熟练，只能挣很少的钱，因此经纪人找亲近的人加工也有请求其帮助的含义。

由于生产网络搭建在社会关系之上，而村庄内部关系是经纪人最主要的社会关系之一，因此生产网络很快在村庄范围内展开。正如费孝通在《乡土中国》中所言，乡村社会是熟人社会，因而彼此之间都是"知根知底"的。一旦村里有人做经纪人，大家立马都会知道。同时，经纪人也清楚村里哪些人有时间做、有能力做，并且想做。如果生产规模需要进一步扩大，经纪人会发展出二级经纪人，这时原有经纪人就成为一级经纪人。二级经纪人从一级经纪人处接单，然后再外包给其他家庭加工，从中赚取差额利润。一级经纪人一般从自己的亲戚、朋友或者关系较好的加工户中挑选二级经纪人，case 44 形象地描述这个过程是"亲戚带亲戚，朋友带朋友，越来越多"。

位于乡镇、县城的来料加工的生产网络已经脱离原有的村庄环境，那么经纪人如何在陌生的环境中建立生产网络呢？经纪人 case 07 在 J 县渡镇做头饰加工，她并非渡镇人，刚开始为了建立生产网络，她采取的办法是一家一家地去问，这样做"很辛苦，很累"，经常是"别人在那里打麻将也不会理你"。她之所以能够打开局面，在于她找到一两个散户之后，便拜托这最初的一两个散户去找她们身边的人。case 07 通过"挨家挨户询问"的方法打开一个缺口之后，再借助这些人自身附着的社会关系网络去寻找新的工人，这种做法十分普遍。Q 县围巾加工的经纪人 case 28、case 30 等，也是利用这个办法发展了最初的加工户。

来料加工的生产网络当然不仅限于经纪人既有的社会关系。来料加工规模扩大以后，经纪人经常与陌生人打交道，尤其是在乡镇、县城利用"陪读妈妈"发展起来的来料加工。然而，经纪人与陌生人建立的生产关系也需要进一步放在特定的社会关系中才会有效。经纪人 case 26 说，"（需要对一个陌生人）大概有个了解。好比你是第一次的，我肯定留个你的电话和地址"。在乡土社会中，人际关系与地域关系有很强的复合性，如果知道这个人的地址，其实就已经把对方置于一定的社会关系中了。而经纪人选择劳动力的基本原则也正是把这个人放在一定的关系中去。如 case 26 的经纪人所言，"对第一次来的，要做一个记录。我还要问周边你还有没有熟悉的人。（如果对方说）哦，某某是我的大爷。我会找那个人"。

经纪人最为重要的能力是组织、搭建生产网络的能力，而这也是上游厂商最看重经纪人的地方。在来料加工的经纪人中，最有竞争力的都是那些有较广泛人际关系网络的人。例如，经纪人 case 21 在舒镇经营鞋业加工，通过开办皮鞋学习班，教授了很多徒弟；经纪人 case 14 在洋镇经营发卡加工，之前在人流集散地开办过小卖部，认识很多人；经纪人 case 11 在渡镇经营手套加工，通过收购蔬菜建立了人际关系网络。

（二）乡土社会与来料加工的嵌入性

除了关系的形式，来料加工的从业者更是在观念和伦理上深刻地"嵌入"乡土社会，形成了经济生活和社会生活、工业生产与家庭生活、生产网络与地方社会高度混融的产业形态。对于一个地方社会，经济生活本身就是社会生活的一部分，在总体上服从地方社会的生活逻辑。如果不理解这个地方世界，那么就无法理解他们的社会生活和经济生活。

来料加工使用的劳动力，无论是散居在农村还是暂时在城镇陪读的妇女，她们都将自己界定为"农村人"，按照乡土社会的行为逻辑处世。在生产管理中，经纪人不得不面临与工人之间的微妙关系。这种关系与现代意义的工厂中的劳资关系有着截然的区别。

经纪人基本上有这样的定位，即自己首先不是领导者，不能发号施令。这点经纪人 case 13 说得很明白："我们对手下，对下面的人就是乡亲们，也不会吆五喝六的，因为这个东西是经常要接触的。"经纪人 case 26 表示这方面的尺度很难把握，"不知道对工人严格一点好，还是有亲和力一点好"。如果不严格，其实很难保证产品的质量和工期。所谓的严格，无外乎就是按时上下班、严格把控质量。这样的要求对于那些需要照顾家庭的劳动力来说显得不近人情，更重要的是工人们也会质疑：你凭什么对我这样？

> 好像我和工人有一种雇佣关系但是又很微妙。如果摆脱雇佣关系，
> 你就命令不了他，他不怕你了嘛。货很急的时候，他说我今天喝点老

酒，我就不来了。哎呀，明天去走个亲戚，我又不来了。（经纪人 case 26 访谈记录）

在笔者问及如果货源比较少，该如何在工人之间分配时，经纪人 case 26 说："如果拿过来的货少一点，就大家都少一点；一般是大家都能分到一点，否则会得罪人的，都是附近的乡亲。还有就是，如果你今天不让他做，他感觉你是不是不喜欢自己做，他心里会不舒服。所以我们在处理与工人的关系上要下点功夫。"

总之，经纪人与工人不会仅仅将双方的关系界定为雇佣关系。他们会首先界定自己和对方在社会关系中的格局，然后在这个关系基础上界定和协调彼此的经济关系。经济生活只是社会生活的一部分，如果在经济生活中按照效率最大的理性原则行事，反过来会对社会生活带来负面影响。为赚钱而毁掉社会关系，在从业者看来这是不划算的。

乡村中独特的文化观念也给生产管理的过程带来影响。乡村社会中的工人并不仅仅就生产本身理解生产，工人对工作的看法是嵌套在整体性的村庄生活和伦理观念中的。比如乡村的工人不是从"多劳多得"的意义上理解公平。相反，他们对于工资有这样一种奇怪的逻辑，质疑"勤快的人，他们已经赚得多了，居然还发奖金"（经纪人 case 09 访谈记录）。正是基于上述逻辑，经纪人不能公开奖励工人，也无法因为产品质量问题公开处罚工人。

三　乡村产业的"差序格局"

劳动力的特殊性、加工过程在工序和地点上的分散化，使得来料加工在生产管理过程中面临质量和工期上的挑战。来料加工的劳动力都是不能脱离家庭的妇女与老人，很容易因为家庭和农业生产而耽误加工，使得经纪人无法在规定时间内完成加工。来料加工中很多产品分散在各自的家庭生产，这进一步增加了质量管理的风险。即使集中加工产品，经纪人也很难用严格的工厂纪律和制度要求工人，工人经常因为家事而不来上班。农业生产也会冲击来料加工，在农忙季节，来料加工经常面临着缺工的情况。更重要的是，来料加工紧紧"嵌入"乡土社会关系和伦理中，经纪人与加工者，以及加工者之间处于复杂而微妙的社会关系与伦理观念中，既不能轻易奖励也不能公开处罚，这进一步加剧了生产管理的复杂性。

来料加工只有解决这一系列问题，才能兴起并发展壮大。在实践中，乡土关系与伦理又恰恰是来料加工的生产网络得以扩展与生产管理得以可能的重要资源。

（一）关系与组织形式

经纪人之间、经纪人与加工者之间的关系是非均等化的，处于一个类似"差序格局"的关系网络中。

首先，在经纪人内部、一级经纪人与二级经纪人之间，存在着关系亲疏远近的划分。傅春晖（2013）将之总结为"圈子"，并用这个概念讨论经纪人之间的竞争与合作。L市来料加工的经纪人形成不同的圈子，圈子内部共享客户、信息，圈子内部还可以实现劳动力的互相协助从而保证工期按时完成。二级经纪人与一级经纪人的归属问题，也是通过选择不同的"圈子"完成的。对于进入自己圈子的二级经纪人，一级经纪人会通过"请吃饭""将心比心""打感情牌"的方式巩固和团结这个圈子，而加入这个圈子的二级经纪人也会回报以忠诚（傅春晖，2013：97~103）。劳动者与经纪人之间也形成了圈子，Q县城来料加工的经纪人都划定了自己圈子的范围，即"哪些工人是谁的，大家都心照不宣，去别人的圈子招工人会被认为是不合适的"。从这个意义上，劳动者虽然有着"自由"选择雇主的可能，没有任何"人身依附"，但在实践中，却因为各种社会关系而总是将特定的人群组合在一定的社会网络中。

其次，在来料加工产业中，经纪人与劳动力之间的关系也有一个"差序格局"。按照工人与经纪人的关系可以划分为两类：一种是随时来、随时走的普通工人，另一种是"死党"。经纪人的核心能力就在于能够团结多少"死党"，也就是所谓的"凝聚力"问题。经纪人case 26说："如果有凝聚力，在赶货的时候，即使规定赶到九点，大家做到十点都没有怨言。"

表 9 - 2　部分经纪人的普通工人与 "死党"

案例（经纪人）	普通工人	"死党"数量
case 07	100 多人	20 ~ 30 人
case 16	400 多人	十几个人
case 18	100 多人	十几个人
case 44	600 多人	20 多人
case 42	200 多人	几个人

从表 9 - 2 中可以发现，无论经纪人的加工者有多少，"死党"都维持在一个较小的规模。遇到工期紧的时候，"死党"就发挥作用了：

> 像那天，我就给她们（指"死党"）打电话，说必须四点之前做完啊。这时候她们就发挥作用了。如果不赶出来的话，我交不了货，我就没有信誉了。（经纪人 case 16 访谈）

经纪人用什么手段团结"死党"呢？经纪人掌握的物质激励手段有限，并且物质激励手段也有其局限：一方面是利润微薄；另一方面，用物质激励的办法会在乡村舆论中引发不好的影响。所以，经纪人只能依靠"打感情牌"。实际上，"死党"这个词的本义就是关系特别好的朋友。正如 case 28 说的，赶货的人是"我玩得最好的"，她经常说的另一个词是"姐妹"。经纪人与"死党"在日常生活中经常有亲密的互动，经常一起聚会、互相串门。

不可否认，经纪人与"死党"的关系还包含功利成分——经纪人希望建立一种亲密关系而帮助其赶工，"死党"希望建立一种良好的关系使自己在经济收入和工作机会上获得照顾。但也不应该忽视这种良好的关系有着更为微妙的情感因素，并且它也不可能是本着功利的态度一蹴而就的。经纪人 case 28 介绍如何结交"死党"的时候说，"有时候投缘就是投缘，不投缘就会很较真"。这种关系的建立需要长年累月的互动，需要经纪人与劳动力之间的相互认同和磨合。如经纪人 case 16 所说的：

> 这个也不是（一下子就）可以建立起来的特殊关系，是我做了这

么多年，很多年打交道（的结果），日久生情嘛。咱们有好的事情总是想着她们，她们也帮咱们的忙。不管怎么说，一个人的努力是交不起来的，是两个人的努力。

经纪人与"死党"的互动模式与乡土社会的人情观念有密切的联系。

（二）"知根知底"的管理模式

在关系网络的基础上，来料加工依托"熟人社会"建立了一种"知根知底"的管理模式，以此来处理来料加工生产过程的工期、质量和流水线配合问题。没有乡土社会的"经常接触"，来料加工的生产效益几乎不可能实现。

第一，"知根知底"是来料加工保证工期的基础。来料加工中劳动者的性质导致有些人会来上班，有些人可能就不会来。来与不来，都是基于一些复杂而具体的原因，与每个劳动力的家庭情况、农业经济情况、个人生活情况有关。经纪人需要对每个工人都有充分的了解，才能知道某个工人最近能不能来工作，以及这个工人的生产能力如何。这样才能估计这一段时间内的产能，从而决定能够接多大的订单以及这个订单什么时候能够完成。比如经纪人 case 12 说：

> 我会早就安排好。如果我是月底交一个单子，我就会在下面先转一圈，看看到底有多少人，多大的能力，到底能做多少。比如他现在帮你做的话，他做到 4 天后结束，我就会把货给他提前准备好。

第二，"知根知底"是生产管理的基础。经纪人的生产管理，具体内容是保证产品质量、防止工人的投机行为（偷走原料甚至找不到人）。"具体的人的关系"在质量控制中发挥着实际作用。他们在熟人关系上建立信任，而信任关系节约了生产管理的交易成本。经纪人 case 09 说："前几次看过，没有问题。数量也数过几遍，没有问题，后面就不用再数了。都是长期的了解。""人缘好"是经纪人作为生产管理者的权威来源，而"人缘好"这一评价是在知根知底的社会中形成的。经纪人 case 09 在总结自己能够成功管理生产的经验时说，"有的人说我人缘好（即工人觉得她这个人很好），跟她们说她们也还听一点"。

第三，只有"知根知底"才能保证集中生产的流水线顺畅运行。集中加工采取流水线的生产办法，比如经纪人 case 09 的服装加工需要分成十几道工序。然而来料加工与正式工厂相比，在组织集中生产方面面临着更大挑战。在乡村的集中加工点，每天来的工人都是不固定的，而且工人随时走、随时来，导致流水线很难顺畅流动。而且每个工人都有自己的个性，这些因素在安排生产的过程中都需要予以考虑。"工人做工有快慢，而且有人技术好有人技术差，有人勤快有人懒。"为应对这一问题，经纪人要熟悉每个工人。经纪人 case 09 说："总的原则是，工龄久、勤快的工人做复杂工序；懒的、笨的做简单工序。"经纪人根据自己对工人的了解来保证流水线的顺利生产；他们对生产的有效（或者说有限）控制，需要落实在对具体的"人"的控制上。

四 曲尽人情：嵌入性的运作机制

在特定的社会关系基础上，来料加工用一种更为精细复杂的办法达到组织管理的目的，笔者称之为"曲尽人情"。所谓"曲尽人情"就是站在别人的立场上，委婉周到地把人之常情或人情世故予以充分考虑（徐宗阳，2013）。为做到"曲尽人情"，需要行动者双方在经济行动中充分权衡各方的利益，更重要的是要充分考虑彼此的感受和情感——这就是所谓的人情。

前文所述的"死党"在赶工中的作用，就是"曲尽人情"的一个具体表现。经纪人与"死党"之间的特殊关系，使得加工者在经纪人有需要时有义务给经纪人一个面子；即使在没有加班费的情况下，也要来给经纪人帮个忙。下文以质量管理过程中的具体例子来描述"曲尽人情"运作的具体过程。

质量管理是生产管理的重要内容。那么，如果产品出现质量问题，经纪人应该怎么办呢？首先，经纪人很少因为出现质量问题惩罚工人。经纪人不能骂工人，正如经纪人 case 06 所言，"农村人做这个都不容易，出了问题，我就骂她们？大家乡里乡亲的，也不好意思"。经纪人也不能扣工人的工钱，甚至不能用扣工钱威胁工人返工，因为这样也会伤害工人的尊严和感情。经纪人 case 09 也认为："不能那样说工人，（如果说了）她宁愿不要这个加工费，也不会返工。"其次，在来料加工生产中，更没有经纪人开除工人的情况。因为来料加工中经纪人与工人的关系不仅是雇佣关系，更是一种社会关系，而社会关系是不能轻易解除的，所以经纪人宁可被上游厂商扣钱，也不会开除工人。

既不能惩罚也不能开除工人，这与乡土社会的特征有关。面子和人情在村庄社会生活中发挥极为重要的作用。经纪人 case 06 解释自己为什么在出了质量问题时也不扣工人的工钱时，提到自己是一个"特好面子的人"。大家同处一个村庄，这其中有亲戚和邻里等复杂关系，如果出了问题就罚的话，会被评价为"不讲人情"。社会关系与人情在村庄共同体中的传递性极强，如果"经纪人"经常罚钱，会被认为"为人苛刻"，这种形象在职业关系中并不意味着什么，但在村庄共同体中，却有着深刻的影响。在乡村中，一个人有没有道德，主要看他是否重视人情，是否"将心比心"。

当然"曲尽人情"也是相互的，如果产品出了严重的质量问题，经纪人要求工人返工的主要办法也是"曲尽人情"。经纪人 case 09 叙述这个过程是"就是帮忙也要帮我把这批货做好"，"我已经帮你把线都拆好了，你返工吧，这不是我要求你，也不是命令你，而是请你帮个忙"。在工人看来，经纪人已经让步了，工人再不返工也会觉得自己不讲情面。在实践中，"曲尽人情"就是对应着行动双方的一个微妙心理——"不好意思"。经纪人 case 09 的办法就是站在工人旁边，帮他拆线，一般情况下，工人都会感到"不好意思"从而返工。在工人看来，"本来这件事情是我做错了，经纪人还在帮我改正，我如果不接受的话就说不过去"。一般情况下，工人也觉得应该接受这种"帮忙"，不然就"不好意思"。

在一定程度上，"曲尽人情"与"正式权力的非正式运作"十分相似，本土性资源成为实施权力的技术。但这种将关系、人情进行形式上的与还原论的分析，无法解释行动背后的伦理意涵。在一个联系紧密的乡村社区，关系的培养主要是一种在文化上建构自我的途径，而不是与他人交换资源的策略（阎云翔，2017：240～241）。乡土社会的重要特征是"差序格局"，"社会范围是一根根私人联系构成的网络"，在此基础上许多学者指出"关系"对村庄社会生活的重要意义（孙立平，1996；阎云翔，2017：108）。费孝通（2003/2009）晚年修正了差序格局以自我为中心的个体主义意涵，认为差序格局是一个"推己及人"的过程，并与中国传统尤其是儒家的伦理道德联系起来。由此，根植于乡土社会的"曲尽人情"并非类似于"正式权力的非正式运作"的权宜性手段，而是有着深厚的伦理和道德意涵。

近年来有学者提倡挖掘传统社会的核心价值去理解中国社会中的关系与人情，并以此作为社会学历史维度的一种重要面向（周飞舟，2016）。周飞舟（2015）进一步将关系与伦理本位联系起来，"费孝通所说的差序格局是中国社会结构的基本特征，那么梁漱溟所说的伦理本位则是这种社会结构背后的基本精神"。梁漱溟（2005：72）特别强调关系的伦理意涵，认为"吾人亲切相关之情，几乎天伦骨肉，以至于一切相与之人，随其相与之深浅久暂，而莫不自然有其情分，因情而有义"。儒家价值观里最为核心的原则是仁和义，这构成梁漱溟的伦理本位中最为核心的精神原则。仁、义在乡土社会中最为重要的表现是熟人关系的运作，以及建立在熟人关系基础上的人情、面子。

显然，"曲尽人情"是来料加工产业中关系伦理的具体运作机制。建立在具体关系基础之上的伦理，是指行动者基于具体关系而生发的具体情感，以及因具体情感而生发的具体的行动原则。在实践中表现为"曲尽人情""将心比心"，最后的效果是"让人不好意思"。这种基于特定社会结构与历史传统形成的"不言而喻"，甚至"只能意会，不能言传"的人际交往过程被费孝通称为"交往心态"。费孝通指出，"心态"是研究区域发展乃至民族关系最为重要的基础，这也是费孝通晚年"文化自觉"的重要内容（周飞舟，2017）。这些常用而不知的微妙的"心态"对来料加工的顺利运作产生了巨大影响。这种互动过程不局限于乡村社会，而是充斥在每个中国人的日常生活中，只不过在乡村社会中表现得最为突出，并且直接构成乡村产业发展的社会基础。

五　总结与讨论

在中国城乡社会面临深刻转型的背景下，我们仍然不能忽视乡村社会具有的极强的内生发展性动力（毛丹，2008：16）。乡土社会和外界提供的物质资源、人力资源并不足以构成乡村产业的全部条件，乡村产业发展和乡村振兴还必须要有可以依托和调动的社会基础。乡土社会的关系和伦理成为生产管理得以可能的必要条件，它使乡村产业得以克服工期和质量上的管理难题，也使得欠发达的乡村地区能够在资本、技术、地理区位等条件都不占优的情况下取得发展，并融入全球化生产链条。本章交代了来料加工的历史传统、其兴起的时代背景及其铺展所依托的社会关系，最后紧扣住来料加工生产管理得以可能的交往心态。

近年来，对中国社会的"关系"研究出现了由关系向行动伦理的"范式转向"，并试图立足于中国传统的本体论理解基于特定关系的行动伦理（周飞舟，2018）。行动伦理一方面与中国人对特定关系（伦理）的理解和体认有关。更重要的是，基于传统心智结构的行动伦理的运作过程具有"感通性"，是基于具体的亲密关系生发出来的具体情感和义务。来料加工的生产过程最后落实到了人际活动的细节上，具体体现为特定关系中的人如何对待他人。

作为一个案例研究，本章并非要从总体上把握乡村产业兴起与展开的条件与特征。当然，个案研究也可以通过"扩展个案法"（卢晖临、李雪，2007）或者类型比较（费孝通，1990/2009）的方式形成整体图景，这尚待进一步的深入研究。本章的主要目的在于细致剖析乡村产业运作的微观机制，关心具体场景中的行动者以怎样的"态度"对待彼此，以及如何理解这种态度背后的行动伦理。诚然，乡村产业有着复杂多样的形态，社会基础在乡村产业中的作用方式也有所不同，但是人的行动总是遵照特定的行为伦理。社会关系和行动伦理发挥作用的过程最后落实到了人际互动过程中一些看似自然而然的细节，而这些细微之处很大程度上决定了事情的成败。通过挖掘人际关系中的特殊心态从而加深对行动伦理、社会基础的理解，是本章案例研究的意义。

认识乡村工业的社会基础，也有一定的现实意义。乡村产业的区域差异正是各地结合不同的历史条件和社会基础灵活探索的结果。要认识乡村产业组织过程的复杂性，离不开对乡村产业参与者所践行的既有社会关系和乡土伦理的探究。实施乡村振兴战略，除了在土地、金融、产业政策上对乡村加以扶持之外，还需充分认识乡土的社会基础，调动乡村内生的发展动力，激活乡村既有的社会关系网络与乡土伦理。这亟待学界立足于本土化知识进行更为细致的研究，并在政策和实践上更加积极地探索。

第十章　城镇化进程中的乡村
工业与乡村产业[*]

  中国的城镇化进程有着特殊的路径,尤其是产业发展与城镇化之间有着复杂关系。1949 年以后,虽然工业化取得了很大的发展,却没有出现与之同步的城市化,而是出现了所谓的社会主义国家"低度城市化"现象(Ofer,1976;Szelenyi,1981)。这与中国实行的"赶超战略"有着紧密的关系,即为了降低工业化成本建立了旨在限制人口流动的"城乡二元制度"(林毅夫等,1999:77~78)。改革开放以后,我国逐步放松了对农民进入城市务工的限制,与此同时,中国通过工业化迅速发展并成为"世界工厂",但中国的城市化仍然维持在一个较低的水平(Chang & Brada,2006;Zhang,1998)。这与改革开放初期特殊的工业化模式有关,虽然"异军突起"的乡镇企业吸纳了大量的农村剩余劳动力,但是"离土不离乡"的劳动力并没有脱离乡村(工业化与城市化协调发展研究课题组,2002)。

  在既有的城乡二元理论框架下看待城镇化,忽视了乡村社会的内生型发展逻辑(鹤见和子、胡天民,1989)。在城市现代工业吸纳人口有限的情况下,中国乡村对于涵养过剩人口有着极为重要的意义,也形成了独特的乡村转型路径。近代以来,乡村社会发展了一个复杂多元的产业体系,这个产业体系涉及农、工、商、运输、服务等多个部门,依托农村资源形成了一个完整的产业体系(吴承明,2001:52)。改革开放以后,"异军突起"的乡镇企业可以看作乡村产业的历史延续与发展。近年来,中西部的乡村

---

  * 本章曾发表于《社会发展研究》2018 年第 1 期。

产业取得了新发展，为"就地城镇化""就近城镇化"提供了条件（李强
等，2015）。虽然存在着大量因人口外流而出现的空心村、空壳村，但是我
们也不能忽视仍然有大量因为特色产业而繁荣的村庄。这个复杂、多元而
又自成一体的产业体系，是乡村振兴的重要基础。

如何认识和评价乡村产业，是认识我国城乡转型的关键。我国乡村社
会有着悠久的历史和较为稳定的社会结构，乡村产业便是植根于乡土社会
的"经济生态系统"。在家庭经营的基础之上，乡村产业依托乡村的自然资
源、丰富的劳动力以及既有的社会关系与社会结构，与既有的集市、乡镇
和县城这些城镇化节点紧密结合，形成了一个有机的生态系统。

2017 年 7 月，笔者所在的研究团队对河北省石家庄市周边的四个县市
进行了实地调研，调研范围涉及 9 个乡镇中的 18 个村。本次调研分别在乡
镇、村以及村民小组等不同层级展开了访谈。在乡镇政府，我们访谈了分
管城建、工业和农业的乡镇领导。在每个村，我们对村支书或者村主任进
行了访谈。最后，我们还在每个村选取了三至四个村民小组组长进行访谈。
此处对村民小组组长访谈做一个说明：村民小组是村民生产生活的重要共
同体，村民小组组长对这个共同体成员的基本情况十分了解，通过对村民
小组组长的详细访谈，我们能够了解全组农户的农业经营、非农就业、买
房以及迁移情况。调研村庄的基本情况如表 10 - 1 所示。

表 10 - 1　河北省石家庄市调研村庄的基本情况

		农业（粮食/特色产业）	非农业（本地/外出）
晋州市 ZSZ 镇	XZK 村	一半粮食，一半果树	本地务工（乡村工业、辛集皮革加工）
	ZSZ 村	粮食为主，少量梨树	本地务工（乡村工业、商贸服务）＋少量外出务工
晋州市 MY 镇	XD 村	果树	本地务工（乡村工业，70 多家企业）
	MFY 村	果树为主	本地务工（乡村工业）
新乐市 HT 镇	XL 村	大棚甜瓜	本地零工为主
	JG 村	粮食	外出务工＋本地零工

续表

		农业（粮食/特色产业）	非农业（本地/外出）
赵县 XZD 镇	XZD 村	粮食 + 养殖业	本地务工（园区）
赵县 FZ 镇	FZ 村	梨树	以本地零工为主
	NZ 村	梨树	以本地零工为主
新乐市 ZM 镇	LX 村	粮食	以外出务工为主（石雕行业）
	CG 村	粮食 + 养殖	以外出务工为主（石雕行业）
新乐市 PJZ 乡	XZP 村	粮食	以本地务工为主（假发产业）
行唐县 SB 镇	XJ 村	粮食	以外出务工为主（建筑、家政行业，北京、天津、石家庄地区）
	LCG 村	粮食	以外出务工为主
	DBJ 村	粮食	以外出务工为主
行唐县 KT 镇	KT 村	粮食	以外出务工为主
	LJZ 村	粮食	以外出务工为主
	BGD 村	草莓	以外出务工 + 本地零工

注：根据调研地相关部门和受访者提供的资料整理。

一　乡村产业与家庭经营

近代以来，我国农村面临着严重的人地矛盾，剩余劳动力如何转移成为中国现代化过程中的重要问题。但是城市工商业发展有限，吸纳不了庞大的农村过剩劳动力。在"过密化"和商品化的双重影响下，乡村兴起了发达的非农就业部门，形成了一个多元复杂的产业体系。由于发达的乡村产业，乡村社会的结构和社会秩序也在城市化、工业化进程中保持相对完整。费孝通对传统时期的乡村工副业进行了深入研究，《江村经济》《云南三村》等一系列经典作品，都揭示了乡村非农就业对乡村社会的重要意义。

乡村产业的微观经营机制是家庭经营。从春秋战国时期开始，中国就形成了以家庭为单位、农业和家庭手工业相结合的"传统小农形态"，这种所谓的"传统小农形态",融合了自然经济与有限的商品经济。在经典理论看来,工业化和商品化会导致小农经济解体,农村人口大量外流、农业规模经营和城市人口增加。但是,近代以后农村的"商品化"反而固化了小农经济,形成了以家庭经营为基础的"农工结合"(赵冈,1977:227)。农村中非农就业机会增多,并和农业生产紧密配合,成为农户经济的主要组成部分。也有学者进一步指出,农村商品化反而分散了地权(凌鹏,2007)。

改革开放以后,随着包产到户和家庭经营体制的确定,以及政策上对乡村和基层的放活,乡镇企业在广大乡村地区"异军突起"。乡镇企业的发展,吸纳了大量农村剩余劳动力,据统计,1983年到1989年,乡镇企业吸纳的农村劳动力达6300万人(国务院研究室课题组,2006:2)。在乡镇企业的带动下,以长江三角洲、珠江三角洲为代表的东部沿海地区迅速实现了工业化和城乡一体化。但是中西部地区的乡镇企业受制于地理、资本、市场等条件的限制,在20世纪90年代中后期迅速衰落,大量农业剩余劳动力继续"淤积"在乡村。

进入21世纪以后,随着沿海地区的快速工业化和"世界工厂"的形成,中西部农村的过剩劳动力开始普遍外出打工,中西部劳动力到东部地区、大中城市打工成为农村剩余劳动力转移就业的主导模式。20世纪80年代,东部沿海地区就开始大量吸纳农民工,农村外出务工人员在1989年就已经达到了3000万人。进入2000年以后,农民工外流的规模急速扩大。尤其是2001年加入WTO之后,中国很快成为"世界工厂",东部沿海地区在短期内吸纳了更大规模的农民工进入城市务工。到2004年,农村外出务工人口达到了1.2亿(国务院研究室课题组,2006:4)。农村剩余劳动力的外流有着特殊的逻辑,表现为在城乡之间的"钟摆式"运动和"兼业式"季节性外出务工(国务院研究室课题组,2006:6)。由此形成了中国特殊的城镇化模式——"半城市化",即大量转移劳动力无法到城镇落地,一直处于流动的模式,从而处于一个介于回归农村与彻底城市化之间的状态(王春光,2006)。"半城市化"的劳动力流动模式导致了外出打工的劳动力并没有完全脱离乡村社会,而是表现为打工家庭在空间上的分离。

在中西部地区农村劳动力"异地"打工的背景下，乡村依然延续了"农工相辅"的家庭经营模式。一方面，家庭普遍占有并经营土地；另一方面，非农收入尤其是外出打工收入在家庭收入中的比重越来越大。这种情形被贺雪峰（2013）总结为"以代际分工为基础的半工半耕"，并且指出大约有80%的农民家庭都是"年轻子女外出务工以获务工收入、年龄比较大的父母留守在家务农以获取务农收入"。

值得注意的是，在"异地务工"的背景下，虽然乡村普遍遭受了人口外流的冲击，但是依然存留着活跃的乡村产业。对于中西部家庭来说，虽然家庭的主要劳动力在外面打工挣钱，但是部分家庭成员（父母、子女）依然留守在农村，依然在农村保有耕地等重要的生产资料，依然保持了熟人关系网络。由于家庭这个纽带，外出打工并非一个单向迁移，实际上外出劳动力总是在农村与打工地之间"往返流动"。人口的"往返流动"明显与家庭的生命周期相关：结婚前以远程的单向流动为主、以服务业为主要的就业行业；结婚生子后以往返流动为主、以制造业为主要的就业行业；孩子长大后以频繁的返乡流动为主、以建筑业为主要的就业行业（王绍琛、周飞舟，2016）。不断"返乡"的劳动力，以及随之带回的资金和技术，使得乡村产业依然保持了活力。

由于不同的历史、地理条件和资源禀赋，中西部的乡村地区也产生了分化，在一部分村庄"空心化"的同时，也有相当多的村庄依托于历史传统与特色资源，发展了丰富多元的非农就业体系，构成了"就地城镇化"的重要基础。城乡一体化的深入发展也为乡村业态的繁荣提供了条件。首先，乡村交通条件的改善和汽车保有量的大幅度提升，扩大了劳动力的活动半径，使得"回流"更加普遍。其次，互联网和物流体系进入乡村，为乡村产业的发展创造了新机会。最后，随着打工收入增加和农村生活条件、生活方式的改变，乡村兴起了更多的商贸服务需求。

乡村非农产业的兴起与繁荣，与农业经营形成进一步的密切配合，构成了一个复杂多元的乡村经济生态系统。这个经济生态系统丰富了乡村业态，也使得"半工半耕"的家庭经营呈现新的内容。一方面，由于乡村产业的存在，劳动力可以根据家庭生命周期灵活地在本地与外地之间"往返"。同时，乡村产业的发展导致了"半工半耕"模式的进一步演化，出现了本地农业与本地非农就业的结合，形成了本章所谓的"双顾模式"，在此基础之上形成了特殊的城乡融合道路。

二 乡村产业的延续与变革

进入 21 世纪以后，劳动力的跨区域流动成为乡村地区尤其是中西部乡村地区剩余劳动力转移就业的主导模式。但是中西部的乡村地区依然存在着复杂多样的产业形态，形成了一个根植于乡村社会的经济生态系统。这个生态系统包括农业和非农就业，尤其应该看到，乡村社会有着灵活、多元和分散的非农就业体系。下面笔者将分别从农业、非农产业的经营情况介绍这个经济生态体系的特征。

在农村家户普遍承包、经营耕地的情况下，农业依然是农村的重要产业，但是农业经营模式发生了很大的变化。石家庄周边地区的农业经营可以分为两种模式：粮食种植和经济作物种植。但不论是粮食种植还是经济作物种植，都是以家庭经营为主，土地流转和规模经营不占主导地位。虽然存在着少量的土地流转，但也基本上是亲戚朋友之间的流转，或者是从村集体承包集体果园。在笔者调研的村庄，即使有零星的土地流转，流转费用也十分低。

首先来看粮食种植。石家庄地区的粮食作物主要是玉米和小麦。笔者调研的 ZSZ 村、LX 村就是典型的粮食种植村。由于劳动力外流，农村面临着季节性劳动力短缺的问题，同时也面临着小块土地经营难以实现机械化的问题。但是基于实地调研，笔者发现石家庄周边地区却并没有出现粮食的规模经营，反而依然以家庭自耕为主。

这主要是由于石家庄地区粮食作物的种植模式发生了变化，建立在小农经营基础上的社会化、机械化服务体系极大地节约了劳动力，使得在人口外流的情况下，即使不流转土地、不规模经营也可以解决种地的问题。由于主要种植环节的机械化、雇佣化，粮食种植只剩下打药、施肥等十分简单的田间管理，60 岁以上的老人也可完成。由此，粮食种植变成了"老人农业""简单农业"。"现在没人自己种，都是 60 岁以上的人种，50 岁以下的都在做活（打工）不种地，年轻的没人种地，老人种地不费工"。以集市为依托的农业社会化服务体系在此发挥了极大作用（韩启民，2015）。

在粮食种植变革的同时，石家庄地区的许多村庄兴起了经济作物种植。黄宗智（2016）将经济作物、养殖业取代传统粮食作物，以及经营规模的增加称为"隐性农业革命"。石家庄市的特色农产品主要是水果，尤其是梨、葡萄、苹果和甜瓜。经济作物种植最为典型的村庄有：XD 村（梨）、MFY 村（葡萄、梨）、XL 村（甜瓜）。与粮食种植相比，水果种植需要较多的劳动力投入和较高的资本投入，即所谓的"劳动和资本双密集"（黄宗智，2016）。但是，令人惊讶的是经济作物种植也是以家庭经营为主，而非"规模经营"。下面以梨树种植为例说明经济作物种植过程中的劳动力使用和资本投入，以及它为何以家庭经营为主。

梨树种植比粮食种植需要更多的劳动力投入，其中有许多环节都依赖劳动力雇佣。首先是冬季需要剪枝，剪枝冬季一直可以干，不需要雇佣。其次是打药，打药大概有 5 次，分别在 3 月开春、5 月 10 日套袋以后、5 月底 6 月初、6 月下旬、7 月中旬；打药一般由自有劳动力完成，农药成本是每亩 50～70 元。再次是上肥，上肥需要 4 次，分别在 3 月开春、6 月膨果期、7 月份以及 9 月；上肥一般也是由自有劳动力完成，一天一个劳动力可以完成 3 亩。需要大量劳动力的环节是梳果、套袋和采摘，这也是雇佣工人最多的环节。

梳果，需要在 4 月完成，一般每个劳动力每天能够完成五六棵树。每亩大约 42 棵树，所以梳果每亩大概需要 7 个工，梳果的雇佣成本每人每天 80～100 元。

套袋，是从 5 月 7～10 日开始，有的地区必须在 6 月之前套完（例如 MFY 村），有的地区需要在 5 月 23 日之前套完（例如 XD 村）。总之，套袋有着较为紧迫的时间限制，必须在 20 天内完成，因而成为梨树种植最为主要的雇佣环节。一个人一天最多能套 1000 个袋，一亩地大概需要套袋 1.4 万个，雇人套袋的工钱是计件制的——每个袋 7 分钱。

采摘一直从 7 月 15 日延续到 9 月 10 日左右，大概 5 天摘一次，包括采摘、包装、入库等环节。摘梨的劳动效率，一天一个人大概能够摘五六十箱。摘梨一般靠自家劳动力完成，这时候家里的孩子也会帮忙。有的家庭劳动力不足也会雇人。装箱亦是如此，实在忙不过来就需要雇人，雇佣费用是一天 100 元或者采取计件制（每箱 1.2 ~ 1.3 元）。

梨树种植还有其他成本，包括农药、化肥、水电费，根据实地调研对每亩梨树种植的成本估算如下。

表 10 - 2　每亩梨树种植的成本估算

	成本
农药	350 元
肥料	1400 ~ 1500 元
浇水电费	160 元
梳果①	700 元
套袋②	1000 元
采摘、装箱、入库③	800 元（8 个工）
亩均总收入④	5000 元

注：①按照每亩 42 棵树，每个工梳果五六棵计算。根据访谈情况估计雇佣成本，不同地区、梨树的不同品种有差异。梳果、套袋、采摘三个环节按照全雇佣计算。

②按照每亩 10000 个梨，套袋每个 7 分计算。袋子成本每个四五分钱。

③50 ~ 60 箱/（人·天），200 箱/亩 [约合 8 天/（亩·人）]。

④在梨的产量方面，皇冠梨每亩可以达到上万斤、鸭梨大概亩产八九千斤（例如 XZK 村）。价格跟梨的品质有关，在所有梨果中优品一般只有 1/3，残次品多。优品才能卖到每斤 1.3 ~ 1.4 元，残次品只能卖每斤 0.8 元，剩下的 1/3 只能扔掉。大概每亩梨一年能卖 5000 元（例如 XZK 村）。

每亩梨的毛收入大概 5000 元，而每亩梨树的投入是 3600 ~ 3700 元，其中固定投资（比如农药、化肥）不到 2000 元。每亩 3600 ~ 3700 元的投入是按照最高标准计算，即假定梳果、套袋、采摘环节全部都雇用工人。在实际经营过程中，农户的经营策略是尽可能地减少雇用，尽可能地使用自家劳动力，以期获得最大的收益，因此我们看到在果树种植过程中很少出现规模经营。第一，规模经营意味着所有工作都靠雇工，雇工会增加人工成本，农户利润就会被挤压。第二，大规模承包需要大量资金，也意味着风险增高。第三，大量地雇用会带来监管问题，即雇主很难对劳动过程进行监督管理。

由此，梨树种植的重要特征是家庭经营，利用家庭自身的劳动力，尽量减少雇用，根据自家的劳动力状况决定梨树种植的规模。"以40多岁的老两口为主，20多岁的年轻两口在农忙时候帮忙。在不雇人或者少量雇用的情况下，最多能种三五亩地。"在调研中，笔者发现许多农户兼营粮食和果树的情况。由于自家劳动力有限，农户以自身的劳动力为基础种植梨树，剩余的土地则种植不费劳动力的粮食。当然农户承包的耕地具有分块而细碎的客观特征，这也是促成这种种植结构的原因。

在石家庄地区，农业经营只是乡村经济生态系统的一部分，应该看到石家庄地区还有发达的非农产业，它带动了一个"灵活、分散、多元"的就业体系，并与农业经营紧密配合，也使得以家庭经营为基础的"半工半耕"结构呈现出更为复杂的情形。学术界既有关于"半工半耕"的讨论大多是描述"粮食种植 + 外出务工"，典型的是赵县的 ZM 镇和行唐县的大部分村庄。粮食种植模式的变革极大地降低了耕作的劳动力投入，使得劳动力可以长期地转移到非农就业领域，在空间上则表现为跨区域流动。

石家庄地区还存在着"经济作物 + 本地务工"模式，即本地非农就业和本地经济作物种植相结合的"半工半耕"，比如 XD 村、MFY 村等。这几个村庄一方面有发达的非农就业机会，一方面又发展了特色农业（见表10 - 3）。

表10 - 3　石家庄乡村地区农业与非农就业结合的模式

	粮食作物	经济作物（水果）
本地务工	XZP 村，粮食 + 假发	MFY 村，梨树 + 辛集打工（服装）； XD 村，梨树 + 本村打工（村庄工业）； XL 村，甜瓜 + 农业产业； ZSZ 村，梨树 + 工商业
外地打工	赵县 ZM 镇、行唐县大部分村庄	几乎没有

乡村产业体系中的农业与非农就业紧密配合，乡村非农就业对于本地特色农业的发展有明显的促进作用。面对农村家户普遍兼业化的现实，有学者担心农民兼业化会对农业生产要素的投入产生不利影响（李庆等，

2013）。农民的兼业行为会降低农业生产的人力投入，农民家庭会通过改变生产要素的投入量来实现家庭收入最大化（胡浩、王图展，2003）。在实际调研中，我们发现恰恰是本地的非农业促进了特色农业的发展。一方面，特色农业以家庭经营为基础，并且需要家庭中最有经验的劳动力投入，与之相应的，几乎没有特色农业配合外地长期务工的村庄；但另一方面，家庭经营特色农业的收入有限，加上农业经营的季节性特征，又必须与非农就业机会相配合。根据访谈信息整理，石家庄地区主要农作物的毛收入如表 10 – 4 所示。

表 10 – 4 石家庄地区主要农作物的毛收入情况

	亩均毛收入	一般经营规模
梨树	5000 元	3 ~ 5 亩
葡萄	7000 元	
李子	4000 元	
甜瓜	12000 元	4 ~ 5 亩
小麦、玉米	1000 元	

一亩梨树的毛收入在 5000 元左右，大部分经营户的种植规模在 3 ~ 5 亩，除去成本，每年的净利润在 10000 ~ 15000 元。它必须与本地的非农就业相互配合，对于一个家庭才划算，因而只有具有非农产业的乡村，才能发展农业产业化。

此处需要对 XL 村和 XZP 村做一个说明。XL 村的甜瓜种植比较例外，XL 村的大棚甜瓜种植一般采取"上季瓜、下季菜"的种植模式，一年中的大部分时间都需要田间劳作，一亩大棚在常规年份的纯收入大概是 12000元。大部分家庭都经营四五亩地，所以一户的年平均收入能达到 5 万元。这完全实现了依靠农业产业带动乡村就业，由此选择外出打工或者从事其他副业的只有少数人。再来看 XZP 村，由于该村假发行业比较发达，几乎全村都投入到了假发产业，因而也没有发展出种植经济作物的模式。

综上所述，乡村产业作为一个经济生态系统，可总结出如下特征。

第一，农业和非农就业紧密结合。一方面，在人口外流的情况下，"打

工 + 种地"依然是村庄的普遍经营模式。但是一些资源和地理条件有优势的地区，发展出了丰富多元的乡村产业体系，乡村工副业成为带动乡村发展的重要动力，也在一定程度上带动了特色农业发展。非农化带动乡村农业经营方式转变并非通过"人口离乡""土地流转集中"的方式实现。从实地调研的经验来看，乡村非农化与乡村特色农业的发展并行不悖。

第二，家庭经营。家庭是重要的经营基础，也是理解乡村产业体系的重要视角。乡村产业形成了一个农工配合的体系，这个体系运行的关键是"半工半耕"的家庭经营模式的延续与创新。由于乡村产业有着极为复杂的业态，家庭经营也呈现出不同的形式："粮食 + 外地打工"、"农业产业 + 本地打工"、"本地农业的产业化"和"粮食种植 + 本地非农就业"。

第三，乡村产业是一个城乡融合的体系。其一，城镇企业在乡村产业兴起的过程中发挥了重要作用，反过来，乡村产业又激发了其发展。其二，随着乡村非农就业的发展，出现了一种"通勤打工"的本地非农就业模式，这种非农就业模式与"离土不离乡"的乡镇企业时期的就业模式有一定的相似性，它固化了既有的村庄社会结构，当然也使得其产生了巨大的转变。

三　乡村工业与非农就业

本节重点介绍乡村非农就业体系的内容与特征。乡村非农就业包括以下几种类型：产业化的农业、工业、乡村商贸服务业。可见，乡村的非农就业是一个多元、复杂的生态系统（见表10-5）。

（一）农业产业化

粮食种植的社会化服务体系和雇佣市场创造了许多乡村就业机会。而经济作物的大量种植，更是提供了更多的农业雇佣机会。经济作物种植需要投入大量的人工，一般以家庭自有劳动力为主，辅之以季节性的雇工经营完成。农忙季节的农业雇工，已经成为乡村劳动力打零工的重要途径。

除此之外，围绕着特色农产品形成的种植、养殖、收购、加工、贸易等多个环节，也成为乡村产业的重要组成部分。作为典型的是赵县的梨树

表 10 - 5　石家庄地区乡村非农就业的典型形式

		典型村庄	具体内容	就业形式	劳动力居住地点	收入水平
工业	乡村工业	ZSZ 村	本村工厂，吸纳250 人	灵活就业	本村	
		XD 村	具体情况见下文，吸纳了村庄绝大部分劳动力	季节性，灵活就业	本村	月均 3000 ~ 4000 元
		MFY 村	乡村制衣作坊，100 女工	季节性，灵活就业	本村	年收入 2 万元
		XZK 村	3 个作坊，30 人	季节性	本村	
		XZK 村、马坊营村	辛集皮革加工，只招募女工	季节性，夏季歇业	离辛集市骑电动车 20 分钟，旺季住宿舍。	年收入 3 万元
		XZP 村	假发产业，1000 人		详见后文	不同环节收入不同
	园区工业	XZP 村	假发行业领头企业，300 人		本村	
		MFY 村	乡村工业，40 人		本村	男工，年收入 3 万 ~ 4 万元
产业化的农业		XD 村	梨果相关企业	季节性，灵活就业	本村	
		范庄镇	果品加工厂 1 家、包装制品厂 36 家、冷库 197 家	季节性，灵活就业	本村	
		XL 村	甜瓜种植	季节性	本村	户均年收入 4 万 ~ 5 万元
商贸服务	运输	XZP 村	依托于工业园区与本地农业产业，80 ~ 100 人	灵活就业，自营	本村	
	商贸	ZSZ 村	800 个商铺	自营/出租	本村	

产业链条，该县围绕梨果生产形成了一系列轻工企业加工体系。以赵县 FZ

镇为例，该镇共有企业 39 家，其中果品加工厂 1 家，包装制品企业 36 家，占到该镇所有企业数量的 92.3%，产值最高的 5 家企业均为与梨果加工相关的企业。另有用于存放梨果的冷库 197 家。梨树种植进一步带动了旅游业，赵县梨花节始于 2000 年，至今已经形成了比较成熟的举办模式。梨花节的持续时间是每年的 4 月 5 日到 4 月 20 日，对周边市镇的居民有一定的吸引力。

（二）乡村商贸、运输服务业

乡村社会既有的集市体系为乡村提供生活、生产和其他公共服务，在乡村社会生活中发挥重要作用，一直以来是学术界研究的重点（施坚雅，1998）。乡村集市体系发展起来的商贸服务业也是乡村产业的一种重要业态，为乡村提供了灵活就业的平台。

以 ZSZ 镇为例，该镇位于"五县连庄"的交通枢纽，历史上就是覆盖远近乡村的大集市，商贸和物流业十分发达。镇区有 800 多家商户，下辖的 21 个村中每个村有近 50 户商户，全镇共有近 2000 家商户。此外，由于当地的果树种植业，尚有果品站 100～120 个，果品站一般由当地人经营，他们充当外地人在本地收购水果的经纪人。

（三）乡村工业

乡村社会的工业就业主要有两种途径：乡村工业与园区工业。但是从实地调研来看，园区工业吸纳的就业人口很少，这主要是因为园区工业都是资本密集型企业，需要的工人不多。从石家庄周边地区的工业园区的就业情况来看，XZP 村大概有 300 人在园区就业，MFY 村大概有 40 人。

带动就业比较多的恰恰是分散在乡村社会中的各种乡村工业，这些工业规模小，与乡村社会有着密切的联系。乡村工业具有十分多元复杂的特征，下面以 ZSZ 镇的工业为例介绍乡村工业的主要类型。

第一类，与农业相关的产业，包括果脯厂、食品厂、冷库、纸箱厂以及从农业（水果种植）衍生出来的托盘厂、纸箱厂。这类企业一般都是季节性用工，并且工资较低。ZSZ 镇的纸箱厂有两三家，只在收获季开工生产，每个厂雇用几个人。冷库共有 118 家，每个冷库的雇工量很少，平时只有两三个人看管，8 月入库期间用工最多，主要是临时雇用的搬运工。

第二类，纺织业，包括纱厂、布厂、浆纱厂。纺织业一直是华北平原重要的工业类型，拥有很长的发展历史。ZSZ 镇有 20 多家纺织企业，包括 15 家织布和十几家纺纱企业。这些企业规模较小，经营比较灵活，可以根据行情随时停产或开工。这 20 多家企业全部开工的时候可以雇用 200 个工人。每个工人每月的工资在 3000 元左右，若旺季加班，每天工作 9～10 小时，能挣到六七千元。ZSZ 镇尚有 5 家无纺布企业，生产的布主要用来做口罩，也有档次比较低的布可以用来做水果套。大布厂用工十五六个，小的也有两三个，加起来雇工 30 多人。

第三类，建材、五金。这类乡村工业的发展历史可以追溯到集体工业时期。ZSZ 镇有车床加工企业十几家，规模都不大，最大的一家有二三十台车床，每台车床需要雇用一个工人。值得一提的是，锅炉业在 ZSZ 镇是比较红火的产业，有春尔、攀龙、成龙三家较大的企业，春尔锅炉曾经是河北省规模第二的锅炉企业。锅炉行业需要大量的电焊工，一般采取外发加工的形式。锅炉行业用工 200 多人，电焊工的工资为六七千元。

第四类，基于家庭副业发展起来的产业。ZSZ 镇没有典型的家庭副业，此处以新乐市 PJ 乡 XZP 村的假发产业为例说明。XZP 村几乎全村的人都从事着与毛发相关的工作。30 年前，村里开始有人去全国各地收购头发，后来带动了整个村收头发、做假发，慢慢形成了有关毛发的一整套产业链。这一产业链条非常完整，包括收头发（150 户，一般是夫妻俩一起从事）—拣发（利用家庭剩余劳动力）—整档（50 个家庭作坊）—做发链、用长发做假发（2 个工厂）以及用发渣生产氨基酸（1 个工厂，另有一个待投产），每一个环节都可以在村里完成。

第五类，新型产业。汽车配件生产是 ZSZ 镇内有一定规模的产业，包括脚垫、尼龙胶管、汽车顶棚、汽车内饰等。镇内最大的汽车配件企业是安达汽配，主要生产汽车脚垫、尼龙管、顶棚，是晋州市的纳税大户。该厂雇工 200～300 人，女工较多，主要生产尼龙油管和汽车顶棚，接吉利、上海一汽等大厂的订单。ZSZ 镇有三十多家汽车脚垫厂，规模较小，雇工规模从三人到几十人不等，有些通过网店销售，有些接汽车厂订单，整个行业的雇工大约300人，主要分布在 ZSZ 村、YC 村等。

以上是总十庄镇乡村工业的主要类型，这些可以"识别"的乡村工业总计雇用了约2000名工人。除了这些"可以识别"的非农就业，还有大量更为分散、隐蔽的就业机会。比如 MY 镇的制帽产业，通过46家外发加工的网络动员了全镇的妇女老人等闲散劳动力，创造了约3000人次的就业机会。

乡村非农就业体系是植根于乡村社会的体系，而且这套体系也必须依托乡村社会才能存在。由于农业产业、乡村商贸服务业本身就是乡村社会的一部分，此处将重点论述乡村工业的特点。与城市工业不同，乡村产业的重要特征是与家庭生活紧密结合、与农业生产紧密配合。因而在这样的情况下，乡村工业有以下特征。

第一，乡村工业有着悠久的历史。华北平原在传统时期就是乡村手工业十分发达的地区，1949年以后又继续延续与发展。以 XD 村为例，20世纪70年代，XD 村开始发展集体副业，主要产品是肥皂、尼龙绳、尼龙网，当时有7个小队，每个小队大概有20人就业。1974年，XD 村开始兴办大队副业，主要经营肥皂、皮革、皮鞋、手套（外贸出口）和一个砖窑，共计用工50~60人。在整个70年代，全生产队内有将近400个劳动力从事工副业。80年代以后，大队先后兴办了面粉厂、肥皂厂、陶瓷厂。在20世纪90年代中期，这些村办企业都纷纷转制或者停办。

1983年，XD 村开始兴办个体私营工业，刚开始主要是做蜡烛、花炮。现任村支书是发展私营工业的先驱，刚刚包产到户的时候，他通过关系买到一车皮做蜡烛的原料，然后外发给农户加工。20世纪90年代以后，私营工业大量兴起，后来发展到70多家企业，吸纳了全村95%的劳动力。

第二，乡村工业的生产形式复杂多样。除了极少数正规的工厂以外，大多是各类小型、分散的生产主体。有家庭内劳动，比如各种家庭手工业、农特产品加工、假发拣选等；有乡村小作坊，比如乡村中开办的各种食品加工厂、服装加工厂。包括 ZSZ 镇的锅炉生产在内的许多乡村工业都采取外发加工的模式。在历史上，这种分散的加工形式被称为"包买制"，至今依然是乡村产业的重要生产形式。这种分散的生产形式，节约了生产成本，也使得工人的生产与家庭生活紧密结合。

第三，用工形式灵活，非正式雇佣普遍存在。许多乡村产业都是季节性用工，这一方面是由于产品本身的销售周期，另一方面也是为了配合农业的生产周期，农忙停工、农闲开工。更重要的是，乡村产业与家庭生活能够紧密结合。从收入水平上看，乡村产业与外出务工相比并不占优势。许多劳动力之所以选择在本地就业，主要是为了同时兼顾家庭生活。因此，乡村产业的工作时间和劳动管理显得十分自由宽松。

第四，乡村工业"淤积"在乡村，这与乡村工业的土地来源有关。乡村工业一般使用农村存量的建设用地，甚至还有部分企业选择租用农户的宅基地，极大地节约了经营成本。这些建设用地大部分都是早期的乡镇企业用地，比如 ZSZ 镇线缆厂租用的厂房和土地就是源于早年的乡办企业。XD 村之所以能够发展 70 多家乡村工业，也是因为该村有大量的存量建设用地能够用来建厂房出租。

四　乡村产业与城乡融合

（一）乡村产业与村庄变迁

乡村产业的发展，使得所谓的"半城市化"呈现出新特征，形成了基于家庭生命周期的"回流"模式（王绍琛、周飞舟，2016）。乡村产业与外地务工处于一个城乡融合体系中，两者对于处于不同生命历程的劳动力来说有不同的意义。通过劳动力的"往返流动"，城乡实现了融合。在此基础之上，中西部地区也形成了"外出打工、返乡买房"的就近城镇化形态。

随着乡村产业的发展，一些村庄迅速地改变了乡村面貌，实现了城乡一体化发展。具体来看，有以下几种模式。

第一，农业产业化带动型。我国的许多乡村地区都有特色的农业产业，比如南方的茶叶，徐宗阳、焦长权（2016）考察了茶叶采摘、收购、运输、加工以及销售各个环节与城镇化的关系。石家庄地区比较典型的是新乐市

HT 镇 XL 村，全村共有 2300 人，几乎全部从事甜瓜种植，大棚面积达到了 2500 亩，该村通过农业产业化实现了乡村社会转型与城乡融合。

第二，工业带动型，比如 XD 村和 XZP 村。但是这两个村也有差别：西队村是本地工业与经济作物种植相配合，而 XZP 村则是粮食种植与本地工副业相配合。这与两个村各自的乡村工业的发展程度不同有关。XZP 村假发产业的带动能力更强，而且覆盖面很广，除了通过园区企业、运输业吸纳青壮年就业，还通过假发的收购、分拣环节，使乡村中的许多闲散劳动力都能够进入乡村工副业。

第三，商贸带动型。晋州市 ZSZ 镇 ZSZ 村，依托其三县交界的地理位置发展商贸服务业。镇区和分散在村中的商铺，加上为果品提供收购、运输服务的从业人员，全镇从事乡村商贸服务业的人口有两三千人。此外还有大量人员外出销售本地工厂的产品，比如线缆、锅炉等。

由此，我们看到村庄产业的发展有着不同的带动模式，但是无论哪种形式都依然与乡村土地保持了联系，其微观经营基础仍然是家庭经营。绝大部分家庭都是既经营农业又参与非农就业。只是部分村庄由于本地非农就业机会较多，家庭可以在本地短线打工与外出长线打工之间做出选择，形成了更为复杂的"半工半耕"模式。

发达的乡村产业使得农村劳动力可以在通勤范围内实现非农就业。晋州市是典型的以本地非农就业为主的区域。晋州市 XD 村是该市工业最为发达的村庄之一，以 XD 村三组为例，全组大约有 300 个劳动力，其中大概有 150 个劳动力在本村种植梨树和打零工。本村工厂吸纳了 80～90 个青壮年劳动力，月工资每个人 3000 元左右。县城吸纳了十几个劳动力，他们主要是在手套厂工作。还有 10 余个劳动力在辛集从事皮革加工行业。这些在县城工作的劳动力也没有真正脱离乡村，辛集市离 XD 村十分近，村民可以骑着电动车上下班；而在晋州市内工作的人则一般住在宿舍，休假时回家。真正离开农村，比如到石家庄或外地务工的劳动力十分少。晋州市 XZK 村，虽然本村工业不多，但临近的辛集市皮革加工产业吸纳了许多劳动力。加上该地商贸服务业发达，真正离开农村"长线外流"的劳动力也不多。晋州市 ZSZ 镇的 ZSZ 村也是如此，该村劳动力有 2600～2700 人，而真正长期外出务工的劳动力只有五六十人。

发达的乡村产业进一步固化了家庭经营。乡村形成了"家里有人种地，有人打工"的本地"双顾"模式，并且这种"双顾"模式有着明显的年龄和代际分工的特征。以 MFY 村六组为例，该村民小组有 72 户村民，其中 18 岁以上的、具有劳动能力的总计 228 人，65 岁以上的有 9 人①。我们让村民小组长列举了该小组村民职业的情况（见表 10－6）。

表 10－6 MFY 村六组 72 户村民的就业情况

单位：%

	18～30 岁		30～40 岁		40～50 岁		50～65 岁	
	人数	占比	人数	占比	人数	占比	人数	占比
农	0	0	5	11	12	23	28	40
工	37	61	22	50	10	19	6	9
商	0	0	2	5	1	2	0	0
农工	2	3	9	20	29	55	23	33
农商	3	5	5	11	0	0	8	11
工商	0	0	0	0	0	0	0	0
农工商	0	0	0	0	1	2	0	0
学	19	31	0	0	0	0	0	0
无业	0	0	1	2	0	0	5	7
小计	61		44		53		70	

注：此表显示的是 18～65 岁的劳动力就业情况。

由此，我们看到了村民职业的代际分化：40 岁以下的青年劳动力一般从事工业；40 岁以后开始兼营工业和农业；50 岁以上的群体中从事农业的比例，随年龄的增加而显著增加。石家庄地区的就业模式呈现出家庭成员之间明显的代际分化，"年轻人不愿意种地"，除了经济性因素，更有社会性因素的影响。年轻人不愿意干农活一方面是嫌脏嫌累，另一方面是觉得农业没有保障。中年人兼营农业和工业，可谓"半年田半年工"，比如梨树

---

① 左雯敏收集和整理了此部分数据。

种植到九月初就基本结束，他们会在剩余的农闲季节打零工，这就是典型的"双顾"模式。"双顾"的另一层含义是，既从事了非农就业又照顾了家庭。在一些乡村产业发达的乡村，许多人都在乡村务工而不愿意外出务工，主要是为了照顾家里的老人与小孩。按照村民的说法，"如果能在本村挣3000元，远一点挣5000元都不去"。

（二）乡村社会分化与城镇化

根植于乡村社会的产业体系，极大地改变了乡村的社会面貌，成为中西部地区"就近城镇化"的重要基础（李强等，2015）。但是乡村产业与就近城镇化之间有着极为复杂的内在关联。

城镇化已经成为一种重要趋势，进城买房已经成为一股潮流，然而城镇化有着极强的"层级分流"特点，呈现出"分层沉淀"的模式。少数收入较高的群体会举家迁移到东部城市"落地"；中等收入的群体会在家乡附近的城镇、县城买房；低收入群体则会在家乡的村庄翻盖新房。

表 10-7　晋州市村民城镇购房的情况

	总户数（户）	村里自建或翻盖（户）	新民居（户）	乡镇（户）	县城（户）	石家庄（户）	其他
XD 村	316	0	286	0	十几户	4~5	XJ[a]，五六户
MFY 村	540	0	1	0	十几户	5~6	XJ，十二三户；井陉矿区，1 户
MFY 村六组	72	0	1	0	5	5	XJ，5 户；井陉矿区，1 户
ZSZ 村	1116	0	20[b]		25	4~5	XJ，2 户
XZK 村三组	100	0	0	0	2	1	XJ，5 户

a. 晋州市 ZSZ 镇和 MY 镇靠近辛集市，并且这两个乡镇去辛集打工的农村人口特别多。

b. ZSZ 村是镇政府所在地，新民居也位于集镇。

石家庄地区有着很强的"就地"或者"就近"城镇化的趋势，并且呈现出"梯度城镇化"的特征。所谓的"梯度城镇化"，是指农民依据自身实力在"村庄-乡镇-县/市-地市-省会"的梯度上流动。表 10-7 是笔者在晋州市对农户"进城买房"情况所做的统计，反映了农户在不同城镇层级购房的情况。

在石家庄的周边地区，几乎没有农户自建或者翻建自家住房，有极少数村庄通过"新民居"实现了农民上楼。2008 年，石家庄市推行了以"占补平衡"方式获得土地指标的"新民居"建设项目，通过一系列政策支持一些村庄实施"农民上楼"（周飞舟、王绍琛，2015；焦长权、周飞舟，2016），于是许多村庄建设了大量的楼房。但是由于农户宅基地复垦困难，新民居项目最后被叫停。XD 村在强大的村集体经济的支撑下，建成了配套设施齐全的小区，并以较低价格出售给村民。其他村庄的"新民居"则大部分建设进度缓慢。

中西部地区的乡镇普遍缺乏城镇建设所需的土地指标、建设资金以及城镇管理权限，这极大地削弱了乡镇的吸纳和集聚能力。从对石家庄周边相关县市的调研来看，乡镇一级几乎没有商品房建设和出售。

县城买房成为重要趋势，有一定比例的农户已经在县城买房。一般而言，能够在县城买房的农户具有较高的经济收入。以 XZK 村三组为例，在县城（包括辛集市）买房的 7 户家庭中有 5 户是经济条件较好的家庭。这类家庭要么是外出打工挣钱，要么是在乡村做小买卖或开办小工厂，抑或是从事其他收入较高的行业。

极少数村民能够在地级市即石家庄市买房。晋州市的农村居民在石家庄买房主要是为了孩子在大学或大专毕业后能够在石家庄找到稳定的工作。对于这种买房情况，本研究不予展开。

石家庄地区的"就地城镇化"呈现如下三个特征。

第一，产业与城镇化的关系。乡村产业的兴起繁荣了乡村经济，为农户进城买房提供了基础，但是在县城购房的群体内呈现出明显的"职住分离"特征。许多在县城购房的家庭并不在县城居住，或者只是在冬天居住。比如 XZK 村三组买房的 7 户农户中，真正在县城居住的家庭只有 2 户。这与前文讨论的乡村产业发展模式有关系，发达的乡村产业吸纳了许多就业人口，但乡村产业主要分布在乡村。新乐市 XL 村甚至出现了少数村民在县城买房居住、白天从城市去村里种植大棚的"反职住融合"现象。

第二，社会性因素买房。教育资源在城乡的分布情况，极大地影响了人口流动和迁移的趋势。农村学生向县城集中，导致了县城的教育资源紧张，许多地方出台了必须买房才能在相应小学上学的政策。由此，"进城上学"成为"进城买房"的重要动机。我们发现，由于下一代的教育需求，越来越多的农民家庭选择到附近的城镇租住房屋或购置房产。

另外，农村男青年结婚条件逐步攀高，到县城买房已经成为许多农村地区男性青年结婚的必备条件之一（陈锋，2014）。经济条件越差的村庄或者家庭反而需要具备更高的硬性条件才会在"婚姻市场"上具备竞争力，这使得许多经济条件一般甚至较差的家庭为了给儿子娶上媳妇而"咬牙买房"，让家庭负债累累。从对石家庄地区的调研情况来看，"结婚买房"呈现出两个特征：一是家庭并不具备买房的经济实力，通常是举债买房；二是买房的目的不是改善居住条件，而是纯粹为了提高男青年在婚姻市场上的竞争力。

第三，居住方式呈现出明显的代际差别。虽然有一定比例的农户在县城买房并搬离农村，但是家里老人一般会选择居住在农村。在通过购买新民居实现"就地城镇化"的农户群体内部，也呈现出居住方式上的代际差异。村里的年轻人全部都住进了楼房，但是老人依然住在村中，只有冬天才会上楼享受集中供暖。

五　小结

中国乡村社会有着悠久的历史，并且长期保持着稳定的社会结构，在此基础上形成了明显的自主发展与转型逻辑。乡村产业作为一个经济生态系统，与乡村社会的历史传统、社会结构和人际关系有着密切的联系。正是在这个基础之上，有学者强调乡村产业对于城乡发展的积极意义，提出了"三元结构"理论（陈吉元，1994；李克强，1991；林刚，2000），以区别于既有的"二元结构"的社会转型理论（Lewis，1954；张培刚，2014：220）。鹤见和子提出了"内发型发展"（鹤见和子、胡天民，1989），尤其关心乡村既有的社会结构（包括意识形态、技术和社会关系）对于发展与转型的影响。

乡村产业和乡村社会的"内发型"发展，其基础是家庭经营的强柔性。近代以来，"半工半农"的家庭经营模式一直延续下来。传统时期城市吸纳不了过剩劳动力，导致了家庭经营基础上的"非农化""过密化"。改革开放以后，随着中西部地区大量劳动力外出务工，农村劳动力"半城市化"的流动促成了农村粮食作物种植与外出打工的结合。新时期，乡村产业的新发展导致了"半工半耕"进一步演变，形成了本地农业与本地非农就业的结合，即本研究所谓的"双顾"模式。

乡村产业的繁荣为"就地城镇化"提供了基础，但是产业与城镇化之间有着复杂的关联机制。城镇化的微观基础是家庭的决策过程。家庭决策综合考虑了家庭的收入水平、家庭成员的未来预期，更为重要的是与家庭关键成员的生命阶段紧密相关。家庭作为重要的经营单位有着丰富的内涵。首先，家庭成员内部有着不同的分工，家内不同代际的成员处于不同的生产模式中。其次，虽然不同代际的家庭成员有不同的生活方式与生活诉求，但一般而言，子代的结婚和孙代的教育是压倒一切的家庭核心任务，这也是导致家庭在不同时间节点上流动、购房的重要因素。最后，在买房这个问题上呈现出财富的往下传递，上一代供下一代买房。

从生产活动来看，乡村两代人处于不同的生产、生活方式中。而从城镇化的过程来看，其典型特征也是代际分化，老人住在农村，而年轻人进城住楼房。以后农村是否会凋敝，尚取决于目前的年轻人将来是否能够在城市立足。

第十一章 城乡融合进程中的农业转型[*]

一 农业转型过程中的组织形态

在社会转型的背景下，我国的农业经营形态正在发生快速变革，所谓的"农政变迁"成为一个受到普遍关注的现实和理论问题（叶敬忠、吴存玉，2019）。特色农业的兴起又是我国农业转型的重要内容，大量农户从粮食生产转向有着更高附加值的农产品生产，从而导致了农业的"去过密化"（黄宗智，2000a），由此形成了所谓的"隐形的农业革命"（黄宗智，2016）。在特色农业兴起的过程中，出现了大量从事特色农业种植、养殖的"中坚农民"（贺雪峰，2015），他们正逐步成为我国农村发展和乡村振兴的重要力量。在实施脱贫攻坚战略的过程中，许多地区也把发展特色农业当作产业扶贫的重要抓手。

农业转型有着特殊的组织形态。虽然在农业转型过程中发展起来一批适度规模经营的家庭农场，但是也不能忽视这些家庭农场依然保持了家庭经营的诸多特征。由于经营不同作物，家庭农场本身有极大的差别，朱启臻（2013）调研发现，种粮的农民每个劳动力最多可耕种 300 亩，但是种苹果的果农认为夫妻两个劳动力最佳的经营规模是 5 亩。笔者调研了华北平原的梨树、葡萄种植，发现普遍的模式就是以夫妻劳动力为基础经营 5 亩以下的土地。茶叶的种植、采摘也是以家庭经营为基础（付伟，2019；徐宗阳、焦长权，2016）。当然，也有学者发现了一些由于资本下乡而产生的农

---

[*] 本章曾发表于《社会》2020 年第 4 期。

场，比如菜心种植（陈航英，2018），但是这些资本化农场是特定条件下的产物，并且从事规模经营的新型农业经营主体并不一定能从根本上消灭小农家庭经营、改变乡土社会（陈航英，2018）。因此，在一定意义上，"小而精"的家庭经营依然是我国农业经营的重要参与者（黄宗智，2014），而研究这一现象也具有极为重要的经验和理论意义。

家庭经营的具体内涵是农业以家庭为经营单位，主要使用自有承包土地（较少大规模流转土地），依靠家庭既有劳动力（较少甚至不雇工）。种植粮食的家庭农场在一定意义上也符合家庭经营的特点，其中很多是以家庭自有劳动力为基础（朱启臻，2013）。由此，有学者指出我国农业转型的特殊之处在于农业转型是"小家庭农场而不是规模化资本主义农场所推动的"，"相比于由资本主义式农业企业进行的大规模生产，中国的家庭农业经营仍占据压倒性的优势地位"（黄宗智等，2012）。正是由于家庭经营的强韧性，许多学者认识到"应该注重农民家庭在农业经营中的主体地位"（陈锡文，2012）。

家庭经营的强韧性导致我国走上了一条不同于其他国家的农业转型道路。我国农业转型与农民分化、农业资本化有极大的区别，是一种"没有无产化的资本化"（黄宗智等，2012）。在欧洲工业革命以后的社会转型过程中，由于城市化、工业化和国际化的影响，农业的经营形态发生了革命性变革，这一过程是"资本主义生产形式的发展，割断了农业小生产的命脉；这种小生产正在无法挽救地灭亡和衰落"（恩格斯，1953）。这种农业转型模式，也区别于马克思（2004：797）描述的西方社会工业化和城镇化的过程。

但是，我们应该看到，家庭经营的根本逻辑发生了极大变化。在高度商品化的背景下，"徒家庭经营不能以自行"，家庭经营需要解决如何有效连接市场的问题。目前连接市场和农户的主体主要有企业、合作社。建立在家庭经营基础之上的组织化途径主要有两种模式，即资本主导的"公司＋农户"和合作社主导的"合作社＋农户"。

在资本下乡过程中，以"公司＋农户"为主要形式的纵向一体化是重要的经营形态。对于这种组织形式，学术界主要从三个维度剖析了其存在的问题。第一，家庭经营已经在前所未有的广度和深度上与资本相互捆绑，有学者认为这实际上形成了"隐蔽的雇佣关系"（陈义媛，2016）。第二，在制度经济学看来，农业经营过程的特殊性使得企业与农户只能建立"不完备契约"（黄祖辉、王祖锁，2002；周立群、曹利群，2001），公司和农户不可能事先规定所有内容，从而存在公司压价、农民反悔的可能。第三，农业社会学则重点关心"外来"资本与乡土社会的张力如何导致了下乡资本的种种困境（徐宗阳，2016）。

在反思"公司+农户"模式的基础上，有学者提出"合作化"的思路，并进一步依靠公共机构与合作组织的协作来实现农产品从加工到销售的产业化（黄宗智，2015、2017）。然而在实际运作中，这种模式面临许多挑战，许多合作社往往是"伪合作"（陈锡文，2012；赵晓峰，2015）。合作社难以发挥作用的原因主要有两个。第一，由于许多合作社是为追求政策性收益而建立形式上的而非真正的合作，合作社对农民的实际带动能力有限（潘劲，2011）；第二，许多情况下，合作社其实是公司的"翻版"，本质上还是小农单独和"大市场"的商业资本打交道（黄宗智，2016）。

如何建立家庭与市场组织的有效连接是农业转型的重要问题，而上述研究则揭示了各种组织背后面临的"组织困境"。然而，大量田野调研和经验研究却发现乡村社会其实有一套解决农业经营过程中的"组织困境"的本土方案。在此基础上形成的特殊组织形态，让"小农户"有效地连接了市场，解决了农业产业化过程中的资本、技术投入问题。

笔者将要介绍的茶叶经营的组织过程就是如此。农村本身演化出了一套合作形态，相比于正式的组织形态，这种基于社会基础的组织形态更加有效。但是这套组织合作体系往往隐藏在农业经营的细节中，其运作逻辑根植于乡土社会。

二 社会学视角下的农业细节

认识农业转型过程中的组织形态需要理论和方法的创新，尤其需要引入社会学的视角（陈航英，2018；熊春文，2017）。实际上，我国社会学在研究我国经济转型过程中已经做过了诸多尝试。农业经营过程中的组织现象与我国历史上的乡镇企业在某种程度上有一定的相似处。虽然乡镇企业没有建立产权明晰的正式企业制度，却爆发了非常强劲的活力。行动者面对模糊产权制度最终也会达成一些"合作性"结果，但是这种合作并不是基于"现代产权结构和契约式行为规范"，"而是一些模糊定义的权利结构、行动者彼此关联的社会情景、潜在的规则以及行动者对这些规则的共识"（周飞舟，2013）。正是在这个意义上，"中国的社会变迁不是简单的制度移植过程，其中融合着各种制度上的路径依赖和本土（或传统）资源的微妙转换"（渠敬东，2013a、2013b），进一步地，"中国经济转型依赖于中国人有效的竞争和合作，依赖于传统与现代融合出的时代气质和制度精神"（周飞舟，2013）。

许多学者认识到了乡村社会中经济行动的特殊性，农民似乎有着不合常理的行动逻辑。徐宗阳（2016）在研究资本下乡的过程中发现，农民认为"偷资本下乡企业的玉米不是偷"而是"拿"，这并不能说明村民道德素质低下，因为村民都遵守着村内的道德规范，从来不会偷本村村民的玉米。农民工在沿海工厂打工的时候很遵守纪律，但是在乡村车间他们却"说走就走"。乡村劳动力处于特定的乡村社会的人际关系网络和乡土伦理中，乡村车间的劳动力"不能批评"和"不能表扬"，成为经营管理的巨大挑战。更令人奇怪的是，尽管乡村生活逻辑构成了经营管理的挑战，但是很多时候这些乡土伦理又是乡村产业得以有效运作的资源。

乡村社会的农业经营体系是一个复杂的社会生态系统，其经营的复杂性体现在诸多农业细节上。就像《农民的终结》描述的那样，在玉米良种进入法国乡村的过程中，"许多小的细节让事情复杂化了"（孟德拉斯，1991：122）。玉米种植的技术细节与农民的心态紧密联系在一起，在法国传统农村，玉米种植是家庭生计的一部分，玉米作为家庭饲料来源用于家庭养殖业，玉米种植的最终产品是畜牧产品而非直接出售。而良种玉米引入以后，玉米种植变成了一个为远方市场生产的商品。在这个过程中整个经营的理念发生了改变，从而引发了家庭生活观念和乡村社会形态的整体改变（孟德拉斯，1991：123~125）。换言之，农业转型的过程并不是一个先进技术或者现代化经营方式简单"植入"乡村的过程。正是在这个意义上，"忽视了实践知识、非正式过程和在不可预见的偶发事件面前的随机行动的作用"是极端的现代化改造失败的原因（斯科特，2011：7）。

因此，本章从"农业的细节"出发，讨论农业转型的具体过程和组织形态。"农业的细节"具体是指技术细节和经营过程中的交往细节。首先来看技术细节，农业的技术细节是农作物的生物性特征要求（比如农作物生长的自然规律、对生长环境的要求等），当然它也是人类文化塑造的结果。由于特定的农作物有特定的技术细节要求，因此就需要有特定的生产组织形态去适应它。

但农业的生产经营过程是人在特定社会结构和社会情景下的活动，因此也会受到社会性因素的制约，比如城市化、工业化、人口流动和家庭结构等，这是本章所要讨论的社会基础的重要内涵之一。但是本章所谓的"社会基础"的具体内涵，除了城市化、工业化、人口流动和家庭结构这样的外显要素以外，还包括"人们日常的细微的人际关系、交往方式、交往心态，以及与之有关的风俗习惯和价值观念"，即费孝通（2003/2009）所谓的"只能意会，不能言传"的部分，这就是本研究强调的"交往细节"。交往细节是社会行动和经济活动中十分值得关注的现象，费孝通甚至认为这些只可意会不可言传的细节常常是导致地区之间社会经济发展差异的真正原因，也是理解农业经营形态不可忽视的因素。

交往细节与乡土社会的道德和伦理有着密切的关联，我们也可以通过交往细节的分析进一步深入理解社会行为背后的行动伦理。社会学尤其关心社会关系如何影响了经济行为，从而提出了"嵌入"的基本概念（波兰尼，2001：35）。但是嵌入性的讨论最后变成了"形式分析"和"还原论"。形式分析通过"强关系""弱关系""结构洞"等概念，从形式上讨论关系对经济行为的影响，将社会关系如何影响经济行为还原为理性人在特定资源稀缺的情况下的理性选择过程。在这个视角下，社会关系影响经济行为的过程本质上仍然是一个利益交换和长期博弈的结果。波兰尼的"嵌入性"是指"人类谋生的手段恰恰嵌入除了市场之外的其他制度中"，本质上是强调文化的嵌入和伦理的嵌入，而不仅仅是形式上的嵌入。正如项飙（2018）

描写的，特定共同体中的经济生活和社会生活体系是用同样的方式组织起来的，在一定意义上，浙江村的服装生意正是社会整体自我延续的一部分。只有了解了人们怎么吃喝拉撒，我们才能明白工作对于他们的意义究竟是什么。项飙（2018：2）认为，虽然描写日常生活的细节不是通常意义上的理论，但是细节可以展示人们怎么行动以及行动背后的逻辑。

近年来，有学者强调社会学研究的历史维度，从关注关系的形式转向关心关系的实质，关系的实质则具体指向了关系的伦理和道德基础。这就是梁漱溟（2005：72）意义上的"关系之上具体的伦理和情感"的意涵。周飞舟（2018）提出了"行动伦理"这个概念，指出儒家的"五伦"对应着明确的理，儒家的"仁"和"义"构成了我国关系社会的道德基础，从而将关系引向更为深远的历史维度。

但是，仁和义如何在具体的经济行动中体现出来呢？如何从社会生活中揭示行动者的伦理意涵呢？实际上，仁和义并不是抽象的存在，而是体现在日常生活的实践和张力中，这就是古人所谓"道不远人"的意涵，这也是本研究分析农业的细节尤其是交往细节的用意。在地方道德世界（阎云翔，2017：24）中，仁和义就是乡村社会中人与人的恩惠与照顾，就是乡村社会中人的"将心比心"。费孝通（2003/2009）晚年试图分析"意会"的交往细节，本质上就是要推进对社会关系的分析。交往细节之所以能够发挥作用，就是由于其背后有"意会"的意涵。人与人的交往细节呈现了乡土社会的具体逻辑，也成为产业经营得以可能的不二法宝，通过对具体交往细节的分析可以将社会基础的具体内涵揭示出来。而对地方道德世界的研究，需要用"自己的道德体验切实体会他人的道德体验"（阎云翔，2017：27），也就是费孝通（2003/2009）所谓"将心比心"的方法。

本研究的重要理论尝试是结合农作物的技术要求、具体区域的社会结构，进一步深入分析人与人的具体关系、交往细节和交往心态对于茶叶组织形态的影响过程，从而得出对我国农业转型过程中组织形态的"总体认识"（渠敬东，2019a）。本章以安徽省六安市金寨县 G 村的茶叶产业为典型案例。六安地区是我国十大名茶"六安瓜片"的主产区，金寨县麻埠镇 G 村更是"六安瓜片"的核心产区，当地的农户一直有种植茶叶的传统。在深入实施脱贫攻坚战略以后，当地更是把茶叶作为脱贫的主导产业来抓，茶叶产业成为当地带动农民脱贫的主导产业。当然在叙述中，笔者也充分融合了在湖北省恩施市、贵州省雷山县等茶叶产区的调研材料和经验感受。

三 茶叶的历史传统与技术细节

2016 年，我国茶叶总产值达到了 1360 亿元，茶园面积从 2000 年的 1633.5 万亩发展到 2017 年的 4582.3 万亩（杨江帆、李闽榕，2019：9）。从消费的角度来看，茶叶在我国居民的日常生活中也越来越重要。2015 年，我国茶叶消费群体达到了 4.28 亿人，年消费茶叶 131.45 万吨（杨江帆等，2017）。从我国茶叶在全球茶叶生产体系中的位置来看，我国茶叶产量的绝对值和占比都在快速增加。尤其是 2005 年以后，在全球茶叶总产量增加幅度有限的情况下，我国茶叶产量依然在迅猛地增长。

表 11-1 中国茶叶在世界茶叶产量中的占比变化

	中国茶叶产量（万吨）	世界茶叶产量（万吨）	中国茶叶占比（%）
1995 年	58.9	262.11	22.47
2000 年	68.3	296.36	23.05
2005 年	93.5	362.72	25.78
2008 年	125.8	389.4	32.31
2009 年	135.9	388.53	34.98

数据来源：《中国茶叶统计资料 2011》。

在我国的几个重要产茶区，茶叶种植面积和产量的变化更为显著。2000年以来，贵州省的茶叶面积扩张了近 10 倍，连续多年成为中国茶园面积最大的省份。1949 年，安徽省的茶叶产量为 0.71 万吨，到 2018 年达到了 11.2 万吨；茶叶种植面积也从 1961 年的 3.52 万亩达到了 2017 年的 17.67 万亩。茶叶的发展带动了大量人口的就业，福建与茶叶产业相关的从业人数超过 300 万人，约占全省人口的 1/12；浙江省有大概 210 万人从事与茶叶相关工作（杨江帆、李闽榕，2019）。

但是我国的茶叶是以十分特殊的生产组织形态经营的，尤其突出的特征是，茶叶种植、茶园管理和茶叶采摘主要以家庭经营为主。典型的如安徽省，其茶园以茶农家户管理为主，家庭经营的茶园占总面积的80%以上（杨江帆等，2017：135）。湖北省恩施市的实地调研也表明该地的茶叶种植大多是以家户经营为主（徐宗阳、焦长权，2016）。

茶叶有独特的采摘和炒制技术要求，这些复杂的技术细节在很大程度上影响了它的生产经营过程。印度茶叶的经营形式就与我国形成鲜明对比，与这种模式相适应，印度茶叶产品与中国有着截然不同的技术要求。印度传统上是以种植红碎茶和传统红茶为主，近来才开始发展绿茶，并且印度绿茶是以代泡茶和速溶茶为主要产品（江春园、赵和涛，1990）。印度茶叶经营模式也是基于不同历史传统和地理条件综合作用的结果。19世纪40年代英国人开始尝试在印度培植从中国引入的茶叶（麦克法兰等，2016），并在殖民地时期就形成了印度茶叶的种植园模式，具体而言就是资本家占有大规模茶园进行规模经营，雇用茶农进行种植和采摘（罗龙新，2010；陶德臣，2007）。种植园的农业雇工在种姓、部落和移民等因素的综合影响下形成了特殊的劳动体制（Sharma，2003）。

我国茶文化历史悠久，形成了独特的茶叶审美艺术风格。从茶叶的制法来看，我国从唐到明清经历了"自团而散，由蒸而炒"的历史演变。唐代尚饼茶，宋兴龙凤团茶，到元代经历了从团饼茶到炒青散茶的过渡，明代开始崇尚焙炒散茶，到了清代则主要是焙炒散茶。不同历史时代也形成了不同的茶叶审美风格。明代采取蒸青或炒青散茶全叶冲泡，茶色翠绿依旧，茶汤青翠如鲜，以至于影响了茶具的选择，明人认为茶盏"以雪白为上"（阮浩耕等，2001：6）。明清以后，逐渐形成了"茶以青翠为胜"（张源，2001：221）的比较统一的审美风格，追求茶以"为香、为色、为味，是本来之真"（程用宾，2001：427）。

明清以来确立的绿茶制法和审美影响了茶叶生产工艺和技术细节。虽然茶叶生产有很强的区域性特征，但是就全国而言，绿茶的生产和消费是我国茶叶产业的绝对主流。从全国的数据来看，2015年我国的三大主要茶类分别是绿茶、乌龙茶和红茶，分别占市场份额的53%、12%和9%（杨江帆、李闽榕、萧力争，2017：13）。在绿茶消费中，又以名优茶占主导地位，"有74.51%的消费者会购买600元/千克的茶叶，有5.93%会选择1000元/千克的茶叶"（杨江帆、李闽榕、萧力争，2017：14）。

绿茶的生产有着独特的技术要求，主要体现在采摘和炒制两个方面。清代以后首推的龙井制茶法，是绿茶工艺的典范。清代程淯的《龙井访茶记》基本上展示了绿茶采摘的主要技术特征。其一，有很强的时效性，"大概清明至谷雨，为头茶。谷雨后，为二茶。立夏小满后，则为大叶颗，以制红茶矣"。其二，有很高的技术要求，"采茶概用女工，头茶选择，极费工"。其三，是典型的劳动密集产业，劳动效率极低，"每人一日，仅得鲜叶四斤。上下采工，一两六文"（程淯，2001：606）。

再以笔者田野调研的安徽六安瓜片为例说明目前绿茶采摘的技术细节。六安瓜片对"原料要求极为讲求"，其关键就是对"形"的要求，讲究"单片成茶，无芽无梗，叶缘背卷，顺直平展"（段宗俊等，2019）。当地茶农说"我们传统六安瓜片摘过来一个掰片，一片一片地掰"，掰片还得分大中小，大小要均匀。这样的技术要求，使得采茶过程很难机械化，多以短时期内劳动密集型的人工采摘为主。当然如果不是炒制高档的名优茶，可以实现机械化采摘。实际上，许多绿茶产区的夏秋茶都是用机械采摘，这样采摘的茶叶价格极为低廉。清明节前采摘芽茶的收购价是每千克80～110元，清明节以后一芽二叶的收购价是每千克10～20元，到了最后期的机械化采茶，每千克的收购价格仅为1～3元。

下面再来看看绿茶的炒制过程。首先，绿茶的炒制加工具有很强的时效性，《茶疏》里说"旋摘旋焙"才能达到"香色俱全，尤蕴真味"的效果。其次，加工过程对火候有很高的技术要求，"火力毋过猛，猛则茶色变赭。毋过弱，弱又色黯"。六安瓜片亦是如此，需要经历采片、摊凉、生锅、熟锅、毛火、小火、回疲、拉老火等工艺（段宗俊等，2019），这需要依靠长期的经验来把握，以至于六安瓜片的炒制技术成了非物质文化遗产。

目前茶叶炒制已经实现机械化，各地茶厂都开始采用机器代替人力炒茶。但是茶叶的炒制依然无法完全排除人的因素，这是由于茶叶炒制有很多技法需要经验把握，正是这个过程赋予了茶叶独特的品质。就以六安瓜片为例，机炒的绿茶在形状、口感上与手工炒制的瓜片还是会有一定的差别。笔者在田野调研中发现金寨县的明前高端茶依然是纯手工加工，纯手工加工 15～20 天，后面才慢慢过渡到半机器半手工，最后过渡到机器。在这个过程中，茶叶的价格也是飞速下降。

当然，除了茶叶的采摘和炒制，茶叶产业还有其他的技术细节。下面笔者将结合这些技术细节进一步讨论它们是如何影响了我国茶叶产业的组织形态。

四　农业的细节与组织形态

我国绿茶的产业链主要可以分为大田管理、茶叶采摘、茶叶加工、茶叶销售等环节。这些环节是依靠不同市场主体参与完成的。茶叶产业链条的参与主体主要包括农户、茶厂、茶贩、茶庄。农户负责种植茶园、采摘鲜叶。茶厂负责加工茶叶，茶叶再通过茶厂、茶贩以及开设在各地的茶庄组成的销售网络销往各地。由此，我们可以用"家庭经营＋市场体系"来总结 G 村茶叶产业的组织形态。

（一）家庭经营

茶叶的主导种植模式是农户种植茶园、采摘茶叶。农户在家庭承包经营的山地或耕地上种植茶园，主要使用家庭自有劳动力进行大田管理和采摘，较少甚至几乎不雇工，因而家庭经营的规模不会太大。

下面简要介绍茶叶的种植管理过程。每年 1 月中旬或下旬，茶农需要对茶树进行修剪、除草、施肥，以便茶树在春季能顺利出芽。春茶的开采时间由于各地春节回暖的时间或者海拔不同，会有一定差别。雷山县和恩施市都是在 3 月 10 日前后开始采春茶。金寨县的六安瓜片由于需要茶叶长成叶片，所以采摘时间要比芽茶产区稍晚，一般从 3 月中下旬开始。春茶采摘一般持续到 5 月底或 6 月初。在一些茶叶销路好的地区，到了 7 月以后还会采摘夏秋茶。但是夏秋茶的售价很低，因此有的地区采取机器采摘或者干脆不采。

茶园的管理相对简单，主要就是安置粘虫板物理防虫害、除草、松土、修剪茶树。简单总结一下，茶园的经营管理环节如表 11 - 2 所示。

表 11 - 2　G 村茶叶的生产流程

时间	内容
1 月中旬或下旬	施有机肥、除草、修剪茶树
3 月中下旬至 5 月中旬	采摘春茶
5 月下旬	开始采摘夏茶
6 月初	修剪茶树
7 月至 9 月	安置粘虫板物理防虫害、除草、松土
10 月	修剪茶树

为什么在实践中，茶叶经营选择了家庭经营而非规模经营呢？难以雇用采摘是茶叶难以规模经营的重要原因。这是农业技术细节与社会因素综合作用的结果。茶叶采摘是劳动密集型的生产活动，无法机械化；采摘又有很高的技术要求，"我们传统六安瓜片摘过来是一个掰片，一片一片地掰"。掰片还得区分大中小，大小要均匀，采摘劳动速度便很慢。规模越大意味着需要的劳动力越多，也意味着对劳动力监督管理的难度越大。而通常情况下，茶叶采摘质量的控制主要依靠一套乡土社会的人性化管理手段。如果劳动者超过一定数量，就会导致管理者无法落实到具体人的人性化管理，从而导致监督机制失效。

相比小户经营，规模经营其实还会增加大田管理成本。如果农户小规模种植，茶园的大田管理（比如除草、修剪）都是利用闲暇时间完成的，但是规模经营就必须雇工，雇用费用都计入了经营成本。

如果进行细致的田野调研，我们会发现茶叶经营过程中有许多意想不到的细节也会让雇工采摘变得不太可能。

第一，茶叶的价格会随着季节变动产生极大的波动。在刚开始采摘的时节，茶叶的价格很贵，一个劳动力一个星期就能够获得 2000 ~ 3000 元收入。这个时候谁会为了一天 100 多元的工资而受雇于别人呢？但是两个星期的高价期过去以后，茶叶价格又飞速地降低，企业用每天 100 多元的工资成本雇用农民采茶又变得不划算——因为一个劳动力采摘的鲜叶根本不值

100元。

第二，规模经营还面临着劳动力缺乏的难题，这与茶叶季节性的劳动力密集投入有关系。一到采茶季节大家都要采茶，茶叶产区普遍面临着严重的劳动力短缺。G村C茶厂雇用的工人都是五六十岁的妇女（老板娘夸张地叫她们"老奶奶"，其实这些工人也就50多岁，她的意思是这些人干活慢），每人每个月工资达到4000元。而且这些工人都是从外地招聘的，在本村很难招聘到工人。如果规模种植，采摘茶园的用工量会更大，而雇工的难度也会更大。

第三，即使解决了劳动力来源和劳动监督管理的问题，茶叶的规模经营也很难实现。因为茶叶经营者很难流转到茶园用地。农户在自己的承包地或者承包山地上种植茶叶，茶园的大田管理简单，而且茶叶的收益较高。其结果就是农户只用投入较少的精力进行大田管理，例如家庭的辅助劳动力（留守老人和妇女）投入季节性的劳动，就可以获得每亩8000～10000元的收益（安徽金寨县）。因此，农户一般不会选择将茶园流转给别人经营。如果非得流转的话，就需要经营者付出很高的土地流转成本。但是，在规模经营成本本身就很高的情况下，规模经营又不太可能再付出很高的流转成本。

因此在G村只有两户规模经营的案例，一户是返乡能人L流转了大概200亩茶园，另一个是本村茶厂"青山茶厂"老板流转了大概20亩茶园。从土地来源看，大户流转的茶园大多来自集体茶场。所谓的集体茶场就是人民公社时期由集体建成并由集体经营管理的茶场，这些茶场并没有随着包产到户承包给村民，实际上基本处于荒废状态。从经营的内容看，L的主要目的是试图通过打造茶叶景观发展乡村休闲旅游业，而非完全依靠采摘、加工茶叶赚钱。

（二）市场网络

茶园的管理和茶叶采摘需要以家庭经营为主，但是家庭经营又不掌握市场途径、不掌握茶叶炒制的技术，所以必须由茶厂负责茶叶的加工和销售。由此形成了家庭经营与市场体系之间紧密的互动合作。农户管理茶园、采摘茶叶，以及为茶厂提供原料——鲜叶。茶厂收购、加工鲜叶和半成品茶叶，制成干茶，然后通过各种市场网络销售。茶叶产业链的行动主体之间的生产和销售关系如图 11-1 所示。

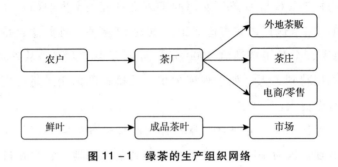

图 11-1　绿茶的生产组织网络

绿茶加工讲求时效性，"叶既摘，当日即焙，俗曰炒，越宿色即变"，因而茶叶加工企业需要尽可能地靠近原料产地，于是形成了一大批分散在乡村中的小型的茶叶加工场。《中国茶业发展报告（2017）》反映的茶叶企业的"主要问题"是茶叶企业规模小，没有所谓的龙头骨干企业。据统计，仅安徽省就有 5800 余家各类茶叶生产加工企业。它们都是分散、小规模的茶叶加工厂，其鲜叶只有少量来自自家的茶园基地，其余大多依赖于向农户采购（杨江帆、李闽榕、萧力争，2017）。

G 村大大小小的茶厂有近 30 家，茶厂主要收购农户采摘的鲜叶，加工成成品茶叶，然后通过市场网络销售出去。茶叶的市场销售渠道主要依靠开设在六安、合肥等地茶叶市场的茶庄、外地茶贩。随着六安茶叶产业的发展，仅合肥市内就有 30 多家茶庄稳定地承接 G 村的产品。此外，外地来收购茶叶的流动商贩也与本村茶厂建立了合作关系。近年来，农村电商逐步兴起，也成为茶厂销售茶叶的重要渠道。

具体来看一个茶厂的运作情况。G 村的东冲茶厂前身是村集体办的"杨冲茶厂"，2002 年 O 姓老板买下了集体茶厂，目前已经成为村里规模最大的茶厂之一。这个茶厂的厂房就是老板自己修建的住房，紧邻县道，一楼放置炒茶的机器设备。老板还开了饭店和旅馆，二楼提供餐饮，三楼可以提供住宿。目前，茶厂有 6 台机器，雇用了 1 个炒茶师傅，9 个工人。O

老板过硬的炒茶技术是他的核心竞争力，按他的话说，"我就是搞这个长大的"。目前，茶厂加工的关键环节都由老板亲自把关。

除了掌握关键的炒制技术，掌握销售渠道也是 O 老板的核心竞争力。早期，O 老板自己拉着茶叶去市场上卖给商贩，并在这个过程中慢慢找到了固定合作伙伴。现在，每年都有客户稳定地给他下订单，或者到厂里拿货。相比之下，其他没有固定销路的茶厂、小贩则只能去茶叶批发市场摆摊销售。东冲茶厂每年只生产 2 个月，一般是从 3 月 25 日采茶起持续到 5 月底。2018 年，东冲茶厂总共销售了大概 8000 斤干茶，销售额在 80 万元左右。其中，另外 2/3 的茶叶卖给了茶庄，但是这部分销售额的利润率较低；1/3用于零售（包括路过的顾客和电商），这部分的销售额虽然只有 30 万元，但是利润率反而超过了销售给茶庄的部分。

（三）社会形态

上文介绍了茶叶的家庭经营和市场网络的组织过程。进一步，这套组织形态又是与一定的社会结构相匹配的，具体而言就是围绕茶叶种植形成的家庭生计、城乡融合，以及一套精巧的社会生态系统。

在上文的基础上，笔者进一步将绿茶种植的技术细节总结如下。第一，大田管理较为简单，只需要在采茶结束以后简单管理即可。第二，茶叶采摘是劳动密集型产业，有很高的技术性要求而且很难用机械替代。第三，茶叶采摘是季节性劳动，茶叶价格在不同时间波动很大。第四，茶叶的收益水平较高，远高于一般的粮食作物。第五，茶叶的加工有较高的技术要求。

围绕着上述技术细节，形成了一套适应茶叶组织形态的社会结构形态。具体来看，茶叶收入水平远高于粮食作物，茶叶种植是茶农家庭重要的经济来源。在安徽金寨县，茶叶的亩均收益能够达到 8000 元，最高的甚至能达到 10000 元。此外，恩施茶叶的亩均收入也在 5000 元左右。一般情况下，一个家庭有两三亩茶园，因此一个依靠茶叶生产的家庭能够收入 1 万 ~2 万元。与之形成对比的是，金寨县另一个村——金寨县 J 村水稻的亩均收益仅在 460 元左右，可见茶叶种植的收入远远高于粮食作物。

虽然茶叶的收入水平比较高，但是又不足以支撑家庭的全部支出。从技术上看，茶叶采摘恰恰比较适合妇女劳动，男性还不太擅长。茶叶大田管理又很简单，只需要妇女就可以完成，这样便可解放家庭的主要劳动力。由此形成了特殊的家庭性别分工，家庭的辅助劳动力（妇女）留在农村采摘茶叶，还需要男劳动力外出打工才能满足家庭的全部开支。

茶叶种植的生产单元是家庭，其具体形态是"性别分工"和"半工半耕"的家庭生计模式。一般是青壮年劳动力都在外地打工，年轻男劳动力进厂打工、中年男劳动力从事建筑业。这种工作的特点是高度的流动性和不稳定性。打工具有季节性的灵活流动的特征，使得许多家庭的男劳动力能够在务工间歇回乡从事茶叶的大田管理以及采摘。

茶叶有很长的产业链条，茶叶种植、采摘和加工成为乡村产业的重要组成部分。围绕茶叶还可以发展乡村休闲旅游业，从而实现一、二、三产融合发展，提高乡村吸纳就业的能力，进一步丰富乡村业态，使其成为乡村振兴和城乡融合的支点。围绕"茶叶+打工"的家计模式还形成了一个动态演化的过程，虽然许多年轻人在外地打工，但茶叶产业以及由之催生的乡村产业也为他们返乡创业提供了可能。

与之相反，水稻种植的亩均收益很低。其主要种植环节都可以依靠机械化、社会化服务，家庭劳动力能够完全（无论男女）从水稻种植中脱离出来。因此，J村的家庭劳动力全部都外出务工。同一个县的两个村由于种植两种不同的作物形成了完全不同的社会形态。

（四）小结

现在对农业细节如何影响了茶叶组织形态做一个总结。茶园种植、管理和采摘以家庭为经营单位，这是由以下细节决定的：第一，从种植、采摘的技术细节来看，家庭经营可以避免规模茶园劳动力不足的问题，可以避免因雇佣劳动而产生的监督管理问题；第二，茶叶的大田管理简单，且亩均收益很可观，茶叶成为农户不可或缺的收入来源，这导致了茶园的流转费用很高；第三，在家庭内部劳动力性别分工的基础上，"种茶+打工"成为城乡融合过程中农户家计的一种模式。但是，农户不掌握茶叶加工技术,也没有市场销售渠道。因此,茶厂承担了茶叶加工和销售的工作,茶厂从农户手中收购鲜叶、加工然后销售,由此形成了"家庭经营+市场网络"的组织模式。

这个高度分散的组织网络要能够运作顺畅,还需要满足一定的条件。分散的生产过程、众多的参与主体加上产品质量的苛求,使得茶叶组织网络需要克服很高的交易成本。下面具体来看看这个组织网络在运转过程中面临的具体问题及其解决方法。

五 交往细节与组织困境的解决之道

上文呈现的现象是,茶叶产业链是一个极度分散、不正式的组织形式:一群散布在乡间的小型茶厂面对一帮分散的家庭经营者,具有典型的"非正规"的组织特征。这种类似于"包买制"的组织形态在乡村产业中十分常见。

(一)茶叶的"组织困境"

从制度经济学角度看,这种松散的市场关系有很高的交易成本,从制度演进的视角来看就应该不断打破阻碍交易的各种传统因素(韦森,2006;威廉姆森,2002:320),建立一套有效的"非人格化交易"制度,取代"历史上长期存在的、合作极其有限的稳定模式"(诺思,2014:172)。从实践的角度看,这个组织体系也的确面临着实际的"组织困境",下面具体来看茶叶经营过程中的"组织困境"。

第一,如何获得足够的鲜叶。G村的30家茶厂都要收购茶农采摘的鲜叶,因此它们处于一个鲜叶收购的竞争市场中。尤其是在每年茶叶上市的旺季,茶的单价高、利润也高,这两周时间甚至能够带来超过一半的年度利润。但是此时茶叶产量很低,收茶竞争尤为激烈,能否收购到足够的鲜叶是茶厂成功与否的关键。并且,由于缺乏正式制度和合同的约束,茶厂的收购量理论上还会处于波动中,无法确保每天有固定的产量。

第二,如何保证鲜叶的质量。全国各地制茶的品种和工艺可能不尽相同，但是茶叶采摘均需满足比较苛刻的技术要求，比如六安瓜片最重要的是需要大小一致。然而，茶厂与农户之间却是一个松散的关系，而且由于特定季节鲜叶紧俏，茶厂在一定程度上还需要"讨好"农户。那么在这样的关系中，如何保证茶叶的质量呢？

在实地田野中，笔者发现经营者往往有办法解决这些经营过程中的困难。但是这些解决方法却表现得很"隐秘"，隐蔽于人与人的交往细节中。下面来看茶叶经营管理过程中的两个细节。

细节一，乡土社会的"茶农圈"。如果纯粹以市场的角度来看，茶农理论上可以将他采摘的茶叶卖给任何茶厂。但是实际上，每个茶农都会考虑自己与不同茶厂老板的具体关系。在这种情况下，村里的每个茶厂都维护着一个稳定的"茶农圈"。比如 C 茶厂的 O 老板有将近 40 户茶农为其提供鲜叶。说起某个具体的人，O 老板会坚定地说，"他是肯定会卖给我的"，也可能极为肯定地说，"他不会把茶叶卖给我"。

细节二，"和稀泥"式的管理之道。茶厂如何确保鲜叶的采摘质量呢？实际上，茶厂老板并没有其他更好的保证质量的办法，就只能亲自翻看农户的鲜叶，并根据质量给农户出价。为了保证茶叶炒制的品质和规格，茶厂还需要给农户传达第二天茶叶采摘的规格。茶厂老板定级定价的过程很像烟叶出售过程，只不过烟叶是由乡镇烟草站的质检员定级定价（焦长权，2018），由于烟叶等级之间价格悬殊，经常出现因为分级的争议引起烟农不满的现象。但是在茶叶收购的过程中，却几乎没有出现这种争议。

在资本下乡过程中，资本经常面临着如何监督管理农户的问题。三鹿奶粉事件就是因为奶农往牛奶中勾兑三聚氰胺最后引发了严重的产品质量问题。那么茶农会不会为了更大的利益而在鲜叶里掺假呢？

从实地田野来看，这种情况很少发生，按照 O 老板的说法，"农民都很自觉"。即使真有这种问题，茶厂老板往往会采取一种看似是在"和稀泥"的方式处理。在调研中，有位茶厂老板提及曾出现过一个农妇把树叶混在茶叶里面的事例，但是老板并没有采取罚款、公开批评的办法。他跟农户说"今天我就帮你带走了，明天这样可不行了"。此后，这个农妇再也没有做过这种事。

在茶叶经营管理的过程中，总是充斥着这种类似于"和稀泥"的处理方式，似乎茶厂也没有别的好办法。但是更令人奇怪的是，恰恰是这些看似"和稀泥"的办法，在一定程度上解决了茶叶生产面临的"组织困境"，有效地保证了茶叶生产组织体系的运转。

当然，"茶农圈"以及"和稀泥"式的质量管理方式只有在乡土社会才会发挥作用，也只有乡土中的老板才能充分调动这样的社会资本。因此，我们需要进一步深入地理解技术条件、乡土社会的特质对茶叶产业组织形态塑造的作用机制。

（二）茶农圈：互惠过程的道德意涵

许多学者指出，乡土社会会进一步形成若干的"内部人圈子"，成为乡村生活的行动单位（宋丽娜，2009）。"茶农圈"就是这种类似的行动单位，它是在长期的经济合作和磨合过程中由茶厂老板与茶农组成的"关系好"的圈子。当然这个圈子本身在很大程度上来源于原生关系，比如亲戚或者邻居可能天然就是这个圈子的成员。但是也有很多情况是茶厂老板与茶农在长期的经济合作中互相关照，形成了亲密关系。其实在乡村经济行动过程中，经常见到这样的关系网络，比如浙江偏远乡村中的来料加工经纪人为了赶工必须团结一帮能够在紧急情况下帮助其赶工的工人，从而形成了所谓的"死党"。也就是说从关系的形式上看，"茶农圈"或许并不是一个什么了不起的发现。

本研究强调需要进一步理解这个关系网络运作的道德和伦理意涵。茶叶收购圈是农户与茶农长期磨合的后果，也是基于技术细节的制度安排。茶叶价格波动很大，刚开始的时候茶叶价格高并且产量低，许多茶厂争着抢购鲜叶。这时候茶农把茶叶卖给茶厂有一种"照顾"茶厂的意涵。但是随着天气慢慢炎热，茶叶生长迅速，茶叶产量快速增加。许多茶厂面临着鲜叶过多而来不及加工的局面。这时候茶厂就会保证优先收购固定茶农的鲜叶，这又是茶厂反过来在"照顾"茶农。

虽然之前也有很多小贩来村里收购鲜叶，他们的出价稍高于茶厂，但是收购的量不稳定，因此农户一般还是选择把茶叶卖给本村茶厂，进一步慢慢地围绕特定的茶厂形成了一个个固定的茶叶收购圈。这个过程当然也可以从制度经济学的角度解释，农户把茶叶卖给"茶叶收购圈"之外的人虽然可以获得一次性的高额收入，但是破坏了他与茶厂老板的长期合作关系，从长期博弈的角度来看他是吃亏的。

但是更重要的是，在经济利益之外，村民还会从道德的角度去评价这个过程。这个"网络"的形成虽然是基于经济合作，但是长期互惠过程赋予了这个关系网络浓厚的道德和伦理意涵。"茶农圈"是紧密嵌入乡村生活的，村民不仅仅是就经济生活本身来决定其行为，在乡村生活中，经济生活本身就是社会生活的一部分。从表面看，茶农圈是基于经济利益结成的关系，当然这个关系网络也并不违背或者排斥经济利益。但是在乡村生活中，农户和老板之间因为长期经济利益的互相照顾，熟人社会中的人与人在天长日久接触中形成了"斩不断理还乱"的恩义关系、"人情亏欠"。在茶农看来，茶厂老板在自己卖不出去茶叶的时候照顾了自己，自己也应该照顾他，因而在没有制度化外在约束的情况下"自觉地"把茶叶卖给茶农圈的老板。

茶农圈是乡村社会中一种人与人的关系形态，而这个关系有复杂的意涵。人和人免不了产生经济交往，但是在茶农圈的经济互动过程中，人们在长期的互动中既互相照顾彼此的利益，又慢慢地滋生了对彼此的道德和义务。此所谓"义者，利之和也"。

许多学者都认识到了熟人社会中的人情运作（陈柏峰，2011），这种互惠性质的互动过程是乡村社会重要的社会现象，但是学术界主要关注乡村社会中仪式性的婚丧嫁娶和礼物馈赠（宋丽娜，2009）。茶农圈这种"你照顾了我，我也得照顾你"的互惠过程，本质上也是乡土社会的"人情的亏欠"。这种伦理规范奠定了"茶农圈"运作的精神气质。在乡村社会中，人们围绕茶叶生产形成了一定的行为规范，以此来处理茶农与茶厂老板的关系。

（三）从关系网络到交往心态

从关系的形式来看，O老板与40个茶农之间有着邻居、亲戚和朋友等具体的关系。从关系的伦理层面看，这就是熟人社会在天长日久接触中形成的伦理规范。熟人关系，总是你欠我一点，我欠你一些，这就是人情。

学术界对"人情"和"面子"的研究有很多。它们一般会将人情和面子的运作机制解释为"外在"的惩罚机制，即是通过"丑闻"传播而带来的社会舆论的监督与惩罚（朱晓阳，2011：195），甚至是"社区性死亡"（陈柏峰，2011）。在乡村社会中对每个人都会有一定的评价，G村会认为把茶叶偷偷卖给外人的行为是"没素质"的表现。如果真有谁为了一两块钱把茶叶卖给了别人，这件事很快就会传遍全村，全村人都会知道这个人"没素质"。

在看到社会舆论惩罚机制的同时，本研究更强调社会道德的"内在"机制，简单来说，就是村民并非完全害怕社会惩罚，而是依靠自己心里的"自觉"。虽然谁也没有明文规定，但是大家心里都默认自己的茶叶应该卖给谁。当然，现实情况也有可能是极为复杂的，很有可能有人为了抢购鲜叶选择每斤多出一毛钱，农户也很看重每斤一毛钱的收益，甚至会偷偷摸摸地去卖。但是这个行为并不能否定乡村伦理的重要性，因为在茶农心目中谁都清楚这样做不对。因而，茶农基本上都会很自觉，在现实中基本上也很少发生这样的事情。那么这种自觉具体是怎样影响了经营过程呢？

费孝通（2003/2009）晚年指出，"人际关系的着眼点不在这些关系本身的性质和特征上，而是在于当事者的态度，其背后的潜台词似乎是说不管怎样的关系，最重要的是人的态度，是态度决定关系"。本研究在这个基础上，进一步分析交往者的交往心态。

长期交往形成的圈子，其中最为重要的心态就是"相信我"，这对于茶叶的质量管理极为重要。六安瓜片鲜叶收购过程中，老板需要仔细检查茶叶采摘的质量，根据茶叶的质量给茶农不同价格。但是茶叶的质量评定并非有明显、客观的标准。这个过程中，如果双方没有基本的信任就很容易发生争议。与烟叶分级不同，很少有农户会质疑老板——"你凭什么觉得我的茶叶质量差？"秘诀就是O老板所言的，茶农们"相信我"。茶农相信O老板不会故意克扣他、欺负他，甚至有时候老板还会自己吃一点亏。而这种心态是在长期的经济互惠过程中发展出来的。

类似的心态还有"不好意思"。如果一个圈子里的成员把茶叶卖给外人，结果会如何呢？当笔者就这个问题来请教茶厂老板的时候，他却出人意料地说，如果有个茶农这样做，他依然会收购他的茶叶，但是茶农自己会觉得"不好意思"。在质量监督过程中，最为重要的心态也是"不好意思"。茶厂老板跟茶农说，"今天我就帮你带走了（意思是认购了茶农的茶叶），明天这样（质量差）可不行了"。这么做的目的是提醒农户：你的茶叶有问题，我不是不知道，而是给你面子，你想想你这样是不是"没素质"。笔者就这个问题问一位茶农，为什么这个细节会起到作用，他的回答是"他照顾了我，我也得照顾他"。

乡土社会的关系是熟人关系（陈柏峰，2011），是一种基于熟悉的"亲切"（费孝通，1948/2009），也是在"亲切"基础之上的"不好意思"这样的一种普遍心态。乡土社会人与人的"意会"，就体现在"别人照顾我，我也得照顾别人"这样的心态，不这样做，行动者内心就会觉得"不好意思""过意不去"。乡村社会解决组织管理问题主要就是采取这个办法，比如来料加工过程中，经纪人帮出现纰漏的工人返工，工人自然会觉得"不好意思"，于是愿意在没有加班费的情况下为经纪人返工。

当然，在一定意义上，城市熟人团体的成员尽管也是熟人关系，他们内部也是信息透明的，但是他们之间却没有乡村社会这样的人情亏欠（陈柏峰，2011），当然也不会在经济活动过程中发展出带有道德意涵的互惠关系。乡土社会中的茶农圈却在经济活动中建立了信任和行动伦理，从而克服了茶叶经营管理的"组织困境"。笔者进一步指出，这一过程的实现落实到了"我相信他"和"不好意思"这样的交往心态上。正如费孝通（1948/2009）所言，在熟人社会生出的信任，并不是对契约的重视，而是发生于对一种行为的规矩熟悉到不假思索时的可靠性。"我们大家是熟人，打个招呼就是了，还用得着多说什么？"费孝通（2003/2009）晚年认为，这种"不言而喻"的交往过程具有意会的意涵，对这种意会的研究其实就是把社会关系的研究向深一层推进。

乡村产业的运作并非创造了什么复杂的机制，其成功的根源恰恰是注重了这些容易被人忽视的细节和心态。费孝通晚年从关心"怎样充分利用农村劳动力来解决中国的贫困问题的生态问题"，转向关注"人与人如何相处的心态问题"，有学者将其总结为从"志在富民"到"文化自觉"的转向（周飞舟，2017）。

在这个意义上，我们应当认识到茶叶生产过程中的交往细节有很重要的社会学理论意涵。费先生（2003/2009）说"学术上，其实并不是说总要一味去搞那些新奇的、超前的概念，很多非常平常、非常常见的概念，恰恰需要不断地深入探讨，也往往是笔者新的学术思想的最好的切入点和生长点"。

在"意会"的乡村社会生活的基础上，基于社会关系形成了一个精巧的茶叶组织形态。在乡村社会围绕着一些特定的交往节点形成一个亲疏远近的关系圈子。在茶叶生产组织过程中，这些节点就是茶厂老板，通过这些生长在乡村的能人，看似一盘散沙的乡村社会能够被组织起来投入经济社会生活。这些乡村能人的能力在各个地方都有不同的表现，但总体上他们除了要具备从事相关产业的业务能力，还需要具备社会性条件。村民始终在观察这些能人平时处理人际关系是不是公正公道、能不能服众。只有具备了这些社会条件，能人才能同时达到技术细节和交往细节的要求，从而成为产业组织形态的带头人，这也赋予了乡村产业独特的精神气质。

六　交往细节的历史维度

交往细节的历史维度首先是指人与人交往细节是需要无限追溯的，是过往总体关系的一次投射。进一步，交往细节的历史维度更重要的意涵是要认识到乡土社会关系、生活方式几千年来的历史延续性，多少代人生活在稳定的历史继承性中，进而可以追溯到中华文化的历史延续性，赋予了关系的伦理意涵（费孝通，2004/2009）。对"意会"的交往细节的理解，需要落实到对"心"的理解，落实到理解"心"的主观性和它的道德性（费孝通，2003/2009）。交往细节的历史维度就是蕴含在交往细节中的中国人几千年来的伦理意涵。

儒家传统认为，"仁"与"义"都是人在与具体的人接触时所自然生发的爱敬之情（周飞舟，2018）。设身处地去想，一个茶农朴素地认为"他照顾了我，我也得照顾他"，本质上不就是"己所不欲，勿施于人"的"恕"道吗？这种以情絜情、将心比心的"恕"，是一种"拟情"式的、"投入理解"式地了解他人的处境、态度和情感的基本方式。这种思维观念长久而普遍地存在于中国人的日常生活中，只不过在乡村社会的熟人关系中更能自然而然地发挥出来。这种亲密关系之间的"感通"式的互动方式成为乡村产业重要的社会基础，也成为"和稀泥"式管理过程得以发挥作用的关键机制。

正是如此，我们才可以理解费孝通（2003/2009）所说的，我国儒家伦理是顺着人的自然感觉走的，是顺应着中国乡土社会的人情世故，从草根文化习俗中生长出来、提炼出来又提升到"圣贤"的高度，所以才能在复杂的社会结构中上通下达、一贯到底，它有一种和中国社会现实天生的"气脉相通"的东西。

本研究的"细节分析"强调"交往心态"的意涵，从而将对社会关系的分析带入了历史维度。这些细节背后的历史和文化要素，就是费孝通（2004/2009）强调的文化的历史性的具体意涵，由于历史性，"意会"的细节上升到了道德和伦理意涵。生活在晚古时期的中国人定能知道，"礼""仁"等概念代表的那种文化论，已是赋予生活意义的概念，其作为一种深潜在中国人日常生活中的文化，早已积淀成人们司空见惯的生活方式了。

交往细节的"意会"，就是建立在具体的人与人关系基础之上的"意会"和"感通"，并通过一些交往细节体现出来。当然，对日常生活交往细节的分析，既有的社会学方法尤其是西方社会学理论已经有一些可以借鉴的经验，比如"常人方法学"、现象学的方法。我国社会学界在研究日常生活中微观权力运作的过程中也积累了事件-过程分析、事件化等具体的分析方法。区别于实证主义的思路和取向，对心态的研究需要在研究方法上进行新探索。

如何研究心态呢？费孝通（2003/2009）认为研究心态也不是什么研究方法和研究技术的革新，更重要的是一个研究者的心态，即"将心比心"。费孝通进一步将心的概念与儒家理学联系起来，认为理学讲的修身、推己及人、格物致知等，就包含着一种完全不同于西方实证主义、科学主义的特殊的方法意义。

　　具体到本研究，就是要区分"内外"，费孝通所谓"意会"的重要意涵就是"外人无法"理解。而"外人"往往无法理解为什么茶厂老板可以通过这种看似"和稀泥"的方式就简单解决了茶叶的"组织困境"。能否超越研究者"外人"的角色是社会学展开对细节研究的关键。要理解茶叶产业链条为何能够成立，最关键的就是"设身处地"地把握这些细节，把握这些费孝通所谓"只可意会，不可言传"的要素。在这个意义上，"中国人所要的社会科学，一定是基于体验的、反躬自省的、将心比心的科学，而不是所谓功能论、协调论或是均衡论这样的概念空壳"（渠敬东，2019b）。

七　总结与讨论：农业转型的社会基础

　　茶叶产业的组织模式是我国农业转型过程中一种十分典型的组织形态。这种组织形式有两个鲜明的特征，其一是家庭经营，其二是市场网络与家庭经营紧密配合。这种参与主体众多、生产环节灵活分散的产业组织形式也是我国乡村产业的重要形式。这种产业组织形态之所以能够顺利运转，是由于它扎根于特定的社会基础。本章提供这个案例研究就是希望通过技术细节和交往细节的分析，在特定社会结构下讨论社会基础的具体内涵。

　　深入分析茶叶的经营过程，笔者发现茶叶的产业链条是极为精巧的，是农业技术细节和交往细节综合作用的结果。农业生产区别于工业生产，由于农作物的生物性、自然性而产生了特殊的技术要求。我国独特的历史传统和审美文化进一步对茶叶种、采、加工和销售过程提出了更复杂的要求。在上述因素的综合作用下，乡村茶叶产业形成了特定的组织形态：一方面是家庭经营，形成了围绕农户家计的基本生产单位；另一方面是由于茶叶商品化和高度技术化特征，需要一套复杂的市场网络与之配合。组织形态与社会结构相互配合，形成了茶农特定的"家计"模式和城乡融合的产业形态。

　　要使茶叶生产组织形态得以可能，还需要依靠特定的社会基础，正是乡土社会的"茶农圈"和"交往心态"解决了茶叶经营的"组织困境"。这也是我国农业、农村转型路径区别于世界上其他民族和地区的关键因素。本章分析产业组织过程中的交往细节，就是想揭示社会基础如何影响农业转型的过程。技术细节、社会基础与茶叶组织形态的关系如图11-2所示。

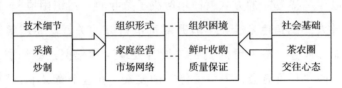

图11-2 茶叶组织形态的影响机制

在分析过程中，本章采取"社会全体的个案分析"的视角，尝试通过案例"发现由具体社会生发的运行机制，进一步在广度和深度上扩充案例与外部各种政治、社会、文化因素的关联"（渠敬东，2019a）。茶叶的组织形态代表了农业转型过程中的一种典型模式，这个经验现象既不能逾越自然界的生物规律，又受到社会结构性因素（家庭分工、人口流动）的制约，更要与一定的社会底蕴尤其是乡土伦理相配合。

但是这些受复杂关联影响的运行机制，恰恰又通过技术细节和交往细节的微妙运作体现出来。本章努力对"农业的细节"进行分析，向读者呈现农业组织形态的微观机制。具体的分析过程是，首先论述茶叶的技术细节如何影响了茶叶的组织形态，然后推演这个组织管理过程中的"组织困境"，再看行动者如何解决了"组织困境"，从而回答茶叶的组织形态"何以可能"的问题，由此实现从社会结构到具体关系，再从具体关系到关系伦理的逐步深入。

第十二章　总结与思考

我们生活在这千古难逢的时代，我们要多为后代记录下几千年小
农经济培养出的乡土社会，怎样开始在变成开放的城乡一体的社会主
义新社会，在这样的社会里生活的人具有怎样的精神文明？为今后和
平繁荣的新世纪能做出什么贡献？

——费孝通（1995e/2009）

一　草根工业的创新型发展

潮镇的工业化带有很强的"自下而上"的逻辑，它是从一个乡村社会
兴起并经历了长期演化发展的结果。潮镇的家纺产业是典型的农民办的工
业、是从乡土长出的工业，费孝通（1985b/2009）将这种农民办起来的工
业称为"草根工业"。农民是兴办"草根工业"的主体，因而产业发展也长
期与乡村保持了紧密关系，乃至呈现与村庄长期的"混融"或者"粘连"
的现象（刘守英、王一鸽，2018）。

但是另一方面，我们又看到，农民办的工业呈现极强的生命力和适应
能力，使得这种扎根于乡土的工业形态，能够满足千变万化的市场需求。
这种从乡土长出的工业形态，其经营内容和组织模式始终在不断调整和
进化。

只有放在我国城乡关系和工业化的长期历史进程中，我们才能更深入
地理解潮镇工业化历程的意涵。近代以来，中国乡村面临着尖锐的人地矛

盾，如何改变"过密化"的小农经济成为中国向现代社会转型的关键问题。但是在农村商品化的同时，家庭手工业也蓬勃发展成小农经济的重要组成部分。小农经济表现出了极强的生命力，乡村形成了以"半农半工"家庭经营为基础的商品经济，这种农工结合的"韧性小农"成为传统时期乡土经济的重要特征，也是中国社会转型的底色（陈军亚，2019；徐勇，2013）。

1949 年以后，乡村工业呈现出新的发展路径，社队企业形式的集体工业取代了家庭工副业，集体工业的兴起改变了乡村工业的产业门类、技术水平和经营模式。20 世纪 80 年代，乡镇企业的"异军突起"很大程度上是社队企业的延续和创新。乡镇企业通过"离土不离乡"的方式吸纳了大量农村剩余劳动力，以长江三角洲、珠江三角洲为代表的东部沿海地区迅速实现了工业化和城乡一体化（周飞舟等，2018）。

进入 21 世纪以后，随着乡镇企业的改革与转制，乡村工业的发展路径也呈现出极大的区域差异。东部地区在乡村工业发展基础之上实现了城乡融合，乡村工业的产品也慢慢提档升级，许多扎根于县域内特定区域的块状产业集群已经成为全球产业链体系中重要的生产环节。本书第三至六章以浙北潮镇的乡村工业发展历史为例详细论述了这个发展演化的历程。

改革开放后，浙北地区潮镇的家庭工业和集体工业同时复兴，20 世纪 80 年代中期，家庭工业突破了政策限制以后迅猛发展，到 90 年代家庭工业成为主导经营模式。为了适应市场，潮镇的家纺产业在家庭工业的基础上不断"分化"，从而成为一个村庄成员参与度越来越高、分工越来越细致，而合作机制也越来越复杂的产业体系。与此同时，潮镇家纺也完成了向"时尚产业"的转型，潮镇成为世界上主要的家纺装饰布生产基地，也在家纺产业的基础之上实现了"就地工业化"和城乡一体化。

与传统时期的乡村工业相比，潮镇的乡村工业已经呈现出革命性的发展。从技术水平上看，潮镇家纺已经从手工生产完全转变为机器生产，并且拥有世界上最为先进的织布机，能够生产出世界一流水平的产品。从全球生产链条的分工来看，潮镇家纺已经紧密融入了全球生产链条，并通过提升产品质量、打造区域品牌的方式不断争取全球产业链条上的有利地位。潮镇家纺产品类型也在不断翻新，不断适应"时尚产业"的产品创新要求，不断适应"互联网＋"的新技术和新市场需求。

但是与此同时,潮镇的家纺产业又依然保留了传统乡村工业的诸多特征,尤其是始终保持着与乡土社会的"混融"状态。首先,家庭工业依然是家纺产业的重要参与者,家庭织布的生产过程与工厂制生产有着截然不同的逻辑:家庭成员既是劳动力又是消费者;生产规模受到家庭自有生产资源——土地、资本和劳动力的限制;家庭成员的代际更替也深刻影响了家纺产业的运作过程。其次,家纺产业以既有的乡土社会纽带为依托,呈现出不断分化的逻辑,最后形成了一个柔性生产网络。在不断分化过程中,产品越来越多样化,工艺越来越复杂。但是每次"分化"都是在充分利用既有条件基础上的适应性发展,从家庭工业分化出来的新经营主体与原有体系不是一个竞争、替代关系,而是形成了一个互相依赖、互相配合的体系,形成了独特的工业生产体系——"小生产、大网络"的柔性生产格局。

潮镇工业扎根于乡土社会,产业发展历程与潮镇人的日常生活紧密结合,产业发展、产业转型过程也呈现为一个社会过程。在产业发展过程中,潮镇的产业集群就像一个巨大的吸铁石,通过"带"和"滚"这两个具体的社会过程,不断地将潮镇的人、财、物混融进一个生产生活密不可分的产业生态体系中。通过这个吸纳的过程,潮镇产业能够克服乡村工业在资金、技术等方面的劣势,实现产业的创新和升级,并使乡村产业的发展和转型过程呈现出低成本、低风险和低门槛的"三低"逻辑。

二 乡村产业与新型工农城乡关系

近代以来,我国开始从一个小农经济为主体的农业国向工业化国家转型,但是我国目前的工业体系有着极为复杂的组成成分,我国在不同阶段历经了不同类型的工业化形式:近代工业化、国家工业化、乡村工业化、以沿海为主的全球化工业化阶段(刘守英、王一鸽,2018)。乡村工业化也是这个工业化体系的重要组成部分。

在洋务运动以后,我国开启了近代工业化的浪潮,尤其是民国时期在一些城市发展了一定规模的城市工业,这是现代经济部门的起步。然而,正如本书第二章所述，这一时期的现代经济发展却与乡村工业形成了一个典型的"双轨结构"，形成了所谓"无关乡土的现代经济部门"（刘守英、王一鸽，2018）。当然，对于这一时期城市现代工业与乡村工业的关系，不同学者有不同的看法。费孝通在《江村经济》中描述了在城市工业和全球化市场冲击下的乡村工业凋敝的情形，但是华北等地的乡村织布业却利用城市棉纱的输入实现了一段时期的繁荣。

也就是说，虽然在近代以后现代经济开始引入中国，但是我国乡村地区在较长的历史时期中广泛存在着各色各样的乡村工业、副业，本书将之称为多元的乡村产业体系。

近代以来，中国乡村商品化虽然使农村的劳动力从自给自足的自然经济中脱离出来，土地和劳动力开始实现高度的市场化配置；但是在这个过程中农村也发展出了高度发达的非农就业领域，表现为各种形式的农村工副业，以至于有学者将之称为"三元结构"，即城市工业、农村工副业和农业。乡村产业在中国乡村长期延续，并在长期的历史进程中取得了适应性发展，成为乡村经济和家庭经济的重要组成部分。

1949 年以前，乡村的非农部门在微观经营机制上以家户为经营主体，各种家庭手工业、家庭作坊、商业贩卖等工副业成为家庭经济的重要组成部分。在户均占有土地较少的情况下，种地和从事乡村工副业成为农村家庭两个密不可分的支柱。乡村由此发育出了多样化的就业模式，而非一个纯粹的农业生产领域。甚至在一些地域形成了专业的手工业生产区域。费孝通对传统时期的乡村工副业进行了深入研究，《江村经济》《云南三村》等一系列经典研究为我们揭示了其对乡村社会的重要意义。正是在这个认识的基础之上，费孝通认为传统时期乡村社会的凋敝正是农村传统工业和副业凋敝的结果。

1949 年以后，中国选择了重工业优先的发展战略。为了保证赶超战略的实施，国家实行统购统销、人民公社化和户籍制度，而这些制度的实施其实在一定程度上阻碍了传统乡村产业体系的自然发展，但是也形成了一种以集体为单位的乡村工业化道路。

改革开放以后，乡镇企业异军突起，形成了"离土不离乡"的乡村工业化发展道路，但是乡镇企业有复杂的成分，既有集体经济，又包括了大量的私营、个体经济的成分。尤其是 20 世纪 90 年代中后期以来，乡镇企业通过转制逐步演变成为民营经济。虽然一些优秀的民营企业慢慢脱离了县域社会，进入城市或者工业园区，成为现代经济部门，但是依然有大量的中小微企业集中在县域城乡的广大空间。许多地区依托这些企业形成了发达的块状产业集群，这样的产业集群一般被称为"传统产业"集群，它与县域内的工业园区构成了县域工业体系的"二元结构"。因此，"乡镇企业"这个概念虽然成了历史名词，但是并不意味着乡镇企业所蕴含的历史精神和产业内涵就此消失。

乡村丰富的业态和悠久的发展历史使得乡村社会充满活力，这也提示我们要用全新视角去看待中国城乡社会的转型方式。在我国社会转型的过程中，乡村社会的结构和秩序在城市化、工业化进程中保持了相对的完整，乡村产业的相互协作得以顺利开展。尤其是改革开放以来，中国广大乡村社会取得了飞速发展，乡村发展在很大程度上是乡村社会活力得到释放和发展的结果。"异军突起"的乡镇企业以及后续的县域产业集群正是建立在乡村非农产业发展的历史基础之上，只不过乡村产业植根于乡村，极具弹性和适应性，在不同的区域表现出不同的特征。

三　城乡融合的乡村产业格局

中国乡村产业体系的发展演化有着极大的区域差异，潮镇的乡村工业化代表了东部沿海地区的社会转型过程。改革开放以后，东部地区乡村的发展活力得到释放，以乡镇企业为代表的乡村工业迅速发展。对类似于潮镇这样的东部发达地区的乡村来说，农村劳动力几乎已经完全脱离了农业生产，并且这些地区还通过发达的块状产业集群吸纳了大量的中西部农村的劳动力。中西部地区则形成了大量劳动力到东部地区、大中城市打工的农村剩余劳动力转移就业模式。家庭通过外出打工的方式参与到了东部沿海地区的工业化进程，有学者将其总结为新型城镇化背景下的"半工半耕"（夏柱智、贺雪峰，2017）。

然而，在人口外流打工的总体背景下，在一部分中西部村庄"空心化"的同时，也有相当多的村庄，比如石家庄周边地区，就依托历史传统与特色资源发展了丰富多元的非农就业体系，构建了费孝通所谓"农业与工业的中间产业形态"。虽然部分农村人口在外面打工挣钱，但是他们的家庭成员（父母、子女）依然在农村，保有着耕地等重要的生产资料，且农村依然存在着亲戚和熟人关系网络。基于家庭这个纽带，外出打工并非一个单向迁移，实际上，外出劳动力总是在农村与打工地之间做"往返流动"。不断"返乡"的劳动力，以及随之带回的资金和技术，使得乡村产业依然保持了活力。

随着城乡融合的深入发展，乡村地区的乡村业态也进一步丰富，并构成了乡村产业兴旺的基础。中西部一些县域内发展了依托于"农工互补"的乡村产业，乡村产业体系与城镇化体系紧密配合，本书描述的石家庄地区的乡村产业体系就是一个典型代表。首先，"半工半耕"的家庭经营仍然粘连在农村，乡村社会在将来一段时间内将依然保持结构和秩序的相对完整，乡村依然是农民生活的场所。其次，外出打工带回了资金、技术和机会，也构建起内地乡村产业与沿海工业化的对流机制。最后，乡村社会自身也为本地的多元产业发展提供了丰富的自然资源和生产传统。

乡村社会有着丰富的业态，涉及工业、商业、服务业等各个行业，根据其来源，可以分为以下几类：第一，传统工业的延续，比如华北平原传统的织布业、江南地区传统的丝织业；第二，依托于当地特殊的资源，比如石家庄市晋州市依托原料优势，发展分布在乡村的建材行业；第三，与城市工业紧密配合，即某种意义上的工业下乡的乡村工业，比如浙江省丽水市的"来料加工"，还有温州、义乌在生产各类小商品的过程中，将半成品外发给丽水的偏远山区县市，组织当地留守妇女、老人生产；第四，各地通过招商引资，使许多社会资本进入乡村，建立了利用乡村资源和劳动力的工厂或者工业园区；第五，在新的社会经济发展条件下出现的新业态，如乡村旅游、农村电商等。

此外，乡村产业的生产过程极为复杂多样。从劳动力的参与模式来说，有家庭内劳动，比如各种家庭手工业、农特产品加工等；有乡村小作坊，比如乡村开办的各种食品加工、劳动力密集型小工厂；还有一些较正式的乡村工厂或者工业园区。

乡村产业有着复杂的样态，除了极少数正规的工厂以外，主要的产业模式都是各类小型、分散的产业主体，这也是复杂因素影响的后果：第一，受制于乡村资本缺乏的限制；第二，许多乡村产业的生产过程决定了小型经营主体更具竞争优势；第三，在小型分散的基础之上，有一个乡村协作网络弥补了小型的不足。

从收入水平上看，很多乡村产业与外出务工相比或许并不占优势。许多劳动力之所以选择在本地产业就业，主要是为了同时兼顾家庭生活。以浙江省 L 市的来料加工为例（第九章），其主要的劳动力来源是留守在农村照顾子女上学的"陪读妈妈"。正是因为这种劳动力的独特性，乡村产业的就业方式就需要比较灵活，在工作时间和劳动管理过程中显得十分自由宽松，以非正式、灵活就业为主。乡村工业中有的吸纳剩余劳动力，比如丽水来料加工利用留守妇女、老人生产；有的吸纳男性壮劳动力，比如建筑业；也有许多乡村特色农业、乡村旅游受制于季节性因素影响，对劳动力采用季节性雇佣。当然，也有许多经营主体是自雇，以做小买卖的方式为乡村提供商贸、生产服务。

此外，从农业衍生出来的特色产业也成为我国城乡一体化进程中乡村多元产业体系的重要一环。很多地区围绕着特色农产品发展出了农业产业化链条，形成种植、养殖、收购、加工、贸易等多个环节，它们构成了乡村产业的重要组成部分。这对于产业不发达的落后地区具有重要意义，在这种产业模式基础上形成了特殊的城镇化格局及其特殊的产业支撑模式。农产品生产也有不同的模式，一种是龙头企业带动型，即通过"公司＋农户"的方式带动农户；另一种是区域产业型，即某地基于特殊的历史传统或者地理资源，发展了主导产业，比如本书第十一章所研究的茶叶产业。

围绕特色农产品形成的产业链条，已经不再是简单的农业经营过程。特色农业的种植、养殖环节本身就需要雇工，茶叶在采摘环节尤其需要大量劳动力，还有许多小商贩参与到茶叶的收购环节。此外，在茶叶的初级加工环节兴起了许多小型茶叶加工工厂；而为了便于茶叶保鲜，茶厂一般都分布在产茶的村民居住点。更重要的是，茶叶的产业与城市也紧密联系起来，茶叶的品牌营销、销售环节也吸纳了大量的城市资本和劳动力就业。

由于农业的特殊性，大部分特色农产品的种植是以家庭为单位。茶叶的种植也是以家庭经营为主，这主要是因为茶叶的种植与采摘需要投入大量的人工，一般是家庭自有劳动力辅以少量的雇工经营。一般农产品产业的生产都是季节性的，比如茶叶的采摘与加工都集中在每年的某几个月。其他农闲时间，家庭劳动力则选择外出或者在本地打零工。于是，我们发现围绕特色农业产业，形成了劳动力在本地特色农业、本地零工、外地打工之间做出灵活选择的"农副结合"模式（付伟，2019）。

与传统农业相比，茶叶又是与城镇化体系相配合的一个产业体系。茶叶的采摘、收购、加工和销售对应着城镇化体系的不同节点——散户、居民点、中心村、乡镇和城市（徐宗阳、焦长权，2016）。茶叶的种植与采摘环节主要集中在散居农户、居民点、中心村三个梯次上；茶叶收购商贩活跃于中心村和居民点之间，集中的收购市场、收购点存在于中心村及中心乡镇；粗加工的家庭作坊主要集中在居民点，加工厂主要存在于中心村、中心乡镇；茶叶贸易主要集中在中心乡镇、县城。

由此我们看到，我国城乡社会转型过程中存在着丰富的产业形态，也形成了复杂的工农城乡关系。在东部地区，发达的县域产业块状集群支持了就地工业化和城乡一体化。在中西部地区，以农业为基础、贸易为中介、城镇为纽带的多元乡村产业连接了城乡、提高了收入、丰富了农民的社会生活。乡村非农就业体系兴起、繁荣，并与农业经营进一步密切配合，形成了一个复杂多元的乡村经济生态系统。一方面，由于乡村产业的存在，劳动力可以根据家庭生命周期灵活地在本地与外地之间"往返"；另一方面，乡村产业的发展导致了"半工半耕"模式的进一步演化，出现了本地农业与本地非农就业的结合，形成了特殊的城乡融合道路。

四　乡村产业的社会基础

在一些学者看来，现代经济的发展过程可能就是不断克服各种"地方性”的过程。各种“传统”的因素阻碍了现代市场的发展，正如布罗代尔所言“历史上的市场经济就好像被困在了一个与世隔绝的钟罩内”，作为“人类合作的扩展秩序”，市场经济被种种社会因素和机制所阻断，被称作“布罗代尔钟罩”（参见韦森，2006）。随着市场的扩展和专业化的兴起，交易过程越来越复杂化，交易过程中的不确定性也越来越高。能否建立一套有效的“非人格化交易”制度，取代“历史上长期存在的、合作极其有限的稳定模式”，是不同地区能否兴起资本主义经济模式的关键（诺思，2014：172）。结果，本地交换和熟人关系网络不再在经济生活中发挥重要作用，地方共同体也逐渐解体，最终实现了从“人格化交换”向“非人格化交换”的社会转型。

然而潮镇工业化历程给我们展现的图景却是乡村工业化并非一个不断“去地方化”的过程，也并非一个现代市场逻辑扩张的过程；相反，它是一个不断吸纳、融合各种地方传统的过程。乡村工业化进程中兴起的“现代经济”并非以取代乡村传统为前提，反而充分利用了乡土社会的社会基础。本书通过乡村工业化、乡村产业的经验描述，进一步呈现了我国乡村社会的内生型发展与乡土社会的韧性。我国乡村社会有着悠久的历史和稳定的社会结构，虽然进入新时期以后工业化、城镇化快速推进，但是这并不意味着乡村社会就会立刻解体消亡，相反它依然会在较长一段时期内延续。

乡村发展依托着我国乡村的社会基础和悠久的历史传统，农工互补的家庭经营和完整的乡土社会结构是乡村发展的内生动力。正是在家庭经营和乡土社会的基础上，我国发育出了一个包含着乡村工业在内的乡村产业体系，奠定了乡村延续与振兴的基础。反过来，乡村产业又赋予了“新型工农城乡关系”以特殊内涵：第一，城乡之间的长期融合与互补，呈现出从乡土中国向城乡中国转型的特殊路径；第二，传统与现代的并存，社会转型并非以摧毁传统社会关系为代价进入工业社会；第三，乡村社会始终存在广泛而复杂的产业形态，形成了依托城乡体系和既有社会基础的乡村产业体系。

当然，农村劳动力过剩是这个乡村产业得以长期延续的重要条件。传统时期的乡村工副业能够以极低的成本利用农村“闲着也是闲着”“过密化"的剩余劳动力，因而能够在与城市工业的竞争中生存下来（赵冈、陈钟毅，1977）。乡村工业确实是农村"过密化"、商品化和城市工商业吸纳就业能力有限的结果。乡镇企业兴起过程中，农村劳动力的比较优势是乡镇企业兴起的重要因素，改革开放以后农村通过就地发展劳动密集型产业而取得巨大成功（林毅夫等，1994：174）。

但劳动力价格低廉并不足以完全解释乡村工业的长期延续。因为即使在传统时期的手工业，也不完全是"过密化"生产，彭泽益（1984）指出，在华北的一些织布区已经出现了为市场生产的专业手工业区域分工，并且织工的工资远远高于普通农民，呈现出所谓的"斯密型"增长（周飞舟，2006a：152）。改革开放以后乡村工业更是取得巨大发展，王晓毅等（1996）认为，从技术、产业类型上看，乡村工业已经实现了现代化。从机器使用上，乡村工业完成了从手工业到机器生产的转型，实现了费孝通在《乡土重建》中对乡村工业技术改造的设想。许多农村地区已经完全依赖工业生产，实现了从纯粹的农业社会向工业社会的转型。乡村工业紧密融入全球生产链条，是中国外向型经济的重要组成部分。乡村工业进一步与现代技术尤其是网络技术相结合，使得乡村工业走上了"互联网＋"的发展道路，比如在乡村工业基础上兴起的"淘宝村"（郭承龙，2015；徐高春等，2015）成为乡村重要的新业态。

对于乡村发展的动力机制，有"外生性"和"内源性"两种观点。"外生性"观点认为是外生的因素导致乡村工业化，比如黄宗智（2000b：265）认为乡村工业化是城市工业"牵引"和集体经济建立的结果。"内源性"观点认为，乡村"发展的原动力来自社区内部，发展的主体是社区成员"（折晓叶，2000：5）。潮镇的工业形态表明农民办的工业也并不一定是落后的形态，它在一定历史条件下完全可以实现创新型发展，而且创新的主体是农民，农民会在乡村工业发展过程中表现出极强的适应能力和创新能力。

农民的创造力和创新能力与我国家户制为基础的社会结构有关系，我国的农村从很早就建立了以家庭为经营单位的小农经济。在这个基础之上，从汉代开始，手工业就是家庭经济的重要组成部分，我国的农村很早就形成了农副结合的经济形态（许倬云，2012）。在这几千年中，家庭一直是重要的生产经营单位，并在家户制基础上形成了学者所谓的农民理性，所谓的农民理性就是农民有着勤劳和经营的思维观念（徐勇，2010）。

改革开放以后，农民经济之所以能够飞速发展，关键的因素就是释放、调动了农民的积极性和主动性。"20 世纪 80 年代，各地农村先后进行了农业体制改革，实行了家庭联产承包责任制，农民因此得到了支配自己劳动的自主权，他们除了在承包地上经营农业之外，还可以主动从事其他生产活动，以增加收入，这大大调动了农民发展经济的积极性，他们千方百计、千辛万苦、千山万水都去开辟生财之道。"（费孝通，1995a/2009）调动农民的积极性、赋予农民经营自主权，是我国改革开放以来能够迅速发展的重要经验（邓小平，1993：238）。也正是在这个意义上，费孝通看到了"扎在农民"中间的草根工业有着极强的生命力。潮镇工业化的历史正是如此，潮镇家纺产业虽然始于乡村，但是同时又具备快速发展和创新的能力，其中一个重要因素便是充分利用和调动了家庭经营的积极性和创造力。

潮镇工业化在充分调动家庭经营活力的同时，另一个成功的要素是通过独特的组织形式动员了乡村社会一切可以动员的力量，充分吸纳了乡村社会中的人、财、物等一切资源，从而克服了产业发展面临的资金、技术和其他方面的困难。具体而言就是潮镇的"柔性生产网络"，降低了产业发展的门槛、风险和成本，但是这个产业组织形式是融合了传统和现代各种因素综合作用的结果。这个产业网是从乡村社会生长出来的，它的生长和演化过程是一个社会过程，它的运作逻辑也基于乡土社会的行动伦理。虽然在工业化时代，乡村人际关系和社会生活发生了巨大变化，但是我们依然可以发现在步入工业化时代的中国乡村中，乡土逻辑仍然在社会生活和经济生活中发挥了重要作用。在这个基础之上，有学者认识到了农村社会的文化主体性的重要意义，将家庭家族、社会交往、社会组织、区域社会作为社会文化主体的组成部分，并探讨这些因素对农村经济和中国社会转型的影响（王春光，2019）。

第九章描写的来料加工是全球生产体系的一环，它通过灵活分散的加工形式，把偏远地区乡村的剩余劳动力与广阔的全球市场联系起来。来料加工是"工业下乡"的一个典型案例，是城市现代经济向偏远地区扩散、充分利用乡村劳动力的过程。在"工业下乡"的过程中，来料加工成功嵌入了乡村社会，充分调动了乡村地区既有的社会基础，这是来料加工得以成功的关键原因。来料加工的生产网络利用既有的社会关系铺展。由于生产过程中的技术细节，导致了产业组织形态高度分散、劳动管理很"不正规"。但是深入研究来料加工的劳动过程，我们发现，也正是乡村社会的关系伦理让这套生产组织形式克服了自身的管理困境。而关系伦理发挥作用的具体过程则体现为人与人交往中的"曲尽人情""将心比心"。而这种心态则是基于具体关系、具体场景生发出了具体情感，又因为具体情感生发出的具体的行动伦理。

乡村产业的重要特点便是跨越城乡，有丰富的参与主体，有灵活多元的组织形式，因而也始终面临着分散的经营主体如何有效协调合作的问题。第十一章的茶叶产业链可以看作其中一个重要的案例，它的生产过程既需要调动乡村的传统要素，又需要与城市、现代的因素发生关联。这就需要建立一套既能够满足市场需求，又能够符合乡土人情的组织形态，由此形成了"家庭经营＋市场网络"的组织形式。但是这个组织形式之所以能够正常运作，与这个体系依托的社会基础有密切的关系。虽然"家庭经营＋市场网络"的组织形态能够满足茶叶生物性和市场需求对其种植过程的技术细节要求，但是这个组织也有内生的"组织困境"。要解决这个组织困境，就需要依靠乡村社会中的人与人的关系，以及具体关系背后的交往心态。

总之，本书所谓的"社会基础"有比较复杂的内涵。首先，乡村产业发展与特定的社会要素有关，乡村社会为不同历史时期的产业发展提供了劳动力、集体土地，也为乡村产业积累了资金，这些构成了社会基础的重要内涵。其次，乡村产业往往需要依托特定社会关系展开，在乡镇企业研究中，有学者广泛研究了影响乡村工业的各种"非正式"的关系和制度，提出"关系合同""关系产权"等分析性概念（刘世定，1999；周雪光，2005），以此来讨论经济行为如何"嵌入"社会。但是在分析我国这种"混融"于乡村的产业形态的时候，我们不能仅仅满足于对关系进行形式分析（Granovetter，1985）。波兰尼（2001：35）提出"嵌入性"也正是希望破除对经济行为的形式分析，他指出，人类谋生的手段恰恰就嵌入于不同的制度中，而市场只是这些制度中的一种。韦伯（2010c：161）也强调现代理性思维模式只是资本主义兴起以后才在西方社会占据主导地位，中国由于受传统力量（即韦伯认为的家族和村落氏族传统）的影响一直没有建立西方意义上的理性化组织形式。因而，只有超越对社会关系的形式分析，深入对关系伦理的认识，我们才能进一步讨论社会基础的运作机制。

由此，本书所谓"社会基础"的具体内涵，除了指劳动力、土地和资本这样外显的要素以外，还需要关注具体的社会关系对经济活动的影响。在展开对关系的具体研究的过程中，尤其关注"人们日常的细微的人际关系、交往方式、交往心态，以及与之有关的风俗习惯和价值观念"这些所谓"只能意会，不能言传"的部分（费孝通，2003/2009）。在这个意义上，本书所谓的"社会基础"还有更为丰富的内涵，尤其需要关注产业发展所依靠的具体关系和交往心态。无论是潮镇的家纺产业、L市的来料加工还是金寨县的茶叶种植，产业组织的正常运作都离不开具体的人与人之间的关系。从关系的形式上看，城市和农村、中国和外国或许并无太大差别，但是这些具体关系结构中的行动者却有不同的"心态"。本书在研究方法上的一个重要尝试便是在具体的场景中，将社会基础发挥作用的过程"合理合情"地呈现出来。

参考文献

艾伦·麦克法兰、艾丽斯·麦克法兰，2016，《绿色黄金》，北京：社会科学文献出版社。

安虎森，2003，《产业集群理论及其进展》，《南开经济研究》第 3 期。

白苏珊，2009，《乡村中国的权力与财富》，杭州：浙江人民出版社。

编撰委员会，1994，《文安县志》，北京：中国社会出版社。

波兰尼，2001，《经济：制度化的过程》，载许宝强、渠敬东选编《反市场的资本主义》，北京：中央编译出版社。

波特，2002，《国家竞争优势》，北京：华夏出版社。

蔡昉，2001，《劳动力迁移的两个过程及其制度障碍》，《社会学研究》第 4 期。

曹锦清、张乐天，2001，《当代浙北乡村的社会文化变迁》，上海：上海远东出版社。

陈柏峰，2011，《熟人社会：村庄秩序机制的理想型探究》，《社会》第 1 期。

陈锋，2014，《农村"代际剥削"的路径与机制》，《华南农业大学学报》（社会科学版）第 2 期。

陈航英，2020，《田野里的工厂：资本化农业劳动体制研究——以宁夏南部黄高县菜心产业为例》，《开放时代》第 3 期。

陈航英，2018，《扎根乡土：新型农业经营主体发展的社会基础》，《西北农林科技大学学报》（社会科学版）第 5 期。

陈吉元，1994，《中国的三元经济结构与农业剩余劳动力转移》，《经济研究》第 4 期。

陈家建，2011，《新苏南模式与农村发展》，《社科纵横》第 3 期。

陈剑锋、唐振鹏，2002，《国外产业集群研究综述》，《外国经济与管理》第 8 期。

陈军亚，2019，《韧性小农：历史延续与现代转换——中国小农户的生命力及自主责任机制》，《中国社会科学》第 12 期。

陈强，2015，《海宁马桥经编"10 年磨剑"飞速壮大实现"蝶变"》，http：//jx . zjol. com. cn/system/2015/05/20/020660134. shtml。

陈锡文，2012，《把握农村经济结构、农业经营形式和农村社会形态变迁的脉搏》，《开放时代》第 3 期。

陈锡文、赵阳，2003，《中国农村制度变迁 60 年》，北京：人民出版社。

陈义媛，2016，《资本下乡：农业中的隐蔽雇佣关系与资本积累》，《开放时代》第 5 期。

陈中亚、曹锦清、张乐天，2014，《当代浙北乡村的社会文化变迁》，上海：上海人民出版社。

程用宾，2001，《茶录》，陈浩耕等编《中国古代茶叶全书》，杭州：浙江摄影出版社。

程淯，2001，《龙井访茶记》，陈浩耕等编《中国古代茶叶全书》，杭州：浙江摄影出版社。

邓小平，1993，《邓小平文选》第三卷，北京：人民出版社。

丁谨之、金蕾，2015，《妇女创客园义乌开园》，《浙江日报》10 月 21 日，第 3 版。

董晓宇，2008，《"苏南模式"的理论和实践 30 年回顾》，《现代经济探讨》第 8 期。

段宗俊、陈习村、陈茂娟等，2019，《六安瓜片制作工艺现状及改进技术》，《现代农业科技》第 18 期。

恩格斯，1953，《法德农民问题》，北京：人民出版社。

樊树志，2005，《明清江南市镇的"早期工业化"》，《复旦学报》（社会科学版）第 4 期。

方显廷，2009，《华北乡村织布工业与商人雇佣制度》，载李文海主编《民国时期社会调查丛编（乡村经济卷）》中，福州：福建教育出版社。

方行，1993，《清代前期的小农经济》，《中国经济史研究》第 3 期。

费尔南·布罗代尔，1993，《十五至十八世纪的物质文明、经济和资本主义》第二卷，北京：生活·读书·新知三联书店。

费孝通，1947/2009，《乡土重建》，载《费孝通全集》第五卷，呼和浩特：内蒙古人民出版社。

费孝通，1948/2009，《乡土中国》，载《费孝通全集》第六卷，呼和浩特：内蒙古人民出版社。

费孝通，1982/2009，《谈小城镇研究》，载《费孝通全集》第九卷，呼和浩特：内蒙古人民出版社。

费孝通，1985a/2009，《九访江村》，载《费孝通全集》第十一卷，呼和浩特：内蒙古人民出版社。

费孝通，1985b/2009，《说草根工业》，载《费孝通全集》第十一卷，呼和浩特：内蒙古人民出版社。

费孝通，1989/2009，《四年思路回顾》，载《费孝通全集》第十三卷，呼和浩特：内蒙古人民出版社。

费孝通，1990/2009，《人的研究在中国——缺席的对话》，载《费孝通全集》第十三卷，呼和浩特：内蒙古人民出版社。

费孝通，1991/2009，《志在富民》，载《费孝通全集》第十三卷，呼和浩特：内蒙古人民出版社。

费孝通，1992/2009，《孔林片思》，载《费孝通全集》第十四卷，呼和浩特：内蒙古人民出版社。

费孝通，1994/2009，《濮阳讲话》，载《费孝通全集》第十四卷，呼和浩特：内蒙古人民出版社。

费孝通，1995a/2009，《农村、小城镇、区域发展——我的社区研究历程的再回顾》，载《费孝通全集》第十五卷，呼和浩特：内蒙古人民出版社。

费孝通，1995b/2009，《区域经济浅谈》，载《费孝通全集》第十五卷，呼和浩特：内蒙古人民出版社。

费孝通，1995c/2009，《豫中行》，《费孝通全集》第十五卷，呼和浩特：内蒙古人民出版社。

费孝通，1995d/2009，《关于学习风气和田野工作》，载《费孝通全集》第十五卷，呼和浩特：内蒙古人民出版社。

费孝通，1995e/2009，《小城镇研究十年反思》，载《费孝通全集》第十五卷，呼和浩特：内蒙古人民出版社。

费孝通，1995f/2009，《家底实创新业》，载《费孝通全集》第十五卷，呼和浩特：内蒙古人民出版社。

费孝通，1995g/2009，《晋商的理财文化》，载《费孝通全集》第十五卷，呼和浩特：内蒙古人民出版社。

费孝通，1998，《乡土中国 生育制度》，北京：北京大学出版社。

费孝通，1999/2009，《谈天说地》，载《费孝通全集》第十六卷，呼和浩特：内蒙古人民出版社。

费孝通，2003/2009，《试谈扩展社会学的传统界限》，载《费孝通全集》（第十七卷），呼和浩特：内蒙古人民出版社。

费孝通，2004/2009，《对文化的历史性和社会性的思考》，载《费孝通全集》（第十七卷），呼和浩特：内蒙古人民出版社。

费孝通，2007，《江村经济》，上海：上海人民出版社。

费孝通，2012，《乡土重建》，长沙：岳麓书社。

冯俊江，2017，《义乌与洛阳签下 5 亿来料加工意向订单》，《浙中新报》5 月 22 日，第 4 版。

付伟，2010，《美国与中国：读费孝通〈美国与美国人〉》，《西北民族研究》第 3 期。

付伟，2019，《乡土社会与产业扎根——脱贫攻坚背景下特色农业发展的社会学研究》，《北京工业大学学报》（社会科学版）第 5 期。

傅春晖，2014，《包买制：历史沿革及其理论意义》，《社会学研究》第 2 期。

傅春晖，2013，《包买制中的圈子运作——以浙江省 L 市来料加工为例》，博士学位论文，北京大学社会学系。

盖文启、朱华晟，2001，《产业的柔性集聚及其区域竞争力》，《经济理论与经济管理》第 10 期。

甘阳，1994，《〈江村经济〉再认识》，《读书》第 10 期。

工业化与城市化协调发展研究课题组，2002，《工业化与城市化关系的经济学分析》，《中国社会科学》第 2 期。

郭承龙，2015，《农村电子商务模式探析——基于淘宝村的调研》，《经济体制改革》第 5 期。

国民政府工商部工商访问局，1931，《硖石土布之调查》，《工商半月刊》第 4 期。

国务院研究室课题组，2006，《中国农民工调研报告》，北京：中国言实出版社。

韩启民，2015，《城镇化背景下的家庭农业与乡土社会——对内蒙赤峰市农业经营形式的案例研究》，《社会》第 5 期。

河北省社科规划项目课题组，2006，《河北省县域特色产业集群发展研究》，《河北学刊》第 1 期。

贺雪峰，2013，《关于"中国式小农经济"的几点认识》，《南京农业大学学报》（社会科学版）第 6 期。

贺雪峰，2015，《论中坚农民》，《南京农业大学学报》（社会科学版）第 4 期。

鹤见和子、胡天民，1989，《"内发型发展"的理论与实践》，《江苏社联通讯》第 3 期。

洪银兴，2001，《苏南模式的新发展——兼与温州模式比较》，《江南论坛》第 8 期。

洪银兴，2007，《苏南模式的演进及其对创新发展模式的启示》，《南京大学学报》（哲学·人文科学·社会科学版）第 2 期。

胡浩、王图展，2003，《农户兼业化进程及其对农业生产影响的分析——以江苏省北部农村为例》，《江海学刊》第 6 期。

黄岩，2012，《工厂外的赶工游戏——以珠三角地区的赶货生产为例》，

《社会学研究》第 4 期。

黄宗智，2000a，《华北的小农经济与社会变迁》，北京：中华书局。

黄宗智，2000b，《长江三角洲小农家庭与乡村发展》，北京：中华书局。

黄宗智、高原、彭玉生，2012，《没有无产化的资本化：中国的农业发展》，《开放时代》第 3 期。

黄宗智，2014，《"家庭农场"是中国农业的发展出路吗?》，《开放时代》第 2 期。

黄宗智，2015，《农业合作化路径选择的两大盲点：东亚农业合作化历史经验的启示》，《开放时代》第 5 期。

黄宗智，2016，《中国的隐性农业革命（1980～2010）——一个历史和比较的视野》，《开放时代》第 2 期。

黄宗智，2017，《中国农业发展三大模式：行政、放任与合作的利与弊》，《开放时代》第 1 期。

黄祖辉、王祖锁，2002，《从不完全合约看农业产业化经营的组织方式》，《农业经济问题》第 3 期。

江春园、赵和涛，1990，《80 年代的印度茶业》，《世界农业》第 1 期。

焦长权，2018，《从"过密化"到"资本化"："新农业"与"新农民"——以湖北省恩施市烟叶种植农户为例的讨论》，《中国乡村研究》第 1 期。

焦长权、周飞舟、王绍琛等，2015，《祠堂与祖厝："晋江精神"的社会基础和历史渊源》，《东南学术》第 2 期。

焦长权、周飞舟，2016，《"资本下乡"与村庄的再造》，《中国社会科学》第 1 期。

金祥荣、朱希伟，2002，《专业化产业区的起源与演化——一个历史与理论视角的考察》，《经济研究》第 8 期。

卡尔·波兰尼，2007，《大转型：我们时代的政治与经济起源》，杭州：浙江人民出版社。

卡尔·波兰尼，2007，《大转型：我们时代的政治与经济起源》，杭州：

浙江人民出版社。

卡尔·马克思，2004，《资本论》，北京：人民出版社。

黎继子、刘春玲、蔡根女，2005，《全球价值链与中国地方产业集群的供应链式整合——以苏浙粤纺织服装产业集群为例》，《中国工业经济》第2期。

李国武，2009，《技术扩散与产业聚集：原发型产业集群形成机制研究》，上海：格致出版社。

李克强，1991，《论我国经济的三元结构》，《中国社会科学》第3期。

李猛，2010，《理性化及其传统：对韦伯的中国观察》，《社会学研究》第5期。

李强、陈振华、张莹，2015，《就近城镇化与就地城镇化》，《广东社会科学》第1期。

李庆、林光华、何军，2013，《农民兼业化与农业生产要素投入的相关性研究——基于农村固定观察点农户数据的分析》，《南京农业大学学报》（社会科学版）第3期。

李英飞，2015，《资金短缺下市场如何运作——浦镇轻纺产业资金链中的社会时间机制》，《社会学研究》第2期。

梁漱溟，2005，《中国文化要义》，上海：上海人民出版社。

列宁，1959，《列宁文集》卷三，北京：人民出版社。

林刚，2000，《关于中国经济的二元结构和三元结构问题》，《中国经济史研究》第3期。

林毅夫、蔡昉、李周，1999，《中国的奇迹：发展战略与经济改革》，上海：格致出版社。

林毅夫，2008，《中国经济专题》，北京：北京大学出版社。

凌鹏，2007，《近代华北农村经济商品化与地权分散——以河北保定清苑农村为例》，《社会学研究》第5期。

刘爱玉，2017，《组织化脆弱就业——以大上海地区服装加工业为例》，《社会发展研究》第2期。

刘乐平，2015，《我省实施"十百千万"工程》，http://zjrb.zjol.com.cn/

http：// news. xinhuanet. com/local/2015 − 3/16/c_127583613. htmhtml/2015 − 03/16/content_2858580. htm？ div = − 1。

刘世定，1999，《嵌入性与关系合同》，《社会学研究》第 4 期，第 77 ~ 90 页。

刘世锦，2003，《产业集聚及其对经济发展的意义》，《浙江经济》 第 13 期。

刘守英、王一鸽，2018，《从乡土中国到城乡中国——中国转型的乡村变迁视角》，《管理世界》 第 10 期。

刘玉照，2009a，《乡村工业化中的组织变迁》，上海：格致出版社。

刘玉照，2009b，《家庭经营的成本核算与经营决策——以白洋淀塑料加工户为例》，《社会》 第 2 期。

卢晖临、李雪，2007，《如何走出个案——从个案研究到扩展个案研究》，《中国社会科学》 第 1 期。

陆学艺，2001，《内发的村庄》，北京：社会科学文献出版社。

罗龙新，2010，《印度茶区考察散记》二，《中国茶叶》 第 10 期。

罗平汉，2006，《农村人民公社史》，福州：福建人民出版社。

马克斯·韦伯，2010a，《中国的宗教：儒教与道教》，桂林：广西师范大学出版社。

马克斯·韦伯，2010b，《新教伦理与资本主义精神》，北京：社会科学文献出版社。

马克斯 ·韦伯，2010c，《经济与历史 支配的类型》，桂林：广西师范大学出版社。

马克斯·韦伯，2010c，《经济与历史 支配的类型》，桂林：广西师范大学出版社。

马克斯·韦伯，2006，《经济通史》，姚曾廙译，上海：上海三联书店。

马强，2005，《我国加工贸易转型升级问题研究》，《经济研究参考》第 32 期。

马若孟，2013，《中国农民经济》，南京：江苏人民出版社。

毛丹，2008，《村庄大转型——浙江乡村社会的发育》，杭州：浙江大学出版社。

　　毛丹、张志敏、冯钢，2002，《后乡镇企业时期的村社区建设资金》，《社会学研究》第 6 期。

　　孟德拉斯，1991，《农民的终结》，北京：中国社会科学出版社。

　　农业部乡镇企业局，2010，《中国乡镇企业 30 年》，北京：中国农业出版社。

　　诺思，2014，《制度、制度变迁与经济绩效》，上海：格致出版社。

　　潘金祥，2016，《江南丝绸市场"兴衰记"——访原余杭工商业联合会会长潘金祥》，http：//www. yhht. net/newsshow. aspx？artid＝7286&classid＝11873。

　　潘劲，2011，《中国农民专业合作社：数据背后的解读》，《中国农村观察》第 6 期。

　　彭南生，2003，《半工业化：近代乡村手工业发展进程的一种描述》，《史学月刊》第 7 期。

　　恰亚诺夫，1996，《农民经济组织》，北京：中央编译出版社。

　　渠敬东，2019a，《迈向社会全体的个案研究》，《社会》第 1 期。

　　渠敬东，2013a，《占有、经营与治理：乡镇企业的三重分析概念（上）——重返经典社会科学研究的一项尝试》，《社会》第 1 期。

　　渠敬东，2019b，《探寻中国人的社会生命——以〈金翼〉的社会学研究为例》，《中国社会科学》第 4 期。

　　渠敬东，2013b，《占有、经营与治理：乡镇企业的三重分析概念（下）——重返经典社会科学研究的一项尝试》，《社会》第 2 期。

　　渠敬东、周飞舟、应星，2009，《从总体支配到技术治理——基于中国 30 年改革经验的社会学分析》，《中国社会科学》第 6 期。

　　阮浩耕等，2001，《中国茶叶全书》，杭州：浙江摄影出版社。

　　森时彦，2010，《中国近代棉纺织业史研究》，北京：社会科学文献出版社。

　　沈顺年，2003，《经编产业看马桥》，《纺织信息周刊》第 35 期。

　　盛世豪，2004，《经济全球化背景下传统产业集群核心竞争力分析——兼论温州区域产业结构的"代际锁定"》，《中国软科学》第 9 期。

施坚雅，1998，《中国农村的市场与社会结构》，北京：中国社会科学出版社。

实业部国际贸易局，1933，《中国实业志（浙江省）》，杭州：浙江国际贸易局出版。

史晋川、金祥荣，2002，《制度变迁与经济发展：温州模式研究》，杭州：浙江大学出版社。

斯蒂格利茨，2003，《东亚奇迹反思》，北京：中国人民大学出版社。

斯科特，2011，《国家的视角》，北京：社会科学文献出版社。

斯科特，2013，《农民的道义经济学：东南亚的反叛与生存》，南京：译林出版社。

宋丽娜，2009，《熟人社会的性质》，《中国农业大学学报》（社会科学版）第2期。

孙立平，1996，《"关系"、社会关系与社会结构》，《社会学研究》第5期。

孙立平，2002，《实践社会学与市场转型过程分析》，《中国社会科学》第5期。

孙裕，2010，《集群经略》，北京：中国经济出版社。

谭同学，2020，《有限差序的社会结合及其现代性转化——基于新化数码快印"同乡同业"的思考》，《南京农业大学学报》（社会科学版）第5期。

陶德臣，2007，《英属印度茶业经济的崛起及其影响》，《安徽史学》第3期。

田志鹏，2014，《社会关系与订单获得——以浙江省丽水市来料加工业为例》，《社会发展研究》第2期。

汪海波，1986，《新中国工业经济史》，北京：经济管理出版社。

王春光，2000，《流动中的社会网络：温州人在巴黎和北京的行动方式》，《社会学研究》第3期。

王春光，2006，《农村流动人口的"半城市化"问题研究》，《社会学研究》第5期。

王春光，2019，《中国社会发展中的社会文化主体性——以 40 年农村发展和减贫为例》，《中国社会科学》第 11 期。

王国斌，1998，《转变 中国——历史变迁与欧洲经验的局限》，南京：江苏人民出版社。

王缉慈等，2019，《创新的空间——产业集群与区域发展》，北京：科学出版社。

王缉慈，2001，《论全球化背景下的地方产业群——地方竞争优势的源泉》，《战略与管理》第 6 期。

王绍琛、周飞舟，2016，《打工家庭与城镇化——一项内蒙古赤峰市的实地研究》，《学术研究》第 1 期。

王田一，2013，《能力圈：来料加工的生产组织形式》，北京大学社会学硕士学位论文。

王翔，2012，《中国近代手工业史稿》，上海：上海人民出版社。

王晓毅、朱成堡，1996，《中国乡村的民营企业与家庭经济——浙江省苍南县项东村调查》，太原：山西经济出版社。

王晓毅、朱成堡，1996，《中国乡村的民营企业与家庭经济——浙江省苍南县项东村调查》（序言），太原：山西经济出版社。

威廉姆森，2002，《资本主义经济制度》，北京：商务印书馆。

韦森，2006，《斯密动力与布罗代尔钟罩——研究西方世界近代兴起和晚清帝国相对停滞之历史原因的一个可能的新视角》，《社会科学战线》第 1 期。

魏守华、王缉慈、赵雅沁，2002，《产业集群：新型区域经济发展理论》，《经济经纬》第 2 期。

吴承明，2001，《中国的现代化：市场与社会》，北京：生活·读书·新知三联书店。

吴景超，2010，《第四种国家的出路》，北京：商务印书馆。

吴景超，1991，《唐人街》，天津：天津人民出版社。

吴知，2009，《乡村织布业的一个研究》，载李文海主编《民国时期社会调查丛编（乡村经济卷）》（中），福州：福建教育出版社。

吴重庆，2020，《"同乡同业"："社会经济"或"低端全国化"?》，《南京农业大学学报》（社会科学版）第 5 期。

夏柱智、贺雪峰，2017，《半工半耕与中国渐进城镇化模式》，《中国社会科学》第 12 期。

项飙，2018，《跨越边界的社区：北京浙江村的生活史》，北京：三联出版社。

谢国雄，1992，《隐形工厂：台湾的外包点与家庭代工》，《台湾社会研究季刊》第 13 期。

熊春文，2017，《农业社会学论纲：理论、框架及前景》，《社会学研究》第 3 期。

徐高春、高红冰等，2015，《浙江淘宝村研究报告》，《浙江经济》第 14 期。

徐勇，2010，《农民理性的扩张："中国奇迹"的创造主体分析——对既有理论的挑战及新的分析进路的提出》，《中国社会科学》第 1 期。

徐勇，2013，《中国家户制传统与农村发展道路——以俄国、印度的村社传统为参照》，《中国社会科学》第 8 期。

徐宗阳、焦长权，2016，《茶与城镇化：新时期乡村经济生态的案例研究》，《学海》第 4 期。

徐宗阳，2013，《"曲尽人情"：效率的另一种可能——以浙江省 J 县来料加工为例》，北京大学社会学系硕士学位论文。

徐宗阳，2016，《资本下乡的社会基础——基于华北地区一个公司型农场的经验研究》，《社会学研究》第 5 期。

许倬云，2012，《汉代农业》，南京：江苏人民出版社。

阎云翔，2017，《礼物的流动——一个中国村庄的互惠原则与社会网络》，上海：上海人民出版社。

颜公平，2007，《对 1984 年以前社队企业发展的历史考察与反思》，《当代中国史研究》第 2 期。

杨江帆、李闽榕、萧力争，2017，《中国茶产业发展报告》，北京：社会科学文献出版社。

杨江帆、李闽榕，2019，《中国茶产业发展研究报告（2018）》，北京：社会科学文献出版社。

杨善华、孙飞宇，2015，《"社会底蕴"：田野经验与思考》，《社会》第1期。

叶敬忠、吴存玉，2019，《马克思主义视角的农政问题与农政变迁》，《社会学研究》第2期。

郁建兴、徐越倩，2004，《从发展型政府到公共服务型政府——以浙江省为个案》，《马克思主义与现实》第5期。

张培刚，2014，《农业与工业化》，北京：中国人民大学出版社。

张毅、刘力进，1994，《异军突起的乡镇企业》，《思想政治工作研究》第2期。

张源，2001，《茶录》，载《中国茶叶全书》，杭州：浙江摄影出版社。

赵冈、陈钟毅，1977，《中国棉纺织史》，台北：联经出版事业公司。

赵冈，2006，《中国经济制度史论》，北京：新星出版集团。

赵晓峰，2015，《农民专业合作社制度演变中的"会员制"困境及其超越》，《农业经济问题》第2期。

赵志龙，2006，《高阳纺织业的变迁轨迹：1880—2005》，《中国经济史研究》第2期。

折晓叶、陈婴婴，1997，《超级村庄的基本特征及"中间"形态》，《社会学研究》第6期。

折晓叶、陈婴婴，2004，《资本怎样运作——对"改制"中资本能动性的社会学分析》，《中国社会科学》第4期。

折晓叶，1996，《村庄边界的多元化——经济边界开放与社会边界封闭的冲突与共生》，《中国社会科学》第3期。

折晓叶，1997，《村庄的再造：一个"超级村庄"的社会变迁》，北京：中国社会科学出版社。

折晓叶，2000，《社区的实践："超级村庄"的发展历程》，杭州：浙江人民出版社。

浙江省委政策研究室，2007，《促进家庭工业从传统型向现代型转变》，

《政策瞭望》第 2 期。

郑凤田、阮荣平、程郁，2012，《村企关系的演变：从"村庄型公司"到"公司型村庄"》，《社会学研究》第 1 期。

郑莉，2014，《东南亚华人的同乡同业传统——以马来西亚芙蓉坡兴化人为例》，《开放时代》第 1 期。

郑勇军，1998，《浙江农村工业化中的专业市场制度研究》，《浙江社会科学》第 6 期。

中国家纺协会，2012，《中国家用纺织品行业"十二五"发展规划纲要》，http：//www. hometex. org. cn/zjfzx/zjf_xhzx/201202/t20120227_1371810. html。

周飞舟，2006a，《制度变迁和农村工业化——包买制在清末民初手工业发展中的历史角色》，北京：中国社会科学出版社。

周飞舟，2006b，《分税制十年：制度及其影响》，《中国社会科学》第 6 期。

周飞舟，2015，《差序格局和伦理本位从丧服制度看中国社会结构的基本原则》，《社会》第 1 期。

周飞舟，2017，《从"志在富民"到"文化自觉"：费孝通先生晚年的思想转向》，《社会》第 4 期。

周飞舟，2013，《回归乡土与现实：乡镇企业研究路径的反思》，《社会》第 3 期。

周飞舟，2016，《论社会学研究的历史维度——以政府行为研究为例》，《江海学刊》第 1 期。

周飞舟、王绍琛，2015，《农民上楼与资本下乡：城镇化的社会学研究》，《中国社会科学》第 1 期。

周飞舟，2018，《行动伦理与"关系社会"——社会学中国化的路径》，《社会学研究》第 1 期。

周飞舟，2012，《以利为利》，上海：上海三联出版社。

周立群、曹利群，2001，《农村经济组织形态的演变与创新——山东省莱阳市农业产业化调查报告》，《经济研究》第 1 期。

周雪光，2005，《"关系产权"：产权制度的一个社会学解释》，《社会学研究》第 2 期。

朱启臻，2013，《新型职业农民与家庭农场》，《中国农业大学学报（社会科学版）》第 2 期。

朱晓阳，2011，《小村故事——地志与家园（2003～2009）》，北京：北京大学出版社。

Berg, P. H. M. 1983. *Manufacture in Town and Country Before the Factory* (1). London: Cambridge University Press.

Chang, G. H. & J. C. Brada. 2006. "The Paradox of China's Growing Under-Urbanization". *Economic Systems* 30 (1).

Coase, R. H. 1937. "The Nature of the Firm". *Social Science Electronic Publishing*, 4 (16).

Elvin, M. 1973. *The Pattern of the Chinese Past*. Stanford: Stanford University Press.

Franklin, F. M. 1972. "Proto-Industrialization: The First Phase of the Industrialization". *The Journal of Economic History*, 32 (3).

Granovetter, Mark. 1985. "Economic Action and Social Structure: the Problem of Embeddedness". *American Journal of Sociology*, 91 (3).

Kriedte, P. 1981. *Industrialization Before Industrialization : Rural Industry in the Genesis of Capitalism* (1). Cambridge University Press.

Lazerson. 1995. "A New Phoenix?: Modern Putting-Out in the Modena Knitwear Industry". *Administrative Science Quarterly*, 40 (3).

Lewis, W. A. 1954. "Economic Development with Unlimited Supplies of Labour". *Manchester School*, 22 (2).

Lin, N. 1995. "Local Market Socialism: Local Corporatism in Action in Rural China". *Theory and Society*, 24 (3).

Ofer, G. 1976. "Industrial Structure, Urbanization, and the Growth Strategy of Socialist Countries". *The Quarterly Journal of Economics*, 90 (2).

Oi, J. 1992. "Fiscal Reform and the Economic Foundations of Local State

Corporatism in China". *World Politics*, 45 (1).

Oi, J. 1998. *The Evolution of Local State Corporatism.* In: Walder Andrew G. eds., Zouping in Transition: The Process of Reform in Rural North China. Harvard University Press.

Sargeson, S. 2002. "Subduing the Rural House-Building Craze: Attitudes Towards Housing Construction and Land Use Controls in Four Zhejiang Villages". *The China Quarterly*, 172 (12).

Sharma, K. 2003. *Tea Plantation Workers in a Himalayan Region.* New Delhi: Mittal Publications.

Szelenyi, I. 1981. "Urban Development and Regional Management in Eastern Europe". *Theory & Society*, 10 (2).

Walder, A. G. 1999. "Zouping in Transition. The Process of Reform in Rural North China". *Contemporary Sociology*, 58 (4).

Williamson, O. E. 1979. "Transaction-Cost Economics: The Governance of Contractual Relations". *Journal of Law and Economics*, 22 (2).

Zhang, L. 1998. "Re-Examining China's 'Urban' Concept and the Level of Urbanization". *China Quarterly*, 154 (154).

后 记

潮镇的工业是一种典型的"自下而上"的工业化形式，其发展的源泉和动力来自农民的创业激情，也充分依靠农民的合作网络，因而在空间上呈现"粘连""混融"的格局。潮镇也依托块状产业集群形成了"就地城镇化""乡村工业化"的社会转型模式。

在发展初期，潮镇的工业可以称得上是一种典型的"草根工业"，但是在随后的40年时间里，它迅速成长为一个"时尚产业"，其在全球价值链中的地位也在逐步攀高。乡村工业的起点虽然很低，但是它却能够迅猛地发展，其秘诀是什么？这与潮镇工业化的社会基础有很重要的关系。

首先，潮镇每个家庭的创业激情都被释放出来，爆发了惊人的活力和创造力。在产业发展过程中，每个家庭都投入了极大的劳动量，以至于潮镇人说自己这么多年来都是"拿命在拼"。

其次，乡村工业的发展过程其实是一个社会过程。乡村工业的发展充分利用了乡村社会人与人的互相合作，通过人与人的互相带动，一个区域内的人、财、物编织成了一张产业协作大网络。因而很多人都能以极低的成本参与进来，在这个基础之上形成了所谓的"系统升级"。因此，潮镇产业发展呈现低门槛、低成本、低风险的"三低"逻辑。这个"三低逻辑"帮助农民克服了缺乏资本、缺乏技术的短板，因而潮镇能够取得跳跃式发展。

因此，本书所谓的乡村产业发展的"社会基础"，一方面是指基于历史悠久的家户制而来的家庭经营的韧性和活力，这种韧性和活力赋予农户很强的经营意识和创业意识；另一方面是指源于乡土社会的合作意识和合作能力，这使得地方共同体社会内部能够通过"滚起来"的方式，以低成本、低门槛、低风险的逻辑实现产业的快速发展。在这个社会基础之上，乡村社会能够爆发出极强的活力和韧性，不断地自我更新、自我升级。

当然，潮镇的工业化只是一个典型案例，这种从乡土社会生长出来的产业有特殊的从业主体、特殊的组织形态，因而造就了特殊的社会转型路径。但是，通过这个案例形成的对乡村产业发展的认识，可为我们理解中国从小农经济向城乡一体化的产业体系的转型过程提供一个参照框架。正是基于这个意义，本书进一步呈现了浙江省某偏远山区的来料加工、石家庄市域城镇化进程中的乡村产业体系、安徽省金寨县的茶叶产业体系。这些产业体系代表了从乡土社会生产出来的产业体系的不同形态，但是其背后都有相似的社会基础，即它们都不同程度地调动了家庭经营的积极性，也不同程度地利用了乡土合作的优势。

当然，乡村产业发展的外部环境也在不断地变化。比如从改革开放到现在，乡村产业面临着截然不同的发展政策，这极大地影响了乡村产业的实践形式，产业的空间布局、劳动力配置和组织形态等各个方面都对乡村产业造成了极大的影响。比如，在城镇化进程中，城乡之间的人口流动模式、农户的家庭结构和代际关系的变化也会对乡村产业发展产生影响，等等。当然，在这个变化过程中，也始终存在不变的因素，这亟待后续深入追踪研究。

笔者基于一个偶然的机会进入潮镇，并进行长期的跟踪研究。2014年7月，我通过北京大学团委的暑期实践项目，到庸市市委办公室政策研究室挂职三个月，担任研究室主任助理一职。挂职期间，我主动选择了潮镇作为深入研究的对象。2015年，潮镇成为北京大学社会学系的教学实践基地，此后我每年都会到潮镇进行数次调研。2021年2月，我又来到潮镇一个村挂职蹲点，进一步延续和深化我对潮镇的观察与研究。

本研究能够顺利完成，离不开许多人的热心帮助。首先要感谢当地许多领导干部对我的关心，尤其感谢杜莹池、袁良华、曹利中、朱伟强、朱洪海、陆凛、费杰、沈洵奔、王水鑫、沙智萍、周海强、殷晓红、曹咬强、曹华登、沈伟强、汤森强、翁子龙、褚水强等。

还要特别感谢郭跃东的大力支持，正是在郭大哥的介绍下，我才顺利融入潮镇的社会生活。我曾在邱国林家住了三个多月，国林大哥一家给予我无微不至的照顾，每当想到此，内心十分感动。目前，我住在唐伟祖家中，时刻感受着他们一家人的勤劳善良。在调研中，戚忠伟、郁海明、曹国杰、瞿林杰、王明吉、凌坚强、陈宇杰、邱春农、曹新强、凌强、沈佳星等众多热心的潮镇人给予我无私的帮助与照顾。当然，在潮镇给我帮助的人还有很多，鉴于篇幅我不能一一列出他们的名字。能够在田野过程中有缘结识这么多朋友，本身就是一件值得骄傲的事情。正是他们的辛勤付出创造了潮镇今天的辉煌，在此也向潮镇人民致敬！

除了潮镇，本书的相关章节也得益于其他地方的实地调研，调研过程得到了当地政府和被访者的大力支持，在此向他们表示真诚感谢！

本书离不开求学以来诸多老师和同学的关心与帮助。

首先要感谢北京大学社会学系周飞舟教授。2009 年，我考上北京大学社会学系研究生，此后一直跟随周老师读书和调研。在周老师的带领下，我系统阅读了儒家经典，这些阅读打下了我从事学术研究的根基。更重要的是，周老师的言传身教实实在在地改变了我为人处事的态度。从 2009 年至今，周老师带领我们做了很多关于城镇化、脱贫攻坚等方面的社会调研，本书的许多观点也得益于这些调研和讨论。可以说，本书得以成稿，是周老师悉心教导的结果。这些年来的成长与进步也得益于安文研、王一鸽、傅春晖、凌鹏、焦长权、韩启民、王绍琛、王建杰、徐宗阳、王田一、谭明智、曹亚鹏、秦鹏飞、吴柳财、李松涛、左雯敏、余朋翰、任春旭、何奇峰等同学的帮助和启发。

2012 年我开始在北京大学社会学系刘爱玉教授的指导下攻读博士学位。在刘老师的带领下，我系统阅读了劳动社会学、经济社会学、组织社会学的经典文本，也做了大量的社会调研，这也是我写作本书的重要知识基础。感谢吴长青、阿拉坦、孙超、庄家炽、李汪洋、田志鹏、李晓菁、周扬等同学给予我的帮助。

本书出版得到了"文安县城乡总体规划编制项目——县域城镇化发展研究专题"的资助。出版期间，感谢薛雯静、张徐丽晶通读原稿，并提出了诸多修改意见。感谢本书责任编辑的辛苦付出，在她的努力下，本书的质量得到很大的提升。北京大学社会学系的很多同学也参与了潮镇的调研，在此向参与调研和收集材料的同学致以诚挚的谢意！也要感谢我工作单位给予的支持，尤其感谢中国社会科学院社会学研究所经济与科技社会学研究室吕鹏、向静林两位同仁的帮助！

最后，我借此机会感谢父母的养育与教诲，感谢我爱人、岳父母的包容和付出。正是你们的无私付出，我才有充沛的精力写作这本书。本书也献给我的女儿，感谢你给了我更完整、更深刻的生命感悟，让我能够更敏锐、更真切地感悟这个世界。

图书在版编目（CIP）数据

  城乡融合进程中的乡村产业：历史、实践与思考 /
付伟著. -- 北京：社会科学文献出版社，2021.4（2023.3 重印）
（当代中国社会变迁研究文库）
  ISBN 978 - 7 - 5201 - 8273 - 7

  Ⅰ.①城…　Ⅱ.①付…　Ⅲ.①农村 - 工业化 - 研究 -
中国　Ⅳ.①F320.1

  中国版本图书馆 CIP 数据核字（2021）第 076198 号

·当代中国社会变迁研究文库·

城乡融合进程中的乡村产业：历史、实践与思考

著　　者 / 付　伟

出 版 人 / 王利民
责任编辑 / 张小菲
责任印制 / 王京美

出　　版 / 社会科学文献出版社·群学出版分社（010）59367002
　　　　　　地址：北京市北三环中路甲 29 号院华龙大厦　邮编：100029
　　　　　　网址：www. ssap. com. cn
发　　行 / 社会科学文献出版社（010）59367028
印　　装 / 唐山玺诚印务有限公司

规　　格 / 开　本：787mm × 1092mm　1/16
　　　　　　印　张：17.25　字　数：263 千字
版　　次 / 2021 年 4 月第 1 版　2023 年 3 月第 2 次印刷
书　　号 / ISBN 978 - 7 - 5201 - 8273 - 7
定　　价 / 118.00 元

读者服务电话：4008918866